教育部人文社会科学重点研究基地重大项目（项目批准号：15JJD810004）

福建自由贸易试验区与台湾自由经济示范区对接合作研究

唐永红　等著

图书在版编目（CIP）数据

福建自由贸易试验区与台湾自由经济示范区对接合作研究 / 唐永红等著. —— 北京：九州出版社，2023.5
ISBN 978-7-5225-1799-5

Ⅰ. ①福… Ⅱ. ①唐… Ⅲ. ①自由贸易区－经济合作－研究－福建、台湾 Ⅳ. ①F752.857②F752.858

中国国家版本馆CIP数据核字(2023)第076063号

福建自由贸易试验区与台湾自由经济示范区对接合作研究

作　　者	唐永红　等著
出版发行	九州出版社
责任编辑	陈丹青
地　　址	北京市西城区阜外大街甲 35 号（100037）
发行电话	(010)68992190/3/5/6
网　　址	www.jiuzhoupress.com
印　　刷	北京九州迅驰传媒文化有限公司
开　　本	720 毫米 ×1020 毫米　16 开
印　　张	14.5
字　　数	212 千字
版　　次	2023 年 5 月第 1 版
印　　次	2023 年 5 月第 1 次印刷
书　　号	ISBN 978-7-5225-1799-5
定　　价	58.00 元

★版权所有　侵权必究★

篇章分工

总　　论　福建自由贸易试验区与台湾自由经济示范区对接合作

负责人：唐永红（厦门大学台湾研究中心副主任、教授、博士生导师）

成　员：赵胜男（厦门大学台湾研究院博士研究生）

分论一　福建自由贸易试验区与高雄自由经济示范区对接合作

负责人：王　勇（厦门大学台湾研究院副教授）

成　员：肖　惠、叶剑毅、郑添元（厦门大学台湾研究院硕士研究生）

分论二　福建自由贸易试验区与台中自由经济示范区对接合作

负责人：唐永红（厦门大学台湾研究中心副主任、教授、博士生导师）

成　员：袁　乐、雏文瑞（厦门大学台湾研究院硕士研究生）

分论三　福建自由贸易试验区与台北自由经济示范区对接合作

负责人：李　非（厦门大学台湾研究院教授、博士生导师）

成　员：李夏培（厦门大学台湾研究院博士研究生）

分论四　福建自由贸易试验区与桃园自由经济示范区对接合作

负责人：杨　芳（厦门大学台湾研究院副教授）

成　员：王志华（厦门大学台湾研究院硕士研究生）

分论五　福建自由贸易试验区与基隆自由经济示范区对接合作

负责人：杨　芳（厦门大学台湾研究院副教授）

成　员：王志华（厦门大学台湾研究院硕士研究生）

分论六　福建自由贸易试验区与屏东自由经济示范区对接合作

负责人：石正方（厦门大学台湾研究院副教授）

成　员：李嘉欣、孙　岩（厦门大学台湾研究院硕士研究生）

前　言

　　自由经贸区指的是一个经济体内部的特定地区(或者整个经济体),这一特定地区(或者这一经济体)相对于经济体的其他地区(或者相对于其他经济体)实行更加开放、更加自由、更加便利的特殊经贸政策措施。当前,经济全球化与经贸活动自由化不断深化发展,已超越货物贸易自由化、进入服务贸易自由化、产业投资自由化、金融活动自由化等更广阔领域。全球范围内的商品与要素流动自由化,既带来全球范围内更多的合作与发展的机会,也带来全球范围内更大的竞争与风险挑战。为顺应经济全球化和经贸活动自由化的发展趋势,并为更好地因应这一发展趋势带来的机会与挑战,各经济体在区域层面(FTA等)和全球层面(WTO等)以整个经济体参与一定程度的经贸活动自由化的同时,也纷纷推出单边自主的自由经贸区发展战略,在有条件的局部区域先行先试较高程度的经贸活动自由化。

　　为因应国际经济活动自由化深化发展的趋势与要求、机会与挑战,并为进一步深化自身的体制改革与对外开放,为经济持续发展提供新动能,海峡两岸先后于2013年将建设自由经贸区提上了议事日程,并呼吁对接合作[①]。特别是,

---

[①] 依据台湾"行政院"2013年4月29日核定的"自由经济示范区规划方案"以及12月19日的"修正案",台湾自由经济示范区(简称示范区)分两阶段进行推动。第一阶段以修订行政规定即可推动的措施为主,由现行自由港区结合邻近园区同步推动,并研订"自由经济示范区特别条例",已于2013年8月正式启动。第二阶段拟于"自由经济示范区特别条例"立法通过后启动,拟扩大自由化范围及增加示范创新活动,并由台湾当局划设或由各县市申设示范区。但遗憾的是,由于当时在野的民进党等政治势力的强力阻碍,"自由经济示范区特别条例"未能在台湾"立法院"通过,以致自由经济示范区第二阶段规划搁浅。

福建自由贸易试验区与台湾自由经济示范区对接合作研究

《中国（福建）自由贸易试验区总体方案》明确要求"充分发挥对台优势，率先推进与台湾地区投资贸易自由化进程，把自贸试验区建设成为深化两岸经济合作的示范区"，并专列"率先推进与台湾地区投资贸易自由"篇章。一方面，福建自由贸易试验区要率先推进与台湾地区投资贸易自由化进程，建设成为深化两岸经济合作的示范区，另一方面福建自由贸易试验区与台湾自由经济示范区在推进经贸活动自由化过程中将不可避免地存在竞争性态势，需要加以因应，以防过度竞争并影响到两岸关系的发展。因此，有必要研究福建自由贸易试验区与台湾自由经济示范区如何通过对接合作，以促进自身建设，防止过度竞争，达成竞合发展甚至协同发展与融合发展，并作为两岸经贸活动自由化与经济一体化的先行先试区，达成"建设成为深化两岸经济合作示范区"的战略定位。

　　本研究报告由总论及六个分论构成。报告总论从宏观整体层面研究了福建自由贸易试验区与台湾自由经济示范区对接合作的意义与必要性、条件与可能性、内容与措施。重点研究了福建自由贸易试验区与台湾自由经济示范区如何在法规政策、基础设施、信息、监管、产业等多个层面进行对接合作，以形成竞合发展与协同发展态势。在这一内容框架下，六个分论进而分别具体研究了福建自由贸易试验区如何与分布在台湾各地区的、比较重要且有关系的六个自由经济示范区（高雄自由经济示范区、台中自由经济示范区、台北自由经济示范区、桃园自由经济示范区、基隆自由经济示范区、屏东自由经济示范区）的对接合作问题。各部分主要的研究结论与建议如下。本研究报告可供中央及地方政府有关决策参考，可供研究两岸经贸合作交流的两岸专家学者参考，也可供在福建自由贸易试验区与台湾自由经济示范区开展经贸活动的两岸业界参考。

　　总论（福建自由贸易试验区与台湾自由经济示范区对接合作）研究认为，为因应国际经济活动自由化深化发展的趋势与要求、机会与挑战，并为自身经济持续发展提供新动能，海峡两岸都将建设自由经贸区提上了议事日程。在参与国际经贸活动自由化进程中，福建自由贸易试验区与台湾自由经济示范区不可避免地将形成一定的竞争态势。因此，福建自由贸易试验区与台湾自由经济示范区有必要相互开放，对接合作，以便有助于减小竞争、协同发展，有助于促进产业分工合作。福建自由贸易试验区与台湾自由经济示范区在相互开放与对接合作的基础上还可作为两岸经贸活动自由化与经济一体化的先行先试区，为将来在两岸整体层面推进经贸活动自由化与经济一体化探索经验、累积互信、奠定基础、提供动力。事实上，无论从经济基础层面、经济政策层面、经济区位层面，还是从两岸关系层面看，福建自由贸易试验区与台湾自由经济示范区对接合作有其一定的条件与可能性。实践中，福建自由贸易试验区与台湾自由经济示范区可以在法规政策、基础设施、信息、监管、产业等多个层面进行对接合作，以形成竞合发展与协同发展态势。

分论一（福建自由贸易试验区与高雄自由经济示范区对接合作）研究认为，长期以来，福建与高雄基于彼此所拥有的"五缘"优势，在推进两岸关系发展中扮演着先行先试的角色。推动福建自由贸易试验区与高雄自由经济示范区对接合作，有助于进一步改善福建的国际投资环境，提升福建的对外开放水平，促进海峡西岸经济区的区内分工与合作，也有助于改变高雄经济发展面临的"闷经济"困境。

当前，福建自由贸易试验区拥有与高雄自由经济示范区开展对接合作的政策优势基础，同时，在金融服务、审批制度、通关模式等方面具有与高雄自由经济示范区开展对接合作的创新制度机制基础。此外，福建自由贸易试验区在港口、航运、物流、信息等实务层面已具备合作的基础。而且，开展福建自由贸易试验区与高雄自由经济示范区的对接合作是台湾可接受的合作方式。由此，推动福建自由贸易试验区与高雄自由经济示范区的对接合作有利于增大两岸合作的"公约数"。

近期，推动福建自由贸易试验区与高雄自由经济示范区对接合作，首先，宜从政府服务管理模式创新、细化推动两区产业对接合作的产业政策、加快生活配套服务建设、完善市场法制环境等方面进一步改善福建自由贸易试验区的投资环境。

其二，宜从建立"'两区'对接合作联席会议"、构建"两区"常态化交流合作机制、构建大陆自由贸易试验区协作网络等方面加强"两区"对接合作的顶层设计。

其三，宜从构建"两区"产业合作联盟、在"两区"之间互设办事处、推动"两区"拟定对接合作规划和实现联动发展、加强和完善"两区"物流通道无缝对接、在福建自由贸易试验区设立与高雄自由经济示范区合作的专属区域等方面以加强"两区"实务合作基础。

其四，宜从深化金融服务创新、完善金融体系以提升融资能力、以市场需求为导向创新金融服务等方面扩大金融资源对"两区"对接合作的支持力度。

其五，宜加强和深化福建自由贸易试验区厦门片区与高雄自由经济示范区金融业对接合作，加强和深化福建自由贸易试验区厦门片区、平潭片区与高雄自由经济示范区海空物流及跨境电子商务对接合作，加强和深化福建自由贸易试验区福州片区与高雄自由经济示范区制造业对接合作，加强和深化福建自由贸易试验区厦门片区与高雄自由经济示范区农业对接合作，加强和深化福建自由贸易试验区厦门片区、平潭片区与高雄自由经济示范区旅游业对接合作，积极建设福建自由贸易试验区三大片区与高雄自由经济示范区青年创业创新创客基地。

其六，宜从帮助台商尽快转换观念、密切与福建"台商协会"的沟通联系、积极吸引台湾百大企业优势产业入驻福建自由贸易试验区、推动台资百大企业将研发机构和区域总部迁至福建自由贸易试验区等方面推动台商自觉主动融入福建自由贸易试验区的建设中，最终实现互惠互利与双赢。

分论二（福建自由贸易试验区与台中自由经济示范区对接合作）研究认为，福建自由贸易试验区与台中自由经济示范区对接合作可以起到两大突出作用。一是有助于促进两个自由经贸区的产业分工合作与协同发展。福建自由贸易试验区和台中自由经济示范区在电子、汽车、石化三大产业的对接合作中具有得天独厚的优势。二是有助于两个自由经贸区的自身建设与发展。台中自由经济示范区与福建自由贸易试验区平潭片区的对接合作，有利于完善在物流中转、运输、高新技术开发与旅游行业方面的合作发展。台中自由经济示范区与福建自由贸易试验区厦门片区的对接合作，有利于携手实现贸易升级、产业升级与服务业升级。台中自由经济示范区与福建自由贸易试验区与福州片区的对接合作，有助于彼此制造业基地规划的实现。

福建自由贸易试验区与台中自由经济示范区对接合作在经济政策和两岸关系上具备基本条件。大陆借助自由贸易试验区的先行先试，围绕立足服务两岸、面向世界的战略要求，营造国际化、市场化、法制化营商环境。而台湾希望通过在自由经济示范区内的市场开放与优惠政策实施，打破现有经济领域"开放不足、保守有余"的"闭锁"格局，注入新的活力。在区位方面，福建自由贸易试验区与台中自由经济示范区具有清晰的功能定位，且台中港交通便捷，进驻厂商数量呈现持续增长，因此可以发挥各自优势，实现互补。

当前，福建自由贸易试验区与台中自由经济示范区可以在法规政策、基础设施、信息、监管、产业等多个层面进行对接合作，特别是，福建自由贸易试验区的厦门、福州、平潭三个片区可以通过发挥各自的不同优势，分别与台中自由经济示范区进行深度对接合作，以期形成竞合发展与协同发展态势，并在一定程度上为深化两岸经济融合发展奠定基础。

法规政策对接合作方面。 宜在福建自由贸易试验区与台中自由经济示范区实施比两岸现行政策更为开放的货物贸易自由化、服务贸易自由化、产业投资自由化以及金融活动自由化政策，减少货物、服务贸易以及人员、资金流动的限制。此外，两岸还需推进经贸活动相关标准的对接合作。

基础设施对接合作方面。 首先，在完善福建自由贸易试验区三个片区之间运输体系的基础上，应加强福建自由贸易试验区与台中自由经济示范区之间海、陆、空物流通道的无缝对接。再者，应加强福建自由贸易试验区与台中自由经济示范区海空港口等基础及配套设施建设，如规划好配套的物流园区和专业配送中心。最后，还应进一步完善福建自由贸易试验区与台中自由经济示范区港口、航线的通讯设施对接。

信息对接合作方面。 首先，福建自由贸易试验区与台中自由经济示范区宜开展投资税收优惠政策、金融支持政策、管理制度办法等方面的信息交流，建设商户信息一体化平台，便利两区在物流管理、出口退税、国际支付等方面的协调。其次，建立商品检测检疫标准认定体系信息，实现两区共同认可的产品检测检疫认证。最后，建立质量追溯信息互通对接和跨境电子商务企业信用管理体系，保证产品质量，提升两区在国际贸易竞争中的地位。

监管对接合作方面。首先，福建自由贸易试验区与台中自由经济示范区宜建立监管协调联系机制，定期通报交流两区监管方面的信息、成果和做法，开展监管人员培训。其次，探索建立两区货物流通对接的管理模式，积极研究适应跨境电子商务发展的口岸监管机制。最后，宜建立关于两区之间对接合作的投资项目、金融项目的投资监管、金融监管的合作制度，以防范风险。

产业对接合作方面。一是要建立福建自由贸易试验区与台中自由经济示范区产业对接合作的沟通协调机制，定期举办产业对接研讨会。二是要充分发挥区位优势及交通条件，尤其要发挥好台中自由经济示范区与福州港、厦门港是两岸直线距离最近的对岸港的优势，并充分利用台中自由经济示范区临近彰滨工业区、潭子及中港加工区、中科园区、清泉岗机场这一内外交通便捷的有利条件。三是要促进产业发展中的投融资、技术利用、品牌运营、人员便利等方面多渠道、多环节的深度对接合作。

分论三（福建自由贸易试验区与台北自由经济示范区对接合作）研究认为，福建自由贸易试验区与台北自由经济示范区对接合作具有重要意义。一是两区对接合作可作为两岸经贸活动自由化与经济一体化的先行先试区。闽台的经济、社会和文化交流一直走在前列，两区若能成功对接合作，对海峡两岸进一步深化合作交流是一个突破性的利好，作为两岸先试先行的案例，未来或可予以推广。二是两区对接合作有助于促进两个自由经贸区产业分工协同发展，能够最大限度地增加合作的空间并减少竞争的可能。合理的产业分工与布局，能够充分发挥闽台要素禀赋以及比较优势、加强产业内专业化生产和经营、再进行产业整合。三是两区对接合作有助于整合利用各自的互补性优势，从而有助于两个自由经贸区自身建设与发展。

福建自由贸易试验区与台北自由经济示范区对接合作也具备一定的条件。首先，从经济关系层面来讲，两区有着共同的经济发展诉求、良好的经济发展政策，并且具有良好的经济互补性。其次，从两岸关系层面来看，虽然两岸政治层面互信不足，但是两岸经济、社会和文化交流日益频繁，也一定程度上弥补了这个不足。再次，从区位优势来说，两区地理位置优越、投资环境良好，为对接合作奠定了基础。最后，从产业合作层面来说，两区在港口物流、农产品物流、电子商务物流、大宗商品物流、物流枢纽建设等方面都有对接合作的优势。

福建自由贸易试验区与台北自由经济示范区对接合作意义重大并具备应有的条件。实践中，福建自由贸易试验区与台北自由经济示范区主要宜在两区的法规政策、基础设施、信息和监管方面进行对接合作。

首先，为了能够保证两区经贸活动的顺利开展，福建省自贸区和台北自由经济示范区应该对接知识产权保护、检验检疫政策、金融监管政策、社会保障政策、海关监管政策等相关法律政策。这些政策将为经贸活动的自由化和便利化保驾护航。除此之外，两区还应该根据自身特点，进一步完善内外资法律法规，以"负面清单"方式在各自的自贸区中开放绝大多数行业的投资准入，拓宽投资领域，降低准入门槛，为投资者构建一个更加便利、公开、透明、高效的平台，让投资者在良性竞争中不断发展壮大，促进两区经贸的繁荣发展。

其次，福建自由贸易试验区与台北自由经济示范区的基础设施对接合作，主要包括两个自由经贸区的港口设施、通讯设施和航线配置等。宜加强和完善福建自由贸易试验区和台北自由经济示范区之间的海、空物流通道的对接。在推动两区点对点合作物流快速渠道的同时，可打造两个自由经贸区之间的跨海峡组合港，共同开发建设两岸自由经贸区的港口。还可进一步加强福建自由贸易试验区和台北自由经济示范区之间在集装箱、散杂货、客运滚装等领域的港航业务的合作，共同经营两岸自由经贸区之间的航线，合作开辟经营集装箱班轮航线，实现两岸经贸区船务公司舱位的互换与共享。除此之外，还可以进一步完善空港、港口等基础设施，形成完善的国际航线、国际分拨、国际物流和国际进出口的贸易功能。

再次，为了解决信息不对称问题，实现信息共享，也要加强福建自由贸易试验区和台北自由经济示范区的信息对接合作，主要是做到四个"推动"：推动福建自由贸易试验区和台北自由经济示范区在海关、港口、物流等方面开展云计算管理平台的技术交流合作，共同建设"关港贸"一体化信息平台；推动两区合作设立商品标准检测机构，进行产品相互检测认证合作，建设对两区输出商品进行进口检验认证的集中协办平台；进一步推动两区开展实质性的业务沟通，建设适合两区合作的物流管理、检验检疫、退税、跨境支付等支撑体系；推动两区开展跨境电子商务进出口业务和公共服务信息平台对接。

最后，福建自由贸易试验区和台北自由经济示范区的监管对接合作，主要指在金融监管、投资监管、海关监管等方面的对接合作。宜建立福建自由贸易试验区和台北自由经济示范区进出境快件监管中心；同时，也要建立两区所属金融监管当局的交流磋商机制，增进双方的相互信任；还要尽快建立两区对接合作项目的投资监管体系。

分论四（福建自由贸易试验区与桃园自由经济示范区对接合作）研究认为，福建自由贸易试验区与桃园自由经济示范区首先在经济层面具有对接合作的可能性。一是由自身的经济结构以及所面临的经济状况决定的。大陆经济进入"新常态"，福建省希望通过自由贸易试验区建设推动新一轮的经济改革；台湾面临着经济被边缘化的危险。二是闽台经济存在不对称性，具有互补性。台湾是浅碟型的岛屿经济体，市场狭小，容易实现精细化操作，且以服务业为主导；而大陆则是市场广大，处于由工业化向服务业社会的转变时期，生产方式相对粗放。三是两地的投资环境良好。福建省经济发展迅速，自贸区的发展前景广阔；桃园自由经济示范区在其主要发展的旅运及产销园区、行政及商业服务园区、国际物流、绿色创新产业园、乐活优质住宅区等五大园区。四是两个自由经贸区的产业配套完善。桃园自由经济示范区以高端服务业为主、制造业为辅，定位于加工、国际转运需求等产业；福建自由贸易试验区以石油化工、装备制造和电子信息为主。

在两岸关系层面上，尽管由于两岸政治互信低等因素，福建自由贸易试验区与桃园自由经济示范区对接合作面临一定的障碍，但两区对接合作具有政策优势，尤其是大陆实施的一系列惠台政策以及中央对福建自由贸易试验区的优惠政策。此外，福建自由贸易试验区与桃园自由经济示范区的区位优势明显、功能定位清晰，这为两区对接合作提供了较好的基础条件。

实践中，福建自由贸易试验区与桃园自由经济示范区宜结合两地两区的特色，在法规政策、基础设施、信息、监管、产业等多个层面进行对接合作。

法规政策的对接，包括货物贸易政策、服务贸易政策、产业投资政策、金融领域政策的开放。一是两岸宜抓紧完善外资法律体系，加快建设内外资法律法规，制定新的外资基础性法律。二是两区宜围绕贸易投资自由化与便利化的目标，以"负面清单"方式在各自的自由经贸区中开放绝大多数行业的投资准入，降低进入的门槛。三是经贸活动相关政策的对接，包括知识产权保护、社会保障政策、使用法规政策、金融监管政策、海关监管政策等的对接。

基础设施对接合作，包括两个自由经贸区的物流通道、港口建设、通讯设施等的对接合作。首先，可加强和完善两区的海、陆、空物流通道的无缝对接，可推动建设点对点合作两岸物流快运渠道促进两岸海运快递中心建设，促进跨海峡组合港建设，推动港口开发建设。其次，可进一步加强福建、桃园在集装箱、散杂货、客运滚装等领域的港航业务合作，合作开辟经营集装箱班轮航线；再次，可进一步完善空港港口等基础设施，形成完善的国际航线、国际分拨、国际物流和国际进出口贸易功能。最后，还可进一步完善福建、桃园的港口、航线的通讯设施，并实现两区对接联通。

信息对接合作，包括物流管理信息、客户管理信息、检测维修信息、医疗信息、检疫检验信息、关务行政信息等。首先，宜推动两区在港口、物流、海关等方面开展云计算管理平台技术交流合作。其次，可推动两区开展实质性的业务沟通，建立相应的物流管理、跨境支付、检验检疫等支撑体系。再次，可推动两区建立商品标准检测机构建设，进行产品相互检测认证合作。最后，可加强在两区建设跨境电子商务产业园，以及搭建两岸信息互换监管互认执法互助的关港贸一体化信息对接平台。

监管对接合作，主要指金融监管、投资监管、海关监管等层面的对接合作。

首先，宜推动厦门、平潭与桃园两个港区洽谈建立合作通关制度，探索福建、桃园之间的通关合作模式。其次，宜建立两岸金融监管当局的磋商交流机制，对两岸自由经贸区金融监管合作中的协调组织框架、合作机制及双方的权利义务做出界定与安排。最后，宜构建投资监督管理体系，完善投资管理分工机制、责任追究制度、稽查制度、事后评价制度和社会监督机制等。

产业对接合作方面，首先，宜制定福建自由贸易试验区与桃园自由经济示范区产业对接规划，尽快选定互补产业合作项目，积极引进产业链的关键企业以开展合作。其次，宜促进金融服务创新对接，鼓励福建企业以参股、入股、合作等方式对桃园进行投资，打造商贸服务集聚区，推进产业深度合作。最后，可推动两区的产业界签署有关合作协议，开展实质性合作，共享两岸各自先进的管理经验及营销模式，共同设计研发，建立共同市场。

分论五（福建自由贸易试验区与基隆自由经济示范区对接合作）研究认为，当前，两岸经济均面临转型升级。大陆经济进入"新常态"，福建省希望通过自贸区建设推动新一轮的经济改革。台湾面临着经济被边缘化的危险。福建自由贸易试验区与基隆自由经济示范区对接合作，有助于两岸两区经济发展，也有着优越的区位条件、良好的经济互补性、明晰的功能定位和明显的政策优势：

一是区位条件优越。（1）地理位置优越，交通便利。福建自贸区与基隆自经区距离较近，隔海相望，处我国南北航线和环太平洋航运要塞，地理位置得天独厚，港口运输发达。（2）投资环境良好。基隆港位于北部最重要的消费中心，临近台北县市、桃园、新竹等主要的进出口货源地，而邻近的台北市更是台湾的主要金融中心。（3）产业配套设施完善。福建自贸区已经形成了石油化工、装备制造、电子信息三大主导产业；而基隆港区在电器电子业、塑料制品业、运输货运业、机械设备制造业、金属制品制造业、饮料及食品制造业、化学材料制造业、橡胶制品制造业等产业上具有优势。

二是经济互补性良好。闽台经济存在不对称性，具有互补性。台湾是浅碟型的岛屿经济体，市场狭小，容易实现精细化操作，且以服务业为主导。而大陆则是市场广大，处于由工业化向服务业社会的转变时期，生产方式相对粗放。

三是功能定位明晰。突出对台投资贸易自由是福建自由贸易试验区最大的特色所在。基隆港的发展定位为公共仓储及以亚洲为腹地的配销中心，通过整并港区土地及栈埠设施供业者进驻及租用，提升物流产值，并引介厂商给现有港区事业从事代为操作物流、组装、重整及储转业务。

四是政策优势明显。基隆自经区对港区内的企业实施租金优惠、行政管理费优惠和行政措施简化等优惠政策。福建自贸区也在放宽准入经营条件、鼓励自主创新、拓宽投资领域、实施税费优惠、支持企业融资和开拓市场、采用"负面清单"管理模式、加强企业和项目服务等方面给台商提供了众多保障政策。

实践中，福建自由贸易试验区与基隆自由经济示范区的对接合作，宜结合两地的特色，借助"一带一路"建设，在产业、基础设施、物流、信息等多个层面进行对接合作。

产业对接合作方面。（1）两区宜加强经济互动，加强双方经济交流沟通。（2）两区可确定互补产业合作项目及产业对接合作规划，研拟制定对接合作具体政策，并据此拟定相应的合作战略重点与实施规划。（3）可引进产业链关键企业，充分发挥双方在各自由贸易试验区的投资示范效应与优势，积极拓展两区之间的产业价值链各环节合作。（4）宜促进金融服务创新对接，打造商贸服务集聚区，促进两区在证券、基金、银行、保险等金融服务领域的合作。

基础设施对接合作方面。（1）宜加强和完善福建自由贸易试验区与基隆自由经济示范区的海、陆、空物流通道的无缝对接，可推动建设点对点合作两岸物流快运渠道促进两岸海运快递中心建设，促进跨海峡组合港建设，推动港口开发建设，共同开发福建、基隆自由贸易试验区的港口资源。（2）可进一步加强两区在集装箱、散杂货、客运滚装等领域的港航业务合作，共同经营福建与基隆之间的航线，合作开辟经营集装箱班轮航线，实现两岸自由经贸区的船务公司舱位互换与共享。（3）可进一步完善空港港口等基础设施，形成完善的国际航线、国际分拨、国际物流和国际进出口贸易功能。（4）可进一步完善两区港口、航线的通讯设施，并实现两区对接联通。

物流对接合作方面。（1）可拓展物流合作领域与业务，推进物流双向投资合作。（2）宜探索物流对接的管理模式，与基隆港区洽谈建立合作通关制度，为双方经贸合作提供便捷服务。

信息对接合作方面。（1）可推动两区的产业界签署有关合作协议，开展实质性合作，共同设计研发，合作营销，建立共同市场。（2）宜推动两区在港口、物流、海关等方面开展云计算管理平台技术交流合作，促进两岸共同市场一体化信息平台的建设。（3）可推动两区开展实质性的业务沟通，建立相应的物流管理、跨境支付、检验检疫等支撑体系。（4）宜推动两区建立商品标准检测机构建设，进行产品相互检测认证合作。（5）可加强在两区建设跨境电子商务产业园，以及搭建两岸信息互换、监管互认、执法互助的关港贸一体化信息对接平台，实现跨境电子商务进出口业务和公共服务信息平台的对接合作。

分论六（福建自由贸易试验区与屏东自由经济示范区对接合作）研究认为，推进福建自由贸易试验区与台湾自由经济示范区对接合作，是落实福建自由贸易试验区创新发展的重要途径。其中，福建自由贸易试验区与屏东自由经济示范区（屏东农业生技园区）对接合作，可以为深化两岸（闽台）现代农业贸易与投资合作打造新平台，为推进两岸农业生技领域合作增添新动力，为两岸加值农业的"第三方市场合作"提供发展契机。同时，福建自由贸易试验区与屏东自由经济示范区对接合作中的体制、机制与模式创新，将为两岸更广阔地域的农业产业合作提供有益借鉴和重要引领。

资源禀赋优势以及闽台交流合作的历史发展基础，加之福建自由贸易试验区与台湾自由经济示范区发展诉求方面的一致性，奠定了双方对接合作的基础条件及可能性。一是两区地缘、文缘、亲缘关系以及农业自然资源禀赋等基础条件优势。二是闽台两地相关政策支持及特（园）区平台优势，以及两岸研究界生物技术交流的长足发展。三是两区各自的区位及两岸"三通"的港行物流条件优势。四是福建省检验检疫部门推出的一系列举措为两区对接进一步提供了通关便利等政策支持。

实践中，福建自由贸易试验区与屏东自由经济示范区对接合作，可以从法律法规、基础设施、信息、监管、产业等多个层面加以推进。

法律法规对接合作方面。两区对接合作涉及知识产权保护政策、社会保障政策、竞争政策、检验检疫政策、海关监管政策和金融监管政策等方面标准对接及政策协同。措施方面，一是可以加快推进福建自贸区相关政策法规建设，增强相关立法透明度；二是可以用依托双方产业协会、高校农业生技学术团体等社会渠道，以双方管理体系的协调、对接为目标诉求，探索推进建立相应的管理机构和仲裁机构。

基础设施对接合作方面。一要促进两区之间交通运输便利化，增加两区之间的海运航线。在根据物流运输需求考虑增设福建自由贸易试验区厦门、福州片区对高雄港的航线数量基础上，开辟平潭自贸片区对高雄港航线。二要加快建立福建自由贸易试验区—高雄—屏东一条龙交通运输线路。建议台湾方面考虑开设高雄与屏东之间的农贸货物运输专列，进而对接福建自由贸易试验区—高雄之间海上运输专线，形成福建自由贸易试验区—高雄—屏东一条龙交通运输专线。

信息对接合作方面。一是检验检疫信息对接合作。在目前福建自贸区三个片区已经分别与台湾建立的检验检疫信息互通平台的基础上，可进一步深化双边信息沟通合作，建立互信互动机制，增进和保障两区相关信息的实质互通和共享，实现信息实时电子交流。二是产业信息对接合作。要促进两岸农业生技产业信息互联互通，这主要需依托行业协会平台。鉴于目前两岸在农业生物技术领域的协会交流平台较少，建议以培育和推进两岸农业生物技术领域的协会交流作为突破口。三是监管信息对接合作。宜促进双边信息披露公开、保障信息对称性。具体举措可包括创建两区监督工作网站，促进企业活动信息、政策信息公开；可着力开通社会力量参与监督的多元渠道，建立健全多方位监管体系。四是产品信息对接合作。宜推动建设以产品信息互通、共享为核心的产品生产履历系统，以解决产品原产地及其品质认证问题。一是可以自由贸易试验区为平台促进福建农产品生产履历系统构建；二是加强两岸园区产品信息互通，推进双边生产履历系统的对接，建立信息共享的闽台农产品生产履历查询、追踪系统。五是人才信息对接合作。促进两区人才信息的对接合作，着力构建两岸人才信息交流平台，提高两岸人才的流动性，有助于两区对接合作及其持续发展。

监管对接合作方面。两区宜在金融监管、知识产权监管以及涉及民生安全的检验检疫、海关事务等领域进行对接合作。一要转变政府职能，完善监管的法律法规。二要调动社会力量，明确社会力量参与监管的机制。三要依托厦门"两岸金融服务中心"平台推进两岸金融信息交流与监管机制。四要适时推进两区管理部门协商，共同制定监管框架、监管机制与监管细则，并共同实施对两区合作事务的监管。

产业对接合作方面。其一，在农业技术研发阶段，两岸宜以水平分工为主，借以整合两岸在基础研究与应用性转化方面的互补优势。其二，在生产与销售环节，两岸可以垂直分工模式为主。借重两区对接合作通道，从大陆进口农产品原物料，在屏东自由经济示范区进行加工生产，再销往世界市场。其三，可构建两岸人才合作机制，促进两岸在营销环节的合作，以深化闽台农产业的产业链合作，共同打造农产品品牌，拓展内需市场以及国际市场。

目 录

总论　福建自由贸易试验区与台湾自由经济示范区对接合作 …………… 1
 引言 …………………………………………………………………… 1
 一、福建自由贸易试验区建设规划的概况与要点 …………………… 2
 二、台湾自由经济示范区建设规划的概况与要点 …………………… 6
 三、福建自由贸易试验区与台湾自由经济示范区对接合作的意义与作用 … 9
 四、福建自由贸易试验区与台湾自由经济示范区对接合作的条件与
  可能性 …………………………………………………………… 12
 五、福建自由贸易试验区与台湾自由经济示范区对接合作的内容与措施 … 15
 结语 …………………………………………………………………… 18

分论一　福建自由贸易试验区与高雄自由经济示范区对接合作 ………… 21
 引言 …………………………………………………………………… 21
 一、高雄自由经济示范区的定位与内涵 ……………………………… 22
 二、福建自由贸易试验区与高雄自由经济示范区对接合作的意义 ………… 28
 三、福建自由贸易试验区与高雄自由经济示范区对接合作的可行性 ……… 29
 四、福建自由贸易试验区与高雄自由经济示范区对接合作的内涵要求 …… 30
 五、福建自由贸易试验区与高雄自由经济示范区对接合作的模式与路径 … 31
 六、福建自由贸易试验区与高雄自由经济示范区对接合作的政策建议 …… 33
 结语 …………………………………………………………………… 42

分论二　福建自由贸易试验区与台中自由经济示范区对接合作 …………… 45
　　引言 …………………………………………………………………… 45
　　一、台中自由经济示范区的提出与现状 ……………………………… 47
　　二、福建自由贸易试验区与台中自由经济示范区对接合作的必要性
　　　　与作用 ……………………………………………………………… 50
　　三、福建自由贸易试验区与台中自由经济示范区对接合作的条件与
　　　　可能性 ……………………………………………………………… 58
　　四、福建自由贸易试验区与台中自由经济示范区对接合作的内容与措施 … 66
　　结语 ……………………………………………………………………… 73

分论三　福建自由贸易试验区与台北自由经济示范区对接合作 …………… 78
　　引言 …………………………………………………………………… 78
　　一、台北自由经济示范区的提出、条件与定位 …………………………… 80
　　二、福建自由贸易试验区与台北自由经济示范区对接合作的意义与作用 … 83
　　三、福建自由贸易试验区与台北自由经济示范区对接合作的可行性 ……… 88
　　四、福建自由贸易试验区与台北自由经济示范区对接合作的内容和
　　　　措施 ………………………………………………………………… 100
　　结语 …………………………………………………………………… 102

分论四　福建自由贸易试验区与桃园自由经济示范区对接合作 …………… 106
　　引言 …………………………………………………………………… 106
　　一、桃园自由经济示范区的提出及现状 ……………………………… 108
　　二、福建自由贸易试验区与桃园自由经济示范区对接合作的必要性
　　　　与意义 ……………………………………………………………… 110
　　三、福建自由贸易试验区与桃园自由经济示范区对接合作的条件与
　　　　可能性 ……………………………………………………………… 116
　　四、福建自由贸易试验区与桃园自由经济示范区对接合作的内容与
　　　　措施 ………………………………………………………………… 129

结语 …………………………………………………………… 137

分论五　福建自由贸易试验区与基隆自由经济示范区对接合作 …… 140
　　引言 …………………………………………………………… 140
　　一、基隆自由经济示范区的提出及现状 …………………… 141
　　二、福建自由贸易试验区与基隆自由经济示范区对接合作的必要性
　　　　与意义 …………………………………………………… 144
　　三、福建自由贸易试验区与基隆自由经济示范区对接合作的条件 …… 148
　　四、福建自由贸易试验区与基隆自由经济示范区对接合作的内容
　　　　与措施 …………………………………………………… 160
　　结语 …………………………………………………………… 166

分论六　福建自由贸易试验区与屏东自由经济示范区对接合作 …… 170
　　引言 …………………………………………………………… 170
　　一、屏东自由经济示范区发展沿革与发展主轴 …………… 170
　　二、福建自由贸易试验区与屏东自由经济示范区对接合作的意义与
　　　　必要性 …………………………………………………… 173
　　三、福建自由贸易试验区与屏东自由经济示范区对接合作的条件与
　　　　可能性 …………………………………………………… 180
　　四、福建自由贸易试验区与屏东自由经济示范区对接合作的内容与
　　　　措施 ……………………………………………………… 184
　　结语 …………………………………………………………… 193

附录　中国（福建）自由贸易试验区总体方案 …………………… 197

总论　福建自由贸易试验区与台湾自由经济示范区对接合作

引　言

　　自由经贸区指的是一个经济体内部的特定地区(或者整个经济体)，这一特定地区(或者这一经济体)相对于经济体的其它地区(或者相对其它经济体)实行更加开放、更加自由、更加便利的特殊经贸政策措施。当前，经济全球化与经贸活动自由化不断深化发展，已超越货物贸易自由化、进入到服务贸易自由化、产业投资自由化、金融活动自由化等更广阔领域。全球范围内的商品与要素流动自由化，既带来全球范围内的更多的合作与发展的机会，也带来全球范围内的更大的竞争与风险的挑战。为顺应经济全球化和经贸活动自由化的发展趋势，并为更好地因应这一发展趋势带来的机会与挑战，各国家或各地区经济体在区域层面(FTA等)和全球层面(WTO等)以整个经济体参与一定程度的经贸活动自由化的同时，纷纷推出单边自主的自由经贸区发展战略，在有条件的局部区域先行先试较高程度的经贸活动自由化（参见唐永红，2005、2013；邓力平、唐永红，2003；李力，1996）。

　　在此情形下，并为进一步推进改革、开放、发展，大陆于2013年启动"自由贸易试验区"战略，"使之成为推进改革和提高开放型经济水平的'试验田'，形成可复制、可推广的经验，发挥示范带动、服务全国的积极作用，促进各地区共同发展"（国务院，2013）。根据大陆关于目前的各个自由贸易试验区的战略定位，只有《中国（福建）自由贸易试验区总体方案》在自贸试验区的战略定位中明确要求"充分发挥对台优势，率先推进与台湾地区投资贸易自由化进程，把自贸试验区建设成为深化两岸经济合作的示范区"，并专列"率先推进与台湾地区投资贸易自由"篇章（国务院，2015）。与此同时，台湾地区马英九当局为了减轻经济被边缘化的危险，促进产业投资与创新，为经济发展注入新动能，也积极推进"自由经济示范区"规划建设，试图以先行先试的路径改革制度、增强体质、接轨国际，并最终在全台湾建成"自由经济岛"（台湾"行政院"，2013、2014a、2014b）。

顺应与因应国际经贸活动自由化深化发展趋势，闽台两地各自设立自由经贸区，实施更加自由化与便利化的政策措施，将势必会形成一定的竞争态势。但与此同时，闽台自由经贸区若能相互开放、对接，则又可形成一定的合作空间与机会，实现竞合发展与协同发展，并有助于将来在两岸整体层面推动的两岸经贸活动自由化与两岸经济一体化进程的推进（唐永红、赵胜男，2017）。本部分探讨福建自由贸易试验区与台湾自由经济示范区对接合作的意义与作用、条件与可能性、内容与措施，以有助于推进福建自由贸易试验区与台湾自由经济示范区的对接合作与协同发展，并为随后各部分分别具体研究福建自由贸易试验区与台湾各自由经济示范区的对接合作提供一个内容框架。

一、福建自由贸易试验区建设规划的概况与要点

建立中国（福建）自由贸易试验区（以下简称自贸试验区），是我国作出的重大决策，是在新形势下推进改革开放和深化两岸经济合作的重要举措，对加快政府职能转变、积极探索管理模式创新、促进贸易和投资便利化，为全面深化改革和扩大开放探索新途径、积累新经验，具有重要意义。《中国（福建）自由贸易试验区总体方案》（以下简称《总体方案》）就福建自由贸易试验区建设的总体要求、区位布局、主要任务和措施、保障机制做出了明确规划。

（一）指导思想

全面贯彻落实党的十八大和十八届二中、三中、四中全会精神，按照党中央、国务院决策部署，紧紧围绕国家战略，立足于深化两岸经济合作，立足于体制机制创新，进一步解放思想，先行先试，为深化两岸经济合作探索新模式，为加强与 21 世纪海上丝绸之路沿线国家和地区的交流合作拓展新途径，为我国全面深化改革和扩大开放积累新经验，发挥示范带动、服务全国的积极作用。

（二）战略定位

围绕立足两岸、服务全国、面向世界的战略要求，充分发挥改革先行优势，营造国际化、市场化、法治化营商环境，把自贸试验区建设成为改革创新试验田；充分发挥对台优势，率先推进与台湾地区投资贸易自由化进程，把自贸试验区建设成为深化两岸经济合作的示范区；充分发挥对外开放前沿优势，建设 21 世纪海上丝绸之路核心区，打造面向 21 世纪海上丝绸之路沿线国家和地区开放合作新高地。

（三）发展目标

坚持扩大开放与深化改革相结合、功能培育与制度创新相结合，加快政府职能转变，建立与国际投资贸易规则相适应的新体制。创新两岸合作机制，推动货物、服务、资金、人员等各类要素自由流动，增强闽台经济关联度。加快形成更高水平的对外开放新格局，拓展与 21 世纪海上丝绸之路沿线国家和地区交流合作的深度和广度。经过三至五年改革探索，力争建成投资贸易便利、金融创新功能突出、服务体系健全、监管高效便捷、法制环境规范的自由贸易园区。

（四）实施范围

自贸试验区的实施范围 118.04 平方千米，涵盖三个片区：平潭片区 43 平方千米，厦门片区 43.78 平方千米（含象屿保税区 0.6 平方千米、象屿保税物流园区 0.7 平方千米、厦门海沧保税港区 9.51 平方千米），福州片区 31.26 平方千米（含福州保税区0.6平方千米、福州出口加工区1.14平方千米、福州保税港区9.26平方千米）。自贸试验区土地开发利用须遵守土地利用法律法规。

1. 平潭片区

共43平方千米。四至范围：港口经贸区块16平方千米，东至北厝路、金井三路，南至大山顶，西至海坛海峡，北至金井湾大道。高新技术产业区块15平方千米，东至中原六路，南至麒麟路，西至坛西大道，北至瓦瑶南路。旅游休闲区块12平方千米，东至坛南湾，南至山岐澳，西至寨山路，北至澳前北路。

2. 厦门片区

共43.78平方千米。四至范围：两岸贸易中心核心区19.37平方千米，含象屿保税区0.6平方千米（已全区封关）、象屿保税物流园区0.7平方千米（已封关面积0.26平方千米）。北侧、西侧、东侧紧邻大海，南侧以疏港路、成功大道、枋钟路为界。东南国际航运中心海沧港区24.41平方千米，含厦门海沧保税港区9.51平方千米（已封关面积5.55平方千米）。东至厦门西海域，南侧紧邻大海，西至厦漳跨海大桥，北侧以角嵩路、南海路、南海三路和兴港路为界。

3. 福州片区

共31.26平方千米。四至范围：福州经济技术开发区22平方千米，含福州保税区0.6平方千米（已全区封关）和福州出口加工区1.14平方千米（已封关面积0.436平方千米）。马江—快安片区东至红山油库，南至闽江沿岸，西至鼓山镇界，北至鼓山麓；长安片区东至闽江边，南至亭江镇东街山，西至罗长高速公路和山体，北至琯头镇界；南台岛区东至三环路，南至林浦路，西至前横南路，北面以闽江岸线为界；琅岐区东至环岛路，南至闽江码头进岛路，西至闽江边，北面以规划道路为界。福州保税港区9.26平方千米（已封关面积2.34平方千米）。a区东至西港，南至新江公路，西至经七路，北至纬六路；b区东至14号泊位，南至兴化湾，西至滩涂，北至兴林路。

（五）功能划分

按区域布局划分，平潭片区重点建设两岸共同家园和国际旅游岛，在投资贸易和资金人员往来方面实施更加自由便利的措施；厦门片区重点建设两岸新兴产业和现代服务业合作示范区、东南国际航运中心、两岸区域性金融服务中心和两岸贸易中心；福州片区重点建设先进制造业基地、21世纪海上丝绸之路沿线国家和地区交流合作的重要平台、两岸服务贸易与金融创新合作示范区。

按海关监管方式划分，自贸试验区内的海关特殊监管区域重点探索以贸易便利化为主要内容的制度创新，开展国际贸易、保税加工和保税物流等业务；非海关特殊监管区域重点探索投资体制改革，推动金融制度创新，积极发展现代服务业和高端制造业。

（六）主要任务和措施

为达成建设与发展目标，《总体方案》要求福建自由贸易试验区切实转变政府职能、推进投资管理体制改革、推进贸易发展方式转变、率先推进与台湾地区投资贸易自由、推进金融领域开放创新、培育平潭开放开发新优势。

国务院关于印发《总体方案》的通知要求福建自由贸易试验区要当好改革开放排头兵、创新发展先行者，以制度创新为核心，贯彻"一带一路"建设，在构建开放型经济新体制、探索闽台经济合作新模式、建设法治化营商环境等方面，率先挖掘改革潜力，破解改革难题；要积极探索外商投资准入前国民待遇加负面清单管理模式，深化行政管理体制改革，提升事中事后监管能力和水平。

国务院关于印发《总体方案》的通知要求福建省人民政府和有关部门要解放思想、改革创新，大胆实践、积极探索，统筹谋划、加强协调，支持自贸试验区先行先试；要加强组织领导，明确责任主体，精心组织好《方案》实施工作，有效防控各类风险；要及时总结评估试点实施效果，形成可复制可推广的改革经验，发挥示范带动、服务全国的积极作用。

二、台湾自由经济示范区建设规划的概况与要点

台湾自由经济示范区规划是马英九时期台湾当局推动经济自由化、发展高附加价值创新经济活动的一项重大经济政策。

（一）台湾自由经济示范区建设规划的概况

依据台湾"行政院"2013年4月29日核定的"自由经济示范区规划方案"以及12月19日的修正案，台湾自由经济示范区（简称示范区）分两阶段进行推动（见表1-1）。第一阶段以增修订"行政法规"即可推动的措施为主，由现行自由贸易港区结合邻近园区同步推动，并研订"自由经济示范区特别条例"，已于2013年8月正式启动。第二阶段拟于"自由经济示范区特别条例"立法通过后启动，将可扩大自由化范围及增加示范创新活动，并由台湾当局划设或由各县市申设示范区。

依据台湾"行政院"2013年8月16日核定的"自由经济示范区第一阶段推动计划"以及2014年2月修正案，台湾自由经济示范区第一阶段规划了"六海一空一农"区位，包括苏澳港、基隆港、台北港、台中港、安平港及高雄港在内的六大港口，桃园国际航空城，加上屏东农业生技园区（见图1-1）。各示范区发展定位见表1-2。2014年9月底增加彰滨工业区仑尾区彰滨工业区。

台湾自由经济示范区第一阶段规划以"前店后厂"的概念，由过去自由贸易港区的浅层加工，演变为结合加工出口区、科学园区，做更深层的加工，来延伸价值链，提供一步到位服务，吸引岛内外投资，为经济注入活力。在产业选择上，示范区以高附加价值的服务业为主，促进服务业发展的制造业为辅，重点发展智慧物流、国际健康、农业加值、金融服务与教育创新等高附加价值的创新经济活动。在政策配套上，则包括海外盈余区内实质投资免税、研发抵减及营运总部营所税减免等租税优惠，以及白领阶级来台居留限制、免报海外所得、前三年薪资半数免税等开放与延揽人才措施。

台湾自由经济示范区第二阶段规划原计划待"自由经济示范区特别条例"

通过后推动。届时将向岛内各县市开放申请，不排除其他任何地区；自由化与开放措施涉及层面将更为广泛。第二阶段明定第一类示范事业与第二类示范事业，均以高附加价值的服务业为主，促进服务业发展的制造业为辅[①]。但遗憾的是，由于当时在野的民进党等政治势力的强力阻碍，"自由经济示范区特别条例"未能在台湾"立法院"通过，以致自由经济示范区第二阶段规划搁浅。

表1-1 台湾自由经济示范区规划内涵

	第一阶段	第二阶段
上路时间	2013年7月	原计划2014年底，但"自由经济示范区特别条例"未获通过而搁浅
地点	基隆、苏澳、台北、台中、高雄五自贸港区及桃园航空城	另增"中央"规划或地方申设地点
产业内容	智慧物流、农业加值、教育创新、国际医疗、金融服务	纳入新产业
相关法规	增修订"行政法规"即可推动之措施为主，扩大既有自贸港区内容	须经"立法院"通过"示范区特别条例"
陆资待遇提升	依"现行法"	外资：迈向FTA/TPP 陆资：迈向WTO
延揽人才	外籍白领专业免两年工作经验限制	放宽外、陆籍白领来台居留限制 免报海外所得、前三年薪资半数免税
租税优惠	依"现行法"	海外盈余区内实质投资免税 研发支出一定额度三年租税优惠 设营运总部投资三年内营所税优惠

资料来源：台湾"行政院国家发展委员会"。

---

① 第一类示范事业为经许可于实体示范区从事产业活动之事业。第二类示范事业为具输出利基、可协助岛内业者朝国际化发展且具时效性之服务业（可于区内外营运）。

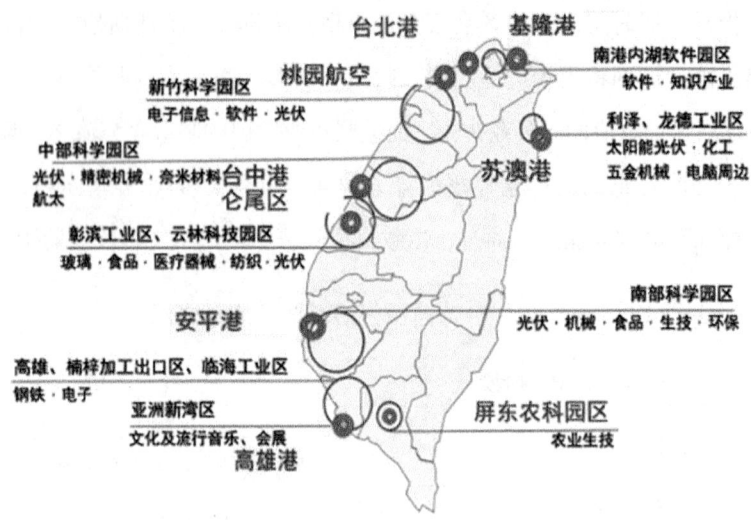

图 1-1 台湾岛内自由经济示范区第一阶段规划空间布局及
周边辐射概况示意图（2014 年）

资料来源：台湾"交通部"："台湾自由贸易港区"，2010 年 4 月，http://wenku.baidu.com/link?url=G6bsZiNGgLrJPIv9wRyN8B5AEoHydQiANV5HZQaBkm7l2dwRRYqItmDrNXadbpaXmi_mKgV7mv54To4C2hH-7_G5ysNYAVilrkZlYwKu1cS。

表 1-2 台湾各自由港区发展定位

自由贸易港区	发展定位
台北港	海空联运、国际物流配销及加值服务中心
台中港	中部区域的加值服务中心
	能源、重化工和石化原料进口港及油料配销中心
基隆港	公共仓储及以亚洲为腹地的配销中心
高雄港	转运及配销中心
苏澳港	绿能产业的加值服务中心
台南安平港	海运快递专区
桃园航空城	以空运为主、海运为辅的高科技产业运筹中心

资料来源：台湾"交通部"："台湾自由贸易港区"，2010 年 4 月，http://wenku.baidu.com/link?url=G6bsZiNGgLrJPIv9wRyN8B5AEoHydQiANV5HZQaBkm7l2dwRRYqItmDrNXadbpaXmi_mKgV7mv54To4C2hH-7_G5ysNYAVilrkZlYwKu1cS。

（二）台湾自由经济示范区建设规划的要点

台湾自由经济示范区在推动目的上，旨在试验示范经济自由化的效果与新形态创新经济活动。示范区被视为提振台湾经济的新引擎，建立对外开放试验区，有利于促进经贸更为开放、更高层次发展。示范区在特定区域内先行先试推动人才、资金、物流的松绑，加速市场开放、国际接轨，如经过实务推动证明其开放对岛内产业冲击不大，而且有助于吸引投资，提升台湾经济的整体竞争优势，则可望进一步扩大至全台，落实加速走向自由贸易岛的目标。

台湾自由经济示范区在推动方向上，一是以高附加价值的服务业为主，促进服务业发展的制造业为辅，充分利用台湾利基与比较优势，发展高附加价值的创新经济活动，包括第一阶段的智慧物流、国际健康、农业加值、金融服务与教育创新；二是加速法规松绑及改善营运环境，包括促进人员、商品、资金的自由流动，开发市场接轨国际，提供便捷土地取得，建设优质营运环境，推动跨境产业合作，并行双轨示范机制。

台湾自由经济示范区在营运功能上，一是试图结合海港与空运的功能，前店后厂设计，扩大过去自由贸易港区的浅层加工至深层加工；二是进一步纳入智能运筹，使制造和下游的物流运筹连成一体，有效地延伸价值链，创造更大的附加价值；三是使示范区内可以从上游的研发、设计，到中游的制造，下游的通路贯穿一气，提供一步到位服务，有助吸引投资，提升经济动能；四是延伸营运腹地，并强化自由港区与台湾产业链接关系。

事实上，台湾自由经济示范区也期望通过上述策略来推动对大陆的政策松绑与市场开放，实践中虽仍把陆资与外资相区隔，但马英九当局希望通过自由经济示范区与大陆经济特区开展"区对区"的合作。

三、福建自由贸易试验区与台湾自由经济示范区对接合作的意义与作用

海峡两岸在建设各自的自由经贸区的同时，推进福建自由贸易试验区与台湾自由经济示范区对接合作，具有重大的意义与作用。

（一）可作为两岸经贸活动自由化与经济一体化先行先试区

当前两岸政治关系上存在结构性矛盾，两岸在政治、经济、文化（社会）等各个层面的差异性较大，两岸之间的猜忌与误解多而互信与共识少。这些必将对两岸整体层面的制度化合作交流的步伐，包括通过ECFA及其后续协议推进的两岸经贸活动自由化与一体化的步伐，形成相当程度的制约。两岸服务贸易协议在台湾受阻就是典型例证。

因此，两岸需要彼此磨合与相互适应。一个可行途径与方式，就是在两岸整体层面通过ECFA及其后续协议。协议推进一定程度的两岸经贸活动自由化与一体化的同时，在有条件的两岸次区域层面先行先试较高程度的两岸经贸活动自由化与一体化，为将来两岸在整体层面推进这种较高程度的经贸活动自由化与一体化探索经验，累积互信，奠定基础，提供动力。

事实上，随着经济全球化与经贸活动自由化的深化发展，在两岸各自推进对外经贸活动自由化之际，在ECFA及其后续协议启动两岸经贸活动正常化、自由化与一体化之际，在适当区域建设单边自主的自由经贸区，先行先试较高程度的经贸活动自由化与一体化，将暂时无条件或无法在两岸整体层面推进的两岸经贸活动自由化政策措施（包括货物贸易自由化、服务贸易自由化、产业投资自由化、金融活动自由化）放在两岸自由经贸区先行先试，将是两岸必然的选择。

因此，闽台自由经贸区对接合作，可以作为两岸经贸活动自由化与经济一体化的先行先试区域，可为两岸经贸活动自由化与经济一体化探索经验，累积互信，奠定基础与提供动力，从而有助于两岸整体层面之间的经贸活动自由化与经济一体化进程的顺利推进。

（二）有助于促进闽台自由经贸区间产业分工合作与协同发展

众所周知，政策开放是经济合作的前提，开放为合作提供机会与空间。两岸产业分工合作与协同发展至今未能有效形成，主要原因就在于两岸双方特别是台湾当局产业投资准入政策由于互信不足、自信脆弱、害怕竞争等因素至今没有全面开放。

当前，两岸设立自由经贸区，以更加开放、更加自由、更加便利的特殊经贸政策措施来刺激产业经济发展。如果闽台自由经贸区可相互开放，将更加开放、更加自由、更加便利的政策措施给予对方，两岸各方的企业因此有机会进入对方的自由经贸区进行生产、经营，自由经贸区内的两岸产业合作发展就有了机会与空间。

与此同时，两岸同时以经贸活动自由化与便利化政策措施刺激产业经济发展，必将引致竞争。闽台自由经贸区相互开放产业投资活动，有助于市场机制发挥产业对接合作的作用，以减小竞争，协同发展。

此外，如果两岸愿意推动闽台自由经贸区的产业规划对接、产业政策协调等事项，则可以进一步通过两岸公权力的作用减小两岸自由经贸区的重复投资与过度竞争，并推进自由经贸区内两岸产业对接合作与协同发展。

总之，如果两岸自由经贸区行政当局愿意积极建立彼此之间的产业投资准入政策开放机制、产业规划对接机制、产业政策协调机制，携手合作，充分发挥"看得见的手"与"看不见的手"的作用，可以减小重复投资与过度竞争，可以引导和促进自由经贸区内两岸产业对接合作与整合发展。

（三）有助于闽台自由经贸区的自身建设与发展

设立自由经贸区，在货物贸易自由化、服务贸易自由化、产业投资自由化、金融活动自由化等方面先行先试，可以吸引内资与外资进入自由经贸区投资、经营，有助于促进自由经贸区产业经济结构调整与有关产业发展，特别是有助于先进制造业与现代服务业的发展，从而有助于自由经贸区的自身建设与发展。

当前，闽台同时设立自由经贸区，如果同时将自己在自由经贸区内实行的经贸活动自由化与便利化政策措施开放给对方，将有助于对方商品与要素进入自由经贸区，从而有助于自由经贸区内贸易、投资的发展，有助于自由经贸区有关产业的发展与产业结构调整。

例如，彼此开放货物贸易政策，推进货物贸易自由化，将有助于彼此做大贸易量，进而带动与贸易相关产业（企业）的发展，相关生产业、物流业、金融业、展会业因贸易规模的成长而引致成长。又如，彼此开放产业投资政策，将有助于对方产业资本进入己方投资兴业，并与在地产业合作发展，从而有助于推动经济成长，提升就业与薪资水平。再如，彼此开放金融活动自由化政策，将有助于两岸两区金融业合作发展。

此外，闽台自由经贸区若能在知识产权（智慧财产权）保护和使用法规政策、社会保障政策、竞争政策、检验检疫政策、海关监管政策、金融监管政策等与经贸活动相关的政策措施方面进行对接合作；若能在物流管理信息、检测维修信息、检疫检验信息、关务行政信息、客户管理信息、医疗信息等与经贸活动相关的信息方面进行对接合作；若能在港口设施、通讯设施、航线配置等与经贸活动相关的基础设施方面进行对接合作；若能在贸易监管、投资监管、金融监管等与经贸活动相关的监管措施进行对接合作，则无疑有助于两岸产业（企业）在自由经贸区内对接合作，有助于闽台各自的自由经贸区的建设与发展。

四、福建自由贸易试验区与台湾自由经济示范区对接合作的条件与可能性

无论从经贸政策层面还是从两岸关系层面看，福建自由贸易试验区与台湾自由经济示范区对接合作都有着一定的条件与可能性。

（一）经济政策层面的条件与可能性

面对国际经贸活动自由化深化发展的趋势，当前两岸都必须推进经贸活动自由化。为了趋利避害，两岸除了在全球多方层面(WTO)、区域多方或双方层面推行一定程度的自由化，还采取了在单方自主层面以自由经贸区模式先行先试更高程度自由化的梯度推进做法。这为两岸自由经贸区对接合作与两岸次区域合作发展提供了可能。

从大陆方面看,当前,大陆正面临较大的经济下行压力,传统比较优势产业遭遇新的挑战,改革正步入"深水区"。在此情形下,"自由贸易试验区"所在地区作为外向型经济发展程度比较高的地区,其经济增长方式和经济发展空间面临巨大挑战,迫切需要通过建设自由经贸区来推动新一轮的改革开放。

从台湾地区方面看,自2009年以来,以美国为主导的跨太平洋伙伴关系协定(TPP)日益成为亚太地区经济一体化的重要形式,中日韩自由经贸区、区域全面经济伙伴关系协定(RCEP)等也在加快推动。台湾由此面临经济被边缘化的危险以及按照TPP标准实施自由化而带来巨大冲击的严峻挑战。近年来,"闷经济"一直困扰着台湾,主要体现在出口低迷、内需不振、投资不足等方面。台湾作为一个外向型经济体,2013年全年累计出口3032.2亿美元,同比仅微增0.7%。在此内外环境下,台湾马英九当局希望通过设立"自由经济示范区",一方面透过进一步的开放为经济成长注入新动能,另一方面透过开放引入竞争以"强身健体"并积累经济自由化经验,为参与更多区域经济整合创造条件。

与此同时,鉴于其大陆经贸政策的敏感性,台湾当局也期望借助"自由经济示范区"先行先试。"自由经济示范区"作为台湾的"经济特区",对大陆先行先试更加开放、自由和便利的经贸政策措施,将可能与大陆的自由经贸区进行对接,从而扩大两岸经济合作。2013年3月27日,台湾"经建会主委"管中闵表示,"自由经济示范区"未来可以与大陆的自由经贸区进行产业合作,力求将台湾"自由经济示范区"打造成为吸引跨国企业前来投资的区域经济整合平台。

特别是台湾"自由经济示范区"的经济腹地普遍逊色于大陆"自由贸易试验区",推动台湾"自由经济示范区"与大陆"自由贸易试验区"开展紧密对接合作,打通两岸自由经贸区的人流(游客及人才)、金流、物流、信息流,能有效刺激台湾"自由经济示范区"所在地区实现转型发展,进而有助于改变台湾"自由经济示范区"所在地区及台湾经济发展面临的"闷经济"困境。同时,更可使台湾"自由经济示范区"通过大陆"自由贸易试验区"将其经济腹地延伸至大陆内地，从而将大陆"自由贸易试验区"作为台资企业深入大陆市场的跳板。

（二）两岸关系层面的条件与可能性

从经济层面看，台湾是一个缺乏资源与腹地的浅碟型经济体，需要与自己的主要经贸伙伴特别是经济全球化的中心保持自由化与便利化的有效连接，以便较好地开展全球化运作。而近30年来中国大陆逐步成长成为世界经济发展的一个增长点乃至经济全球化的一个中心（特别是继成为"世界工厂"之后又成为"世界市场"），更是台湾经济体的第一大经贸伙伴。在此背景下，与中国大陆实现经贸活动自由化与便利化的有效连接，进行整合发展，从而进入经济全球化的中心，改善自身经济发展环境，是台湾经济发展的必要选择。

然而，在两岸关系互信脆弱、台湾政治经济生态复杂多元的背景下，无论是通过ECFA及其后续协议，还是通过单方面的大陆政策松绑，想从台湾整体层面推进与中国大陆的经贸活动自由化与便利化以进行两岸整合发展，一直以来都困难重重并窒碍难行。在此背景下，无论蓝绿执政，借鉴国际经济发展经验，以"两条腿走路"的方式来推进两岸经贸活动自由化与一体化，就成为必然且必要的选择。所谓"两条腿走路"，即在两岸整体层面通过ECFA及其后续协议推进一定程度的两岸经贸活动自由化与一体化的同时，在有条件的两岸次区域层面先行先试较高程度的两岸经贸活动自由化与一体化，为将来两岸在整体层面推进这种较高程度的经贸活动自由化与一体化探索经验，累积互信，奠定基础与提供动力。后者即所谓两岸自由经贸区对接合作方式。

在两岸关系互信脆弱、台湾政治经济生态复杂多元的背景下，无论蓝绿执政，以自由经贸区对接合作的方式推进两岸经贸活动自由化与一体化进程将是必然且必要的选择。特别是在民进党执政下，如果台湾的民进党当局与大陆方面没有形成体现两岸同属一个国家的、类似"九二共识"的"民共共识"，预期以ECFA及其后续协议在两岸整体对整体层面推进的两岸经贸活动自由化与一体化进程将停止（一方面，大陆不得不停止执行ECFA及其后续协议，以对民进党当局进行必要的反制；另一方面，民进党当局因担心两岸经济一体化发展将不利于台湾主体性和独立，而可能不愿意继续推进两岸经济一体化发展），以自由经贸区对接合作方式推行两岸经贸活动自由化与一体化进程将可能是唯一的路径与模式。

事实上，鉴于两岸自由经贸区对接合作有助于区域经济发展，因此民进党也不会关闭掉这一路径。相反，为求执政成效以巩固执政并继续执政，民进党当局很可能会优先让其执政县市下的"自由经济示范区"与大陆的"自由贸易试验区"对接合作。

五、福建自由贸易试验区与台湾自由经济示范区对接合作的内容与措施

为减小竞争，并有助于协同发展，福建自由贸易试验区与台湾自由经济示范区宜在法规政策、基础设施、信息、监管、产业等多个层面进行对接合作。

（一）法规政策对接合作

这又涉及多个面向的法规政策的对接合作，主要是经贸活动自由化与便利化政策的对接合作，以及经贸活动相关政策的对接合作。

一是经贸活动自由化与便利化政策的对接合作。包括货物贸易政策、服务贸易政策、产业投资政策、金融活动政策。两岸需要相互将自由化与便利化政策措施开放给对方。相互开放是合作的前提，开放为合作提供可能与空间，没有开放将难有合作，开放也有助于自身发展。具体政策开放方面，一方面，两岸可以将ECFA及其后续协议将要推进的自由化与便利化政策措施率先在各自的自由经贸区中开放给对方，从而推进两岸贸易自由化与便利化；与此同时，两岸可在各自的自由经贸区中以"负面清单"的方式开放绝大多数行业的投资准入，从而推进两岸投资自由化与便利化；此外，还可在各自的自由经贸区中开放外资银行、保险、证券等金融业，从而推进两岸金融活动自由化与便利化。

当然，在放宽投资、经营领域的同时，还要降低进入的门槛条件。

二是经贸活动相关政策的对接合作。除了上述经贸活动自由化与便利化政策方面，两岸还需要推进与经贸活动相关的政策的对接合作，包括知识产权(智慧财产权)保护和使用法规政策的对接合作、社会保障政策的对接合作、竞争政策的对接合作、检验检疫政策的对接合作、海关监管政策的对接合作、金融监管政策的对接合作。这些与经贸活动相关的政策的对接合作，可改进在两岸进行投资、经营的便利性与公平性，既有助于增强投资人投资自由经贸区的意愿，也有助于两岸产业资本在自由经贸区中投资合作。

（二）基础设施对接合作

基础设施对接合作是福建自由贸易试验区与台湾自由经济示范区对接合作的另一方面，包括港口设施、通讯设施、航线配置等等。

首先，应加强和完善福建自由贸易试验区与台湾自由经济示范区之间的海、陆、空物流通道的无缝对接。近期可推动福建自由贸易试验区与台湾自由经济示范区建设"点对点合作"两岸物流快运渠道。

其次，应进一步加强闽台自由经贸区在集装箱、散杂货、客运滚装等领域的港航业务合作，共同经营闽台自由经贸区之间的航线，合作开辟经营集装箱班轮航线，实现闽台自由经贸区的船务公司舱位互换与共享。

再者，应进一步完善闽台自由经贸区海空港口等基础设施，形成完善的国际航线、国际分拨、国际物流和国际进出口贸易功能。

最后，还应进一步完善闽台自由经贸区港口、航线的通讯设施，并进行对接。

（三）信息对接合作

信息对接合作旨在解决信息不对称，实现信息共享。这既是经贸活动顺畅开展的一个重要条件，也是共同市场的一个重要内容。包括物流管理信息互通，检测维修信息互通，检疫检验信息互通，关务行政信息互通、客户管理信息合作、医疗信息合作，等等。

其一，可推动福建自由贸易试验区与台湾自由经济示范区在海关、港口、物流等方面开展云计算管理平台技术及交流合作，共同建设"关港贸"一体化信息平台。

其二，可推动福建自由贸易试验区与台湾自由经济示范区合作设立商品标准检测机构，进行产品相互检测认证合作，建设对经闽台自由经贸区输出的商品进行进口检验认证的集中协办平台。

其三，应进一步推动福建自由贸易试验区与台湾自由经济示范区开展实质性的业务沟通，建立适合两区合作的物流管理、检验检疫、退税、跨境支付等支撑体系。

其四，通过在自由经贸区内加快建设跨境电子商务产业园，以及搭建两岸"信息互换、监管互认、执法互助"的"关港贸"一体化信息对接平台，推动福建自由贸易试验区与台湾自由经济示范区开展跨境电子商务进出口业务和公共服务信息平台对接。

（四）监管对接合作

商品、要素、人员在两岸自由经贸区之间的流动，或多或少涉及行政当局的必要监管问题。监管合作是提升监管效率的重要方式。自由经贸区涉及多方面的监管问题，包括海关监管、投资监管、金融监管等等。

首先，可建立闽台自由经贸区（海运）进出境快件监管中心，努力探索闽台自由经贸区物流对接的管理模式。推动闽台自由经贸区的相关港区洽谈建立合作通关制度，探索通关合作模式，进一步健全闽台自由经贸区的商务、海关、检验检疫、税务、金融、港务等部门联系机制，探索"虚拟海关"与"实体海关"相结合的管理体制和模式，提高物流效率，降低物流成本，为闽台自由经贸区经贸合作提供便捷服务。

其次，应建立闽台自由经贸区所属金融监管当局的交流磋商机制，增进双方的相互信任，对闽台自由经贸区金融监管合作中的管辖边界、协调组织框架、合作机制及其双方的责任与权力方面的法律法规做出安排，及时调整和处理两岸自由经贸区金融监管合作中的法律冲突。另外，应尽快建立和完善闽台自由经贸区的金融监管的信息交流与交换平台，从而实现闽台自由经贸区金融监管的资源共享。

再者，应建构起闽台自由经贸区对接合作项目的投资监管体系，主要包括：投资责任追究制度、投资管理分工机制、重大对接合作项目的稽查制度、对接合作项目事后评价制度、对接合作项目的社会监督机制。

（五）产业对接合作

自由经贸区就是要以更加开放、更加自由、更加便利的特殊经贸政策措施来刺激产业经济发展。闽台同时以经贸活动自由化政策措施刺激产业经济发展，必将引致竞争。为减小竞争，协同发展，闽台自由经贸区首先宜相互开放产业投资活动，以便市场机制发挥产业对接合作的作用。进而，可以推动产业规划对接、产业政策协调等事项。也就是说，两岸宜在闽台自由经贸区积极建立彼此之间的产业投资准入政策开放机制、产业规划对接机制、产业政策协调机制，携手合作，充分发挥"看得见的手"的作用，以引导和促进闽台自由经贸区产业对接合作与整合发展。

结　语

为因应国际经济活动自由化深化发展的趋势与要求、机会与挑战，并为自身经济持续发展提供新动能，海峡两岸都将建设自由经贸区提上了议事日程。在参与国际经贸活动自由化进程中，福建自由贸易试验区与台湾自由经济示范区不可避免地将形成一定的竞争态势。因此，福建自由贸易试验区与台湾自由经济示范区有必要相互开放，对接合作，以便有助于减小竞争、协同发展，有助于促进产业分工合作。福建自由贸易试验区与台湾自由经济示范区在相互开放与对接合作的基础上还可作为两岸经贸活动自由化与经济一体化的先行先试区，为将来在两岸整体层面推进经贸活动自由化与经济一体化探索经验、累积互信、奠定基础、提供动力。事实上，无论从经济基础层面、经济政策层面、经济区位层面，还是从两岸关系层面看，福建自由贸易试验区与台湾自由经济示范区对接合作有其一定的条件与可能性。实践中，福建自由贸易试验区与台湾自由经济示范区可以在法规政策、基础设施、信息、监管、产业等多个层面进行对接合作，以形成竞合发展与协同发展态势。

参考文献

[1] 邓力平、唐永红：《经济全球化、WTO与中国特殊经济区再发展》，厦门大学出版社2003年版。

[2] 国务院：《中国（上海）自由贸易试验区总体方案》，http://www.gov.cn/zwgk/2013-09/27/content_2496147.htm，2013年9月27日。

[3] 国务院：《中国（福建）自由贸易试验区总体方案》，http://www.gov.cn/zhengce/content/2015-04/20/content_9633.htm，2015年4月20日。

[4] 李力：《世界自由经贸区研究》，改革出版社1996年版。

[5] 台湾"行政院"："自由经济示范区特别条例草案总说明"，http://www.fepz.org.tw/Upload/Plan_FILE/1021226%E3%80%8C%E8%87%AA%E7%94%B1%E7%B6%93%E6%BF%9F%E7%A4%BA%E7%AF%84%E5%8D%80%E7%89%B9%E5%88%A5%E6%A2%9D%E4%BE%8B%E3%80%8D%E8%8D%89%E6%A1%88(%E8%A1%8C%E6%94%BF%E9%99%A2%E9%80%81%E7%AB%8B%E6%B3%95%E9%99%A2%E5%AF%A9%E8%AD%B0%E7%89%88%EF%BC%89.pdf，2013年12月。

[6] 台湾"行政院"："自由经济示范区第一阶段推动计划（核定本）"，http://www.fepz.org.tw/Upload/Plan_FILE/%E8%A1%8C%E6%94%BF%E9%99%A2%E6%A0%B8%E5%AE%9A%E4%BF%AE%E6%AD%A3%E4%B9%8B%E3%80%8C%E8%87%AA%E7%94%B1%E7%B6%93%E6%BF%9F%E7%A4%BA%E7%AF%84%E5%8D%80%E7%AC%AC%E4%B8%80%E9%9A%8E%E6%AE%B5%E6%8E%A8%E5%8B%95%E8%A8%88%E7%95%AB%E3%80%8D.pdf，2014年2月。

[7] 台湾"行政院"："自由经济示范区规划方案（核定本）"，http://www.fepz.org.tw/Upload/Plan_FILE/103.01.29%E8%87%AA%E7%94%B1%E7%B6%93%E6%BF%9F%E7%A4%BA%E7%AF%84%E5%8D%80%E8%A6%8F%E5%8A%83%E6%96%B9%E6%A1%8

8(%E4%BF%AE%E6%AD%A3%E6%A1%88)%E6%A0%B8%E5%AE%9A%E6%9C%AC.pdf，2014年1月。

[8] 唐永红：《经济全球化、WTO 与世界特殊经济区发展研究》，《WTO 与中国经济》第二卷（张汉林主编），中国环境科学出版社2005年版，第360—366页。

[9] 唐永红：《厦门经济特区建设自由经贸区问题研究》，《台湾研究集刊》2013年第1期。

[10] 唐永红、王勇：《海峡两岸自由经贸区对接合作研究》，《台湾研究》，2015年第3期。

[11] 唐永红、赵胜男：《福建自由贸易试验区与台湾自由经济示范区对接合作研究》，《大陆自由经贸区发展与两岸互动：机会与挑战》（陈德升主编），INK 印刻文学生活杂志出版有限公司2017年版。

分论一 福建自由贸易试验区与高雄自由经济示范区对接合作

引 言

当前经济全球化不断向纵深发展,海峡两岸经济发展均进入转型发展阶段,推动"自由经贸区"与"自由经济示范区"建设成为现阶段大陆与台湾十分重要的发展战略。与此同时,自 2008 年以来两岸经济关系加快发展,进入一个新的历史阶段。但由于两岸关系本质上的复杂性,决定了要真正实现两岸经济关系的正常化,并不是短期内可以完成的,而两岸全面性经济整合也将是长期性的艰巨工程。2014 年 3 月,台湾爆发反对"两岸服务贸易协议"学生运动,成为两岸经济合作步入"深水区"的重要标志。在此背景下,如何创新两岸经济合作方式,寻求突破两岸经济合作僵局的途径,无疑具有重大现实意义。

福建与高雄不仅拥有区位相近的特点,而且具有悠久的交流合作历史,长期以来在推进两岸关系发展中扮演着先行先试的角色。现阶段两岸关系发展面临"深水区",开展"区对区"对接合作正是新形势下两岸交流合作的一种创新模式。福建与高雄十分适合担当这一历史使命,为进一步深化与扩大整体两岸交流合作累积经验,打好基础。此外,加强福建与高雄关系,还有助于强化大陆与台湾南部地区关系,争取当地民心。

基于此,前瞻性地研究福建自由贸易试验区与高雄自由经济示范区(以下简称"两区")对接合作的相关问题,不仅对深化新时期两岸经贸合作和推进两岸关系和平发展具有重要的理论价值和现实意义，同时也利于促进两地区经济发展与繁荣。

一、高雄自由经济示范区的定位与内涵

（一）高雄自由经济示范区的规划背景与建设条件

1. 高雄自由经济示范区的规划背景

面对全球经济一体化和亚太地区经济一体化日益加深的挑战，台湾马英九当局为了避免台湾经济被边缘化的危险，积极倡导推进"自由经济示范区"建设，力求使台湾经济实现新一轮自由化与国际化，为台湾经济发展不断注入活力，最终实现将台湾建设成为"自由贸易岛"的目标。台湾"行政院国发会"基于马英九当局"黄金十年国家愿景"活力经济施政主轴方向进行自由经济示范区规划，于2011年底由时任"行政院长"的吴敦义决定实施。

马英九于2012年初南下高雄参访时表示，台湾当局将于未来10年内计划加入TPP（跨太平洋伙伴关系协定），并将高雄作为台湾第一个自由经济示范区。而高雄市市长陈菊则于2013年1月表示，高雄有条件可以作为金融服务业的试点地区，希望透过台湾当局松绑金融服务业法规、放宽管制，真正创造新兴高值、高所得、高知识产业，带动高雄市实现城市转型。为积极争取高雄市成为台湾第一个自由经济示范区，高雄市副市长李永得于2013年2月27日北上拜会时任"经建会主任委员"管中闵，就高雄设立自由经济示范区议题进行讨论，并表示希望通过与台湾当局合作，在高雄引进"高附加价值"的服务业，借以带动高雄产业转型与地方高阶人才就业。

台湾当局规划的高雄自由经济示范区以高雄港自由贸易港区与南星计划区为主。为加强开发创造商机，高雄市政府积极争取将邻近高雄港区的多功能经贸园区（含亚洲新湾区与DC21地主开发区）纳入自由经济示范区范围，希望能透过台湾当局政策与民间企业共同投入资源，增进港都经济发展，创造区域繁荣。与此同时，高雄市政府与台湾港务股份有限公司在港市合作的共识下，于 2013 年 6 月 6 日由李永得副市长及萧丁训董事长共同宣布成立推动小组，随即开会讨论高雄港自贸港区土地取得、关务及加工限制等问题，亦进一步探讨扩大自贸港区范围的可能，提出区内业别除加工、组装、仓储、发货等现行业务外，增加新产业别的可能，例如会展中心、旅运大楼纳入自贸港区的可行等，双方亦同意共同合作招商，希望在台湾当局核定的同时也宣布高雄自由经济示范区正式启动。

2. 高雄自由经济示范区的建设条件

目前，大高雄地区重工业基础设施完善，农业价值链完整，是台湾唯一拥有世界级港口——高雄港、本地区第二大机场——高雄小港机场的海空双港城市，人流与物流快速流转，极大提升了高雄产业在国际上的竞争力。同时，大高雄地区拥有国际客货空运企业 17 家，定期航线飞往亚洲各城市。高雄港航线连结五大洲 102 个国家，367 个港口，300 多条航线。2/3 的台湾地区货物进出口在高雄港作业。2014 年，高雄港客运专区"港埠旅运中心"完工，供国际级大型邮、客轮停泊，成为高雄国际观光焦点。与此同时，大高雄地区还拥有由高速铁路、高速公路、捷运等组成的便捷交通网，以及高雄展览馆、水岸轻轨、海洋文化及流行音乐中心等高雄市亚洲新湾区等建设。而且，大高雄地区设有科学园区、多功能经贸园区、加工出口区、软件科学园区与环保科技园区等不同形态与功能的产业园区，产业园区密集度在全台湾屈指可数，未来，现有的高雄自由贸易港区将与产业园区相结合，透过"前店"的智能物流快速流通，以及"后厂"深层加工优势，可自然形成"前店后厂"，使高雄成为全台产业环境整备度最佳的地区。此外，高雄在游艇、造船及其它海洋资源利用等相关产业方面皆有一定的发展规模与利基。由此，高雄成为台湾发展"自由经济示范区"条件最好的城市。与此同时，高雄的产业结构长期以石化、金属、钢铁等传统重化工业为主，忽略了创新金融服务、国际医疗、顾问业等以服务性或者消费性机能为主的产业发展，面临产业结构转型升级的压力。由此，高雄希望通过"自由经济示范区"建设以带动其实现新一轮经济腾飞。

在推进高雄自由经济示范区建设的进程中，一方面，高雄拥有天然海港、国际航空站、台铁、高铁与捷运系统，环状轻轨目前也正在建设中，交通网络密集、便利。加上未来亚洲新湾区等四大建设完工，有望能吸引海外资金注入，可发展国际金融服务业、国际人才培训、国际休闲娱乐与免税购物等服务业，推动大高雄市实现产业转型；另一方面，基于高雄自贸港区、机场与高雄周边各产业园区连结便利的优势，发展前店后厂营运模式，促使发展智能物流、游艇产业、航空货运服务、MIT制造、农产加工等，以达到产业加值的效果。此外，高雄市医疗机构网络完善，且科技园区内都设有生技医疗专区，观光旅客人数稳定，极适合推动"国际"医疗、短期医美或医疗器材贸易等医疗相关服务，刺激消费、创造产值。

（二）高雄自由经济示范区的建设规划、发展目标与定位

设立高雄自由经济示范区的主要目的在于实现创造就业、吸引投资、提升产业竞争力与均衡区域发展等四大绩效目标。为此，高雄自由经济示范区建设规划分两阶段进行（表2-1），其规划建设目标范围为大高雄市全区（图2-1），开放度大。实施范围主要包括：一是由高雄自由贸易港区连接高雄加工出口区等产业园区，以发展"国际物流"与"MIT制造（含农业加值）"为核心；二是将邻近亚洲新湾区及其多功能经贸园区腹地、小港机场划入高雄自由经济示范区，推动"国际金融""国际医疗""国际人才培育"以及"国际休闲娱乐与免税购物"等适地发展产业。同时，通过推动高端服务业等具有前瞻性的产业发展，以求改善现有高雄产业结构，加速区域经济成长并且创造在地就业；三是未来经高雄自由经济示范区的管理机构核定的区域。高雄自由经济示范区规划的重点产业包括金融服务业、"国际"物流业、免税购物业、"国际"医疗高值服务业、"国际"休闲娱乐业、"跨国"教育合作业等六大产业。

表 2-1 高雄自由经济示范区发展规划概况

项目	第一阶段	第二阶段
主导单位	台湾当局	高雄市政府申请
范围	自由贸易港区，包括：高雄港第一到第五货柜储运中心、中岛商港区30到39号码头区	高雄多功能经贸园区，包括：亚洲新湾区、DC21地主开发区
面积（公顷）	443.13	588
引进产业	货柜中转、农业加值、"国际"仓储物流等	"国际"金融服务、MIT制造中心、"国际"医疗和人才培训
实施时间	2013年7月发布	待2014年底"特别立法"通过后执行

资料来源：http://image.baidu.com/i?tn=baiduimage&ct=201326592&lm=-1&cl=2&fr=ala1&word=%B8%DF%D0%DB%D7%D4%D3%C9%BE%AD%BC%C3%CA%BE%B7%B6%C7%F8%20%CD%BC%C6%AC.

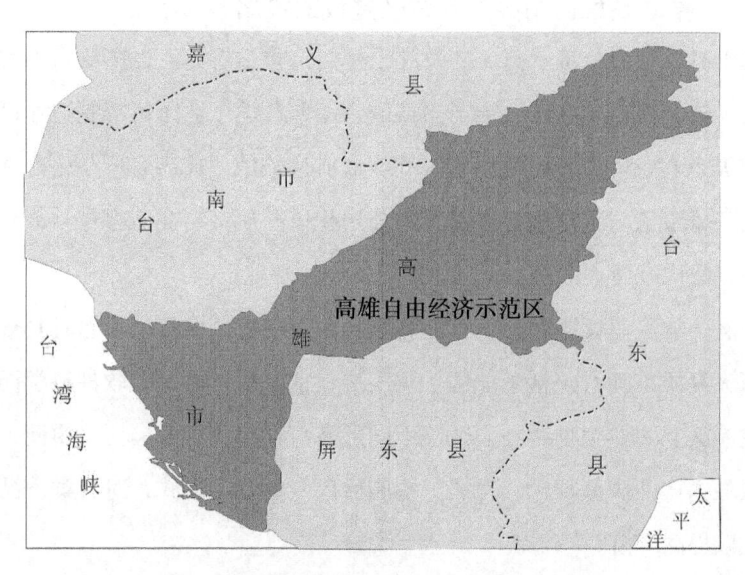

图 2-1 高雄自由经济示范区位置概况

资料来源：高雄市政府经济发展局·高雄投资环境与产业发展简介 [R]，2012-03-05.

高雄自由经济示范区的发展目标在于配合全球化经济、两岸"三通"情势、自由贸易港区与相关重大交通建设的推动，持续塑造大高雄市的都市魅力，同时发挥既有雄厚的在地产业特质，以及高雄港与小港机场的双港资源，由大高雄市带动整个南部区域的空间发展，建构高雄成为全球化、亚太经济圈下的区域经济转出口与再加工的供货平台。与此同时，兼顾环境质量，推动大高雄市向宜居高雄、永续高雄的目标迈进，创造适宜的生活质量与就业条件，以推动高雄市发展成为"南部区域生态、幸福生活及永续发展的领导都市"。

高雄自由经济示范区的发展定位体现为：全区为主、试点先行、促进投资、创造就业、再造经济荣景、平衡区域发展，推动高雄最终发展成为东亚经济中心。同时，力求透过"自由经济示范区"在高雄市"亚洲新湾区"先行，"引进新兴产业、推动产业转型、创造就业机会、加速区域发展"。基于此，高雄自由经济示范区将以金融物流、文创数字等产业为发展重点，规划开发高雄"亚洲新湾区"、高雄多功能经贸园区。

（三）推动高雄自由经济示范区建设的策略

基于高雄自由经济示范区的发展目标与定位，首先，以高雄自由贸易港区为核心，连结周边工业区、加工出口区、南部科学工业园区等制造业区域，同时连结屏东农业生技园区等农业区域，形成最佳的"前店后厂"生产基地。当前，大高雄市已与台湾港务股份有限公司积极开展策略联盟合作，创新区内管理机制，建构全面自由化、国际化的优良经商环境。

其次，物流业长期以来一直是高雄自由贸易港区内发展成熟且具规模的产业，而大高雄市拥有包括工业区、加工出口区、科学园区、软件科学园区、环保科技园区、农业生物科技园区等不同形态与功能的产业园区。由此，可充分利用区域内产业园区特色，发展"前店后厂"的营运模式，对各类产品进行深层加工以提高产值。

再者，为扩大高雄自由经济示范区的运作空间，近期将推动具有在地发展利基的示范产业，如"国际休闲娱乐与免税购物""国际人才培育"等，中程目标拟将自由贸易港区周边的土地，多功能经贸园区、亚洲新湾区、小港机场等纳入示范区内。

其四，藉由高雄自由经济示范区的开放，大幅松绑物流、人流、金流限制，大力引进外资、提升产业技术水准、建构更加便利的经商环境，以达到调整产业体制与经济转型升级的目标。同时，繁荣区域经济、创造更多优质就业机会，最终建立台湾南部"国际"门户，以平衡区域发展。

其五，高雄自由经济示范区将基于高雄产业特性，重点发展具有前瞻性和发展潜力的特定产业，即："国际物流产业""国际休闲与免税购物""国际医疗产业""国际人才培训"等四大产业，同时，积极争取"国际金融服务""MIT制造中心"两项产业发展。

（四）高雄自由经济示范区建设的经济社会效益

高雄自由经济示范区是台湾农业种植、渔业养殖以及远洋渔业重镇。在推动农业加值方面，高雄自由经济示范区为减少关键育种、生产及加工技术外流，高雄自由经济示范区将建立一些相关配套措施以落实和执行农业加值政策，包括农业耕作及农产加工人才培训，辅导建立农产品加工厂及合理化制程，深化国际行销、产品包销、品牌建立以及进口农工原料安检，协助农民取得低利优惠贷款，协助台湾农产品参展行销。在此基础上，通过对农工原物料的加工制造，农产品加工制造技术改良，提升台湾农产品的出口外销价格，建立台湾农业品牌市场行销体系，形成台湾精致农业新聚落，创造出台湾农业新价值。同时，高雄自由经济示范区将基于台湾的工序、制程及外加认证，创造台湾知名农产品扩大行销的契机，推动这些农产品发展成为加值、创值、增值的有竞争力农产品。此外，台湾地区以外农产品也有可能通过高雄自由经济示范区低价倾销而进入台湾市场，从而对台湾地区农产品价格体系造成冲击，形成进口替代。

在推动教育创新方面，高雄自由经济示范区内的优质大学通过与欧美名校洽谈合作，使台湾教育知名度进一步扩展，进而吸引全球优秀学生来高雄自由经济示范区就读，同时，鼓励高雄自由经济示范区的优质学校走出去与全世界竞争；在推动智慧物流产业发展上，高雄自由经济示范区将基于大高雄市所拥有的海空双港整合利基及高雄港转运和自由贸易港区深层加工业务加以推进；在推动金融服务业方面，高雄自由经济示范区将加快以人民币离岸交易中心建设为中心的金融服务业松绑，有望帮助台商企业回流和推动台商营运总部进驻。

在推动国际医疗产业发展方面，高雄自由经济示范区拥有完整的四级医疗体系，拥有长庚、荣总、高医、义大、阮综合等大型医疗服务体系，在医疗收费及服务、医疗先进技术及照护方面相较亚太地区"便宜、安全、快速、有品质"。基于此，未来高雄自由经济示范区将设立接待中心，转进台湾地区各级医疗院所进行医美、健检、重症医疗服务，从而创造一定程度的合作契机和相对利基。

二、福建自由贸易试验区与高雄自由经济示范区对接合作的意义

推动福建自由贸易试验区与高雄自由经济示范区对接合作，一方面，有助于推动福建在其现有保税区、出口加工区、保税物流园区、保税港区的基础上，转型成为一个遵循WTO无歧视原则的、境内关外的，集自由投资、自由贸易、自由金融（含离岸金融、两岸金融）等功能于一体的以现代服务业为主的综合型自由经济区（唐永红，2013），进一步提升福建的政府服务职能和对外开放水平，改善福建的国际投资环境，促进海峡西岸经济区的区内分工与联系，形成对台吸引合力。

另一方面，将有效刺激高雄乃至台湾当前"闷经济"局面，进而有助于改变高雄及台湾经济发展面临的困境。自2013年以来，"闷经济"一直困扰着台湾。主要体现在出口低迷，内需不振，投资不足等方面。具体而言：台湾作为一个外向型经济体，2013年全年累计出口3032.2亿美元，同比仅微增0.7%，其中有5个月出现负增长，1个月零增长。福建自由贸易试验区若能打通福建与高雄的人流、金流、物流、信息流，福建自由贸易试验区与高雄自由经济示范区就能实现无缝对接，将有希望改变高雄及台湾当前的"闷经济"现况。

当前两岸经济合作总体格局未变,但两岸经济一体化进程已陷入困境,亟待双方强化宏观政策协调和产业政策对接。在此情形下,积极推动和探索福建自由贸易试验区与高雄自由经济示范区的对接方向与机制,创新两区经济合作新模式,有助于发挥两区正向溢出效应,为福建与高雄、福建与台湾经济融合以及两岸经济一体化奠定基础。

三、福建自由贸易试验区与高雄自由经济示范区对接合作的可行性

就福建自由贸易试验区而言,一是拥有与高雄自由经济示范区开展对接合作的政策优势基础。目前,ECFA 服务贸易协议赋予福建省15项专门先行先试政策,为两区对接合作创造出良好的契机和极大的潜力。两区合作有助于将福建自由贸易试验区的政策优势转化为现实优势,继而强化福建自由贸易试验区对台合作的吸引力;

二是具有与高雄自由经济示范区开展对接合作的创新制度机制基础。当前,福建自由贸易试验区在推进实施中,将在金融服务、审批制度、通关模式等方面复制借鉴上海自由贸易试验区的改革经验,同时突出福建地域优势,加强与高雄自由经济示范区等台湾"自由经济示范区"的对接,扩大对台先行先试。

三是具备与高雄自由经济示范区开展实务层面合作的基础。2012年,福建省厦门港务集团与包括高雄港在内的台湾港务公司在厦门签订合作意向书,约定在港口、航运、物流、信息等方面开展全面合作。

就高雄自由经济示范区而言,其一,开展与福建自由贸易试验区对接合作是基于高雄及台湾经济内生发展的需要。为应对"闷经济"以及被边缘化的危机,台湾马英九当局在加入 TPP(跨太平洋伙伴关系协定)门槛过高的背景下,第一阶段推出以"六海一空一农技区"为主体框架的"自由经济示范区"方案,优先推动在高雄自由经济示范区内推进经济自由化,加速市场开放。当前选取智慧运筹、"国际医疗"、农业加值等示范产业,通过"前店后厂"模式,延伸

产业链。高雄自由经济示范区与福建自由贸易试验区对接合作，将有助于加快推进高雄自由经济示范区与台湾岛外其他区域之间的合作实验，提升台湾企业的竞争力，为探索台湾全岛自由经济区建设积累发展经验。

其二，开展与福建自由贸易试验区对接合作是基于台湾当局当前的政策背书许可。2013年3月27日，台湾"经建会主委"管中闵表示，"自由经济示范区"未来可以与大陆的经济特区进行产业合作，力求将高雄自由经济示范区等台湾"自由经济示范区"打造成为吸引跨国企业前来投资的区域经济整合平台。第九届两岸经贸文化论坛共同建议则明确鼓励和支持高雄自由经济示范区等台湾"自由经济示范区"与海峡西岸经济区之间的区域对接合作。与此同时，高雄自由经济示范区等台湾"自由经济示范区"的腹地逊色于福建自由贸易试验区，由此，推动高雄自由经济示范区与福建自由贸易试验区开展紧密对接合作，高雄自由经济示范区可以将其经济腹地延伸至大陆，将福建自由贸易试验区作为台资企业进入大陆市场的跳板。

其三，开展与福建自由贸易试验区对接合作是台湾可接受的合作方式。推进两区的对接，是对台湾当局提出的以"区对区"方式推动台湾"自由经济示范区"与大陆经济特区合作交流提法的回应。通过开展高雄自由经济示范区与福建自由贸易试验区的对接合作有利于增大两岸合作的"公约数"，使两岸达成更多共识。

四、福建自由贸易试验区与高雄自由经济示范区对接合作的内涵要求

推动福建自由贸易试验区与高雄自由经济示范区对接合作的主要内容在于打破政策壁垒，扫除"两区"开展对接合作的障碍。其中，重点在于实施贸易投资自由化政策。

为此，一要实现经贸活动自由化与便利化政策对接。"两区"要围绕贸易投资自由化目标，以"负面清单"方式开放投资准入。放宽投资经营领域，降低

进入的门槛条件，开放外资银行、保险、证券等金融业。目前，福建自由贸易试验区实施"准入前国民待遇＋负面清单"模式，高雄自由经济示范区对外商投资采取负面表列方式，其中，禁止类投资业别有14类，限制投资类业别有30类，重点开放高附加值服务业。基于此，福建自由贸易试验区应探索实施更加开放的投资准入制度，争取"两区"负面清单对接，促进"两区"深度合作。

二要推进"两区"经贸活动相关政策的对接。未来，"两区"应努力推进与经贸活动相关的政策对接，包括知识产权（智慧财产权）保护和使用法规政策的对接合作，以及社会保障政策、竞争政策、检验检疫政策、海关监管政策、金融监管政策等对接合作，促进福建与高雄的相互投资，提升产业资本回报率。

三要建立"两区"经贸政策良性沟通与传导机制。"两区"在这方面的推进已有初步的进展，2015年9月，福建自由贸易试验区台企快车服务中心揭牌，既为包括高雄自由经济示范区在内的岛内台企落户提供入区咨询、代办商事登记及地址托管等事宜的"一站式"服务，又可利用岛内业界资源，推介福建自由贸易试验区的优惠政策，实现"以台引台"的目标。

五、福建自由贸易试验区与高雄自由经济示范区对接合作的模式与路径

（一）"两区"对接合作的模式

首先，推动两区开展人民币跨境双向流动离岸金融业务合作模式。离岸金融业务，即向非本地居民、企业提供金融业务。许多地方通过大力发展离岸金融业务而吸引了众多企业投资，如香港。当前，上海、深圳等地已开始探索发展离岸金融业务。近年来，随着招商银行离岸金融中心、浦发银行离岸金融中心等在福建陆续成立，福建金融机构在离岸金融业务方面也积累了不少经验。基于此，福建提出打造特色离岸金融业务，通过以"人民币非居民账户＋授信业务＋境外结售汇"为组合方式开展业务。目前，两岸虽然已经可以自由买卖人民币，但是大陆对于全面开放两岸完全自由买卖人民币仍存疑虑，使得台湾

试图成为第二个人民币离岸中心的政策一直无法实现。如今，若大陆同意两岸在两区之间的人民币买卖可以完全没有限制，则一方面在高雄自由经济示范区内得以使用足够的人民币；另一方面，大陆也不必担心有过多的人民币流入台湾。同时，两岸跨境人民币业务是福建自由贸易试验区金融业发展的未来方向。因此，推动两区金融业合作是未来两区最具发展潜力的产业。

其次，开展两区运输与物流海关单向检验认证模式。目前，两岸产品在通关方面所需时间较长，尤其是一方货品出关时要查，另一方入关时要复查一次，耗费较高的时间成本。若两岸在两区先进行海关合作，只要有一方先查过，另一方就可以自动放行，那么可以大幅缩短两区物流时间。由此，未来可推广至台湾与大陆各地区通关，对于两岸货物运输将产生很大帮助。

再者，推动两区实现产业链整合加值生产外销模式。在产业合作方面，若两区通关便利，彼此不课税，那么两区就可以有很多产品在彼此之间进行简易的加值生产，再出口到第三地，由此，未来两区之间可以形成更多产业链上的结合，从而降低两区企业的生产成本，提升两区企业的竞争力。

（二）"两区"对接合作的路径

一方面，推进两区对接合作，可以从两区进出境快件等小型货物快捷通道筹建、物流快运渠道建设、"关港贸"信息平台共建、商品标准检测机构合作共设以及发展海峡特色邮轮经济等五方面加以展开。具体而言：

一是建立两区（海运）进出境快件监管中心，通过两区高速客船和陆海联运建立两区小型货物快捷通道。

二是推动两区建设"点对点合作"两岸物流快运渠道，由此，通力打造两区跨海峡组合港，共同开发建设两区港口，进一步加强两区在集装箱、散杂货、客运滚装等领域的港航业务合作，共同经营两区之间的航线，合作开辟经营集装箱班轮航线，实现两区船务公司舱位互换与共享。

三是推动两区在海关、港口、物流等方面开展云计算管理平台技术及交流合作，共同建设"关港贸"信息平台。

四是推动两区合作设立商品标准检测机构，进行产品相互检测认证合作，建设经高雄自由经济示范区输出的台湾商品赴大陆进行商品检验认证的集中协办平台。

此外，推动两区分别在福建的厦门港、高雄港建设邮轮母港，合作设立海峡邮轮经济圈示范点，全面整合两区旅游资源，共同构建并向全球推广以"海峡旅游"为主题的海峡特色邮轮旅游线路，促进两区邮轮经济发展。

另一方面，今后福建自由贸易试验区与高雄自由经济示范区对接的重点产业将基于福建自由贸易试验区各片区近期产业布局加以展开。基于此，推动福建自由贸易试验区与高雄自由经济示范区产业对接的重点体现为：一是推进两岸区域性金融中心建设，打造两岸金融商贸集聚区。二是打造两岸航运物流合作先行区，推动福建的厦门港与高雄港建立港口合作联盟，引进台湾大型港口、航运企业，构建两岸重要物流配送中心。

六、福建自由贸易试验区与高雄自由经济示范区对接合作的政策建议

（一）进一步改善福建自由贸易试验区的投资环境

一要创新福建自由贸易试验区的政府服务管理模式。通过改革开放倒逼自由贸易试验区管理机构改革，创新服务机制。要加快转变政府职能，简化办事流程，提升办事效率，营造国际化、市场化、法治化的营商环境。要转变政府服务理念，大胆实践、积极创新、主动作为，站在企业的角度思考，切实做到利民、便企，助推福建"自由贸易试验区"与高雄自由经济示范区的深度对接。

二要促进福建自由贸易试验区建设及与高雄自由经济示范区对接的相关政策细化落实。应尽快出台实施细则，加快政策落地。强化产业梳理，明确产业发展方向，满足企业对各项产业政策的需求度。围绕福建自由贸易试验区与高雄自由经济示范区的产业对接合作，出台针对性产业政策，推动两区产业对接合作顺利进行。

三要不断优化福建自贸内的投资环境。通过合理布局公共交通与城市中心通达率，提高公共交通的便利性。加快福建自由贸易试验区的生活配套服务建设，引进综合商超，促进休闲娱乐、餐饮业、住宿业等生活配套服务业发展，切实为企业发展提供便利。

四要加快完善福建自由贸易试验区的市场法制环境。参照国际惯例，完善公平、高效的市场退出机制，避免在福建自贸片区出现"僵尸企业""休眠企业"。完善知识产权保护，构建行政调处、法院判决、仲裁、人民调解"四位一体"的知识产权保护体系。完善企业自律、政府监管、社会监督"三位一体"的事中、事后监管体系。同时，切实保障台商的合法权益。

（二）加强"两区"对接合作的顶层设计

首先，要努力建立"'两区'对接合作联席会议"。

其次，构建"'两区'对接合作"机制。要建立福建自由贸易试验区与高雄自由经济示范区常态化交流机制，构建"两区"间管理层沟通渠道，推动务实合作。允许高雄自由经济示范区有关产业合作组织在福建自由贸易试验区设立办事机构，专门服务协调"两区"相关产业对接合作等事宜。鼓励智库先行合作，组成产业对接联合课题组，研究提出切实可行的福建自贸片区与高雄自由经济示范区产业合作方案、对接规划和路线图。

再者，加强统筹协调。应加强与国家部委沟通，争取国家相关部委对福建自由贸易试验区与高雄自由经济示范区产业对接合作的政策支持。同时，加强福建自由贸易试验区与上海、广东、天津自由贸易试验区的统筹协调，构建大陆自由贸易试验区协作网络，推进福建自由贸易试验区与高雄自由经济示范区的对接合作。完善福建自由贸易试验区与高雄自由经济示范区的各港区之间、港城之间的双向对接合作。

（三）打造推动"两区"对接合作的实务基础

一要积极推动构建"两区"产业合作联盟。尽早达成福建自由贸易试验区与高雄自由经济示范区产业对接合作共识。

二要争取在两区之间互设办事处。尽快争取两区达成协议，双方互设办事处，提高两区之间合作交流的效率与便利性。定期组织召开"两区"产业对接研讨会，促进双向交流，共同谋划"两区"产业对接发展路线图，合力推进"两区"产业的深度对接合作。

三要推动福建自由贸易试验区尽快与高雄自由经济示范区拟定对接合作规划，推动"两区"对接联动发展。根据两区的发展定位与特色，按照两区近期、远期对接合作设想，建立两区战略合作联盟。同时，研拟制定两区开展对接合作的具体政策，并据此拟定相应的合作战略重点与实施规划。此外，根据高雄自由经济示范区发展定位和福建自由贸易试验区的发展特色，按近、远期对接合作规划开展合作，拟定相应的对接合作措施。大力引进台湾资金、技术和品牌，通过双向投资发展，促进"两区"从产品拓展到价值链的多环节合作，实现产业增值目标。另外，加强与台湾电电公会等相关行业协会沟通，引进福建自由贸易试验区重点发展的关键企业，促进协同发展，引导产业结构优化升级。

四要加强和完善两区的物流通道无缝对接。福建自由贸易试验区需进一步完善航空港、港口等基础设施，形成完善的国际航线、国际分拨、国际物流和国际进出口贸易功能。加快两区之间海、陆、空通道无缝对接，开展实质性业务沟通，建立适合两区合作的海关监管、检验检疫、退税、跨境支付、物流等支撑体系。

五要在福建自由贸易试验区设立与高雄自由经济示范区合作的专属区域。通过与高雄自由经济示范区的对接联络沟通，加强与高雄自由经济示范区的港务公司合作，在福建自由贸易试验区选定专门区域，探索与高雄自由经济示范区开展整体合作对接。

（四）加大对"两区"对接合作的金融支持

一是深化金融服务创新，扩大金融资源对"两区"对接合作的支持力度。探索开展"两区"双向跨境人民币融资业务，支持两地金融机构联合开展跨境人民币银团贷款业务,扩大对在厦台商的金融支持力度。鼓励和支持台湾银行、保险、证券业在福建自由贸易试验区内设立营业性分支机构,或合资设立银行业金融机构,推进银行策略联盟和股权合作,促进"两区"在金融、通信、商贸、运输、旅游、医疗、专业技术等领域的对接合作。设立"福建自由贸易试验区与高雄'自由经济示范区'产业对接发展基金",有效集聚金融资源,解决中小企业对接面临的融资难、融资贵等问题。

二是加快完善金融体系,提升融资能力。要充分发挥台湾合作金库商业银行、彰化商业银行、华南银行、第一商业银行等厦门分行作用,为福建自由贸易试验区企业提供存贷款等金融业务。利用海峡投资基金,重点扶持福建自由贸易试验区与高雄自由经济示范区产业对接优质项目、高科技项目、新兴产业项目。引进台湾信用担保机构,或支持台资企业联合组建信用担保公司及互助担保公司,为福建自由贸易试验区企业提供融资担保服务。

三是以市场需求为导向,创新金融服务。应适度放宽福建自由贸易试验区企业特别是中小企业贷款门槛,尝试金融担保新模式,鼓励以保单、知识产权、租赁土地经营权等作为贷款抵押物,并给予长期低息贷款。建立福建自由贸易试验区融资专业服务和中介服务机构,服务福建自由贸易试验区和高雄自由经济示范区产业对接融资需求,提供从产业对接规划、融资项目申请到对接资金落实、还贷等一条龙服务。根据福建自由贸易试验区和高雄自由经济示范区产业对接规模和特点,制定具体可操作的贷款种类、贷款期限和贷款利率,推动"两区"对接合作。

(五)加强和深化"两区"相关产业对接合作

1. 加强和深化福建自由贸易试验区厦门片区与高雄自由经济示范区金融业对接合作

目前,两岸跨境人民币业务已成为福建未来金融业发展的一大特色和方向,福建自由贸易试验区厦门片区内的银行机构对台跨境人民币业务产品不断丰富。与此同时,福建自由贸易试验区厦门片区发展对台跨境人民币业务仍存在一些制约因素,主要体现为:一方面,福建自由贸易试验区厦门片区与高雄自由经济示范区之间的人民币与新台币现钞兑换及银行业货币清算结算仍由彼此银行间的业务合作实现,加大了两区经贸结算的成本。另一方面,受美元汇率波动的影响,人民币与新台币汇率的波动相对比较明显,进而影响两区汇率的稳定性。再者,台湾对人民币贷款仅限于台湾岛内客户,而且,主要局限于贸易融资项目下,台湾人民币贷款占人民币存款的比重很低。同时,台湾人民币资金投资于大陆证券市场及银行间债券市场受到岛内政策对资本项目的限制。此外,台湾货币当局推进的人民币债券(即宝岛债)二级交易市场不够活跃,并对大陆赴台湾发行宝岛债的主体和额度都有限制。

鉴此,一方面,应推动两岸货币当局协商建立两岸人民币业务结算对内相对稳定、对外相对浮动的汇率合作机制。另一方面,突出福建自由贸易试验区厦门片区对台金融中心优势,积极推动福建自由贸易试验区厦门片区内各商业银行在区内设立对台金融业务中心,主动对接高雄自由经济示范区的银行业机构,鼓励福建自由贸易试验区厦门片区金融机构与高雄自由经济示范区银行业机构共同研发涉及两区的贸易与融资业务产品,扩大两区人民币合作项目。再者,推进福建自由贸易试验区厦门片区的银行开展人民币与新台币直接挂牌交易试点。

基于此,近期可推动福建自由贸易试验区厦门片区与高雄自由经济示范区率先开展双向贷款业务,并在福建自由贸易试验区厦门片区金融机构内,尝试拓展与高雄自由经济示范区银行的人民币资金运用渠道,推动福建自由贸易试验区厦门片区内台资母子公司之间、台资集团内关联企业之间试点开展跨境双向人民币资金业务,从而实现经常、资本项下人民币资金的境内外集中收付。同时,鼓励福建自由贸易试验区厦门片区内的地方法人银行机构以及区内优质台资企业赴台湾发行宝岛债,并在发行宝岛债所募集的人民币资金给予调回福建自由贸易试验区厦门片区内使用上的便利性,从而促进福建自由贸易试验区厦门片区与高雄自由经济示范区人民币跨境双向流动。此外,还可以尝试开展福建自由贸易试验区厦门片区与高雄自由经济示范区之间融资租赁等金融业务合作。

2. 加强和深化福建自由贸易试验区厦门片区、平潭片区与高雄自由经济示范区海空物流及跨境电子商务对接合作

首先，充分发挥福建自由贸易试验区厦门片区、平潭片区直航高雄自由经济示范区的成本优势和时间优势，推动福建自由贸易试验区厦门片区、平潭片区分别与高雄自由经济示范区之间开展国际转运信件、快件等业务合作。

其次，推进福建自由贸易试验区厦门片区、平潭片区与高雄自由经济示范区物流业双向投资合作。推动福建自由贸易试验区厦门片区、平潭片区与高雄自由经济示范区设立合资公司共同拓展物流合作领域与业务，在福建自由贸易试验区厦门片区、平潭片区为高雄自由经济示范区物流企业建置货柜停放区、物流专区，以福建自由贸易试验区厦门片区、平潭片区为发货点，为大陆沿海省份提供物流服务，进而建立和固化长效合作机制。

再者，探索福建自由贸易试验区厦门片区、平潭片区与高雄自由经济示范区物流对接管理模式。尽快与高雄自由经济示范区的港区洽谈建立合作通关制度，探索与高雄自由经济示范区之间的通关合作模式，进一步健全商务、海关、检验检疫、税务、金融、港务等部门联系机制。探索"虚拟海关"与"实体海关"相结合的管理体制和模式，提高物流效率，降低物流成本，为福建自由贸易试验区厦门片区、平潭片区与高雄自由经济示范区经贸合作提供便捷服务。

此外，通过在福建自由贸易试验区厦门片区、平潭片区内加快建设跨境电子商务产业园，以及搭建两岸"信息互换、监管互认、执法互助"的"关港贸"一体化信息对接平台，推动福建自由贸易试验区厦门片区、平潭片区分别与高雄自由经济示范区开展跨境电商进出口业务和公共服务信息平台对接。

3. 加强和深化福建自由贸易试验区福州片区与高雄自由经济示范区制造业对接合作

一方面，尽快加强福建自由贸易试验区福州片区与高雄自由经济示范区开展互动，确定福建自由贸易试验区福州片区与高雄自由经济示范区产业对接合作规划，为台湾地区企业深入大陆市场搭建桥梁。高雄自由经济示范区的产业合作规划以"前店后厂、委外加工"方式推动,并将集成电路、光电子、精密机械、生物科技等产业列为重点发展产业。福建自由贸易试验区福州片区可加强与高雄自由经济示范区的制造业行业协会对接,建立常态化交流合作机制,商定对接合作规划。

另一方面,尽快选定福建自由贸易试验区福州片区与高雄自由经济示范区互补产业合作项目,引进产业链关键企业以开展合作。加强与台湾电电公会等相关行业公会沟通,选择性引进福建自由贸易试验区福州片区重点发展制造业中的关键企业,带动和培育福建自由贸易试验区福州片区的制造业。

此外,鼓励福建自由贸易试验区福州片区企业以参股、合作等方式,赴高雄自由经济示范区投资兴业,与高雄自由经济示范区的科技创新园及其关键企业积极对接,提升福建自由贸易试验区福州片区与高雄自由经济示范区企业合作的密度与深度。

4. 加强和深化福建自由贸易试验区厦门片区与高雄自由经济示范区农业对接合作

首先,拓展福建自由贸易试验区厦门片区与高雄自由经济示范区之间的农业价值链多环节合作,积极引进高雄自由经济示范区的农业资金、技术和良种,发展观光休闲农业,将福建自由贸易试验区厦门片区与高雄自由经济示范区农业合作从"农产品"拓展到"价值链"的多环节合作,实现农业加值目标。

其次,加强福建自由贸易试验区厦门片区与高雄自由经济示范区的农联社等机构合作,合力推进两区的农业深度合作。福建自由贸易试验区厦门片区主动与高雄自由经济示范区的农业界相关机构联络合作,借助其在台湾地区的影响力,建立两区整体农业合作关系,推进两区农业深度合作。同时,开展福建自由贸易试验区厦门片区与高雄自由经济示范区农产品与食品行业的互联互通与技术互补,在福建自由贸易试验区厦门片区建立合作农场或台湾农业示范园区。允许高雄自由经济示范区有关农业合作组织在福建自由贸易试验区厦门片区设立办事机构,专门服务协调两区的食品、农产品,以及花卉苗木的双向贸易等事宜,完善农业合作交流机制。

5. 加强和深化福建自由贸易试验区厦门片区、平潭片区与高雄自由经济示范区旅游业对接合作

一方面，推进福建自由贸易试验区厦门片区、平潭片区的旅游业部门与高雄自由经济示范区的旅游业界签署有关合作协议，开展实质性合作，推动两区旅游业界合作，设计推出福建自由贸易试验区厦门片区、平潭片区分别与高雄自由经济示范区双向旅游线路，进而拓展闽台、连接大陆，共同设计、合作营销，推进海峡旅游品牌建设。

另一方面，建立福建自由贸易试验区厦门片区、平潭片区与高雄自由经济示范区旅游业界交流合作工作机制。定期组织福建自由贸易试验区厦门片区、平潭片区与高雄自由经济示范区旅游业界有关企业、优秀旅游人才，进行双向交流与勘线考察。充分发挥福建自由贸易试验区厦门片区、平潭片区与高雄自由经济示范区各自的旅游品牌优势，加强福建自由贸易试验区厦门片区、平潭片区与高雄自由经济示范区旅游市场开发与管理合作力度，共享福建自由贸易试验区厦门片区、平潭片区与高雄自由经济示范区彼此先进的管理理念与营销模式。

再者，推动福建自由贸易试验区厦门片区、平潭片区与高雄自由经济示范区开展邮轮旅游合作，从而进一步丰富赴台个人游内容，进而共同打造海峡邮轮经济圈。

6. 积极建设福建自由贸易试验区三大片区与高雄自由经济示范区青年创业创新创客基地

随着两岸关系的深化，两岸青年交流日益成为关注议题。两岸青年创业创新创客基地已于2015年6月在福建自由贸易试验区厦门片区揭牌，截至2015年底有119家申请入驻，其中30家已注册，54家台湾企业意向入驻。与此同时，2015年9月23日，由台湾两岸青年交流服务中心与上海市、天津市、北京市与重庆市青年联合会所共同举办的两岸青年创业峰会于高雄举行。"两岸青年交流服务中心"也于同一时地举行揭牌仪式，该中心成为两岸有史以来首度有四大直辖市的青联团与会的平台。由于目前两岸在创业信息上具有落差，台湾青年对于大陆许多很好的创业环境与资源仍不够熟悉。由此，两岸青年创业交流服务中心可成为为两岸青年提供在包含公共领域、企业领域这方面的交流咨询平台。基于此，今后福建自贸片区三大片区与高雄自由经济示范区应进一步优先提供资金、场地、通路等资源，加快打造福建自由贸易试验区三大片区与高雄自由经济示范区青年"三创"基地。

（六）继续加强在福建自由贸易试验区投资台商的辅导

一要帮助台商尽快转换观念。由于台商长期以来在大陆养成享受超国民待遇的"路径依赖"，对福建自由贸易试验区的政策、税收、土地等优惠有更多期待，这对台商进一步发展不利，应及时加以引导。为此，要利用各种载体和平台多做解释和宣传。要引导台商进一步遵循市场经济规律，确立平等互惠的市场竞争观念。要让台商客观认识两岸经济发展的阶段性特点，既要享受大陆给予自身的种种优惠，又能自觉主动融入福建自由贸易试验区的建设中，最终实现互惠互利与双赢。

二要继续密切与福建"台商协会"的沟通联系。由于福建"台商协会"是台商在福建自由贸易试验区的"娘家"，在倾听台商心声、沟通政府与企业联系方面具有独特的优势。因此，要继续加强与福建"台商协会"的沟通，帮助和引导台商利用多种渠道及时了解福建自由贸易试验区发展动态以及惠台政策，使福建"台商协会"成为政府政策宣导、信息传递平台，成为政府与广大台商友谊联结的桥梁，从而不断增强对福建自由贸易试验区台商的向心力。

三要努力做好百大台商企业的工作。目前，台湾百大企业在金融保险业、现代物流业、电子信息、生命医疗、IP等领域较为先进，对福建自由贸易试验区与高雄自由经济示范区产业深度对接合作起着重要作用。因此，要积极吸引台湾百大企业优势产业入驻福建自由贸易试验区，持续优化产业结构。积极鼓励台湾百大企业以合资、合作等形式购并经营较差的国有企业、民营企业，促进台资企业向产业集聚发展。同时，推动台资百大企业将研发机构、区域总部迁至福建自由贸易试验区内，从而实现研发与生产的紧密结合。

结　语

自 2013 年以来，推动"自由贸易试验区"与"自由经济示范区"建设成为大陆与台湾实现经济转型发展的重大举措。与此同时，开展两岸"区对区"对接合作已成为新形势下推动两岸交流合作的一种创新模式。长期以来，福建与高雄基于彼此所拥有的"五缘"优势，在推进两岸关系发展中扮演着先行先试的角色。推动福建自由贸易试验区与高雄自由经济示范区对接合作，有助于进一步改善福建的国际投资环境，提升福建的对外开放水平，促进海峡西岸经济区的区内分工与合作，也有助于改变高雄经济发展面临的"闷经济"困境。

当前，福建自由贸易试验区拥有与高雄自由经济示范区开展对接合作的政策优势基础，同时，在金融服务、审批制度、通关模式等方面具有与高雄自由经济示范区开展对接合作的创新制度机制基础。此外，福建自由贸易试验区在港口、航运、物流、信息等实务层面已具备合作的基础。而且，开展福建自由贸易试验区与高雄自由经济示范区的对接合作是台湾可接受的合作方式。由此，推动福建自由贸易试验区与高雄自由经济示范区的对接合作有利于增大两岸合作的"公约数"。

近期，推动福建自由贸易试验区与高雄自由经济示范区对接合作，其一，宜从政府服务管理模式创新、细化推动两区产业对接合作的产业政策、加快生活配套服务建设、完善市场法制环境等方面进一步改善福建自由贸易试验区的投资环境。

其二，宜从建立"'两区'对接合作联席会议"、构建"两区"常态化交流合作机制、构建大陆自由贸易试验区协作网络等方面加强"两区"对接合作的顶层设计。

其三，宜从构建"两区"产业合作联盟、在两区之间互设办事处、推动"两区"拟定对接合作规划和实现联动发展、加强和完善两区物流通道无缝对接、在福建自由贸易试验区设立与高雄自由经济示范区合作的专属区域等方面以加强"两区"实务合作基础。

其四，宜从深化金融服务创新、完善金融体系以提升融资能力、以市场需求为导向创新金融服务等方面扩大金融资源对"两区"对接合作的支持力度。

其五，宜加强和深化福建自由贸易试验区厦门片区与高雄自由经济示范区金融业对接合作，加强和深化福建自由贸易试验区厦门片区、平潭片区与高雄自由经济示范区海空物流及跨境电子商务对接合作，加强和深化福建自由贸易试验区福州片区与高雄自由经济示范区制造业对接合作，加强和深化福建自由贸易试验区厦门片区与高雄自由经济示范区农业对接合作，加强和深化福建自由贸易试验区厦门片区、平潭片区与高雄自由经济示范区旅游业对接合作，积极建设福建自由贸易试验区三大片区与高雄自由经济示范区青年创业创新创客基地。

其六，宜从帮助台商尽快转换观念、密切与福建"台商协会"的沟通联系、积极吸引台湾百大企业优势产业入驻福建自由贸易试验区、推动台资百大企业将研发机构和区域总部迁至福建自由贸易试验区等方面推动台商自觉主动融入福建自由贸易试验区的建设中，最终实现互惠互利与双赢。

参考文献

[1] 邓利娟:《两岸经济合作的新模式——"区对区"合作：以厦门自由贸易试验区对台合作为例》，2015年。

[2] 台湾中山大学"国家"政策研究中心:《高雄自由经济示范区法治规划及架构之研究》委托专业服务案期末报告，2014年4月28日。

[3] 国务院:《国务院关于印发中国（福建）自由贸易试验区总体方案的通知》，http://www.gov.cn/zhengce/content/2015-04/20/content_9633.htm.

[4] 民进中央与福建社会科学院课题组:《关于海峡两岸共建厦金跨境经济合作区问题研究》，2014年12月。

[5] 唐永红:《厦门经济特区建设自由经贸区问题研究》，《台湾研究集刊》，2013年第1期，第38—46页。

[6] 唐永红、王勇:《海峡两岸自由经贸区对接合作研究》，《台湾研究》，2015年第3

期,第 61—68 页。

[7] 唐永红、赵胜男:《福建自由贸易试验区与台湾自由经济示范区对接合作研究》,《大陆自由经贸区发展与两岸互动:机会与挑战》(陈德升主编),INK 印刻文学生活杂志出版有限公司,2017 年 6 月出版。

[8] 王勇:《台湾"自由经济示范区"规划建设及对两岸区域经济合作的影响》,《台湾研究集刊》,2014 年第 6 期,第 52—61 页。

分论二 福建自由贸易试验区与台中自由经济示范区对接合作

引 言

当前，经济全球化与经贸活动自由化呈现曲折发展的态势，一方面，它已超越货物贸易自由化，进入到服务贸易自由化、产业投资自由化、金融活动自由化等更广阔领域；另一方面，贸易保护主义、反全球化等思潮又卷土重来，例如美国对各国（地区）广泛加征关税并发起贸易战等事件，对世界贸易组织下的多边贸易规则产生了极大的冲击，并带去了更多的风险。因此，在继续参与、推动全球范围内的商品与要素流动自由化以外，以自由经贸区为平台，在有条件的局部区域先行先试较高程度的经贸活动自由化，以获取经贸活动自由化利益同时规避风险、积累经验是各国（地区）普遍认可并实施的做法。

大陆于 2013 年启动了"自由贸易试验区"战略，目标是"使之成为推进改革和提高开放型经济水平的'试验田'，形成可复制、可推广的经验，发挥示范带动、服务全国的积极作用，促进各地区共同发展"（国务院，2013）。第一批开放实施的自由贸易试验区选定在上海、天津、广东、福建四处。在 2015 年 4 月 21 日，福建自由贸易试验区正式挂牌运作，该试验区范围总面积约 118.04 平方千米，涵盖三个片区：平潭片区 43 平方千米，厦门片区 43.78 平方千米（含象屿保税区 0.6 平方千米、象屿保税物流园区 0.7 平方千米、厦门海沧保税港区 9.51 平方千米），福州片区 31.26 平方千米（含福州保税区 0.6 平方千米、福州出口加工区1.14平方千米、福州保税港区9.26平方千米）。

与此同时，台湾地区也积极推进以台湾原有自由贸易港区等为基础的"自由经济示范区"规划建设。2013年4月，台湾当局出台"自由经济示范区规划方案"，同年通过"自由经济示范区第一阶段推动计划"，选择基隆港、台北港、台中港、高雄港、苏澳港、安平港和桃园航空自由贸易港区（"6海1空"）率先推动，寄希望于先行先试的路径以改革制度、增强体质、接轨国际，并最终在全台湾建成"自由经济岛"。其中，台中自由经济示范区依托台中自由贸易港而展开，其核心规划在于透过"前店后厂"模式，连结海空港、示范区域中台湾区块产业园区，发展智慧物流、"国际健康"、农业产值、金融服务、教育创新，促进台中经济发展及产业结构优化。

在第一批开放实施的上海、天津、广东、福建自由贸易试验区中，只有《中国（福建）自由贸易试验区总体方案》在自贸试验区的战略定位中明确要求"充分发挥对台优势，率先推进与台湾地区投资贸易自由化进程，把自贸试验区建设成为深化两岸经济合作的示范区"，并专列"率先推进与台湾地区投资贸易自由"篇章（国务院，2015）。而台中自由经济示范区与平潭直线距离86海里，与厦门直线距离135海里，理应是两岸自由经济示范区开展交流合作的桥头堡。尤其是基于两岸产业的互补性（唐永红、袁乐，2019），福建自由贸易试验区与台中自由经济示范区的对接能够达到减少竞争、增进双赢的效果，还可发掘出更多的合作空间，有助于推进在两岸整体层面透过ECFA及其后续协议所启动的两岸经贸活动自由化进程。

本部分将在介绍台中自由经济示范区政策内涵与最新进展的基础上，探讨福建自由贸易试验区与台中自由经济示范区对接合作的意义与作用、条件与可能性，并从法规政策、基础设施、信息、监管、产业等多个层面提出对接合作措施构想，推进福建自由贸易试验区与台中自由经济示范区的对接合作与协同发展。

分论二　福建自由贸易试验区与台中自由经济示范区对接合作

一、台中自由经济示范区的提出与现状

(一)台中港自由贸易港区:台中自由经济示范区的前身与基础

作为一个浅碟型的小型岛屿经济体,台湾的资源要素、市场规模都十分有限,历史证明,台湾经济发展的快与慢、好与坏都与其全球化运作程度紧密相关。鉴于台湾位置优势先天适合发展为自由贸易港区,2003年,台湾地区政府首次颁布了"自由贸易港区设置管理条例"。至今,经"行政院"核准,台湾地区已有六个海港(基隆港、台北港、高雄港、台中港、苏澳港、安平港)和一个空港(桃园航空)以自由贸易港的方式营运。

根据台湾地区港务主管部门规定,自由贸易港区是指在经"行政院"核定的国际港口、航空站等,设定一个管制区域,在这个区域范围内从事贸易、仓储、物流、货柜(物)之集散、转口、转运、承揽运送、报关服务、组装、重整、包装、修理、装配、加工、制造、检验、测试、展览或技术服务之事业,透过简化通关流程及减免税赋,可在低成本、高效率的作业环境中营运;换而言之,就是便捷人员、货物、金融及技术的流通,将跨地区货物流动限制减到最低。其中,自由贸易港区最突出的特点是"境内关外"的观念,即在法律上,仍将自由贸易港区视为台湾省境内,原则上台湾地区的法律都必须适用;"关外"指的是人、货从境外进出这个区域,并不需要通过海关,也没有关税的问题,是关税领域以外的经贸特区,实质上也是自由贸易区的一种。此外,台湾当局所设自由贸易港一般还拥有更优惠的赋税、更低的雇佣外劳比例、更宽松的法律法规环境等。

台中港自由贸易港区部分由台中港务主管部门开发,总开发面积共计662.32公顷,分为三区域开发,目前共完成三期建设。第一期于2005年10月完工,共将区域一的1—18号码头后线181公顷以及区域三的西1至西7号码头后线77公顷完成建设并投入使用。第二期,于2006年完成了区域二20A—46号码头后线278公顷建设。第三期,在2013年、2017年陆续增设港埠产业发展专业区、石化工业专业区、港埠产业发展专业区等。在港务部门规划下,台中港自由贸

易港区主要招商引资方向为机密机械基础工业、3C产业、绿能产业、自行车业上下游供应链、汽车零件组装、加工、检验、测试及两岸石化原料、油品储转等。截至2018年3月，已有共计31家厂商进驻台中港自由贸易港区，进驻厂商营业项目以自行车业上下游供应链、汽车零件组装、加工、检验、测试、石化原料、油品储转、物流等为主，基本符合招商预期。自由港区尚可招商总面积约68.87公顷，包括港埠产业发展专业区之12码头第三线后线0.9公顷，港埠产业发展专业区台湾大道南侧、中二路西侧65.51公顷，石化工业专业区西横十路南侧部分土地2.46公顷，适合机械、汽机车、自行车组装配销。

据台湾港务部门统计数据显示，台中港自由贸易港区进出港船舶各类数据（总计艘次、总计总吨位等）均在2008到2018十年间呈上升趋势，并于2016年左右达到峰值，在2017、2018年则略有回落。此数据侧面反映了台中港自由贸易港区通过多种优惠政策替区内产业降低成本、提高效率、提升竞争力的举措成效明显、颇具有吸引力。此外，台中港管理部门从2003年至今进一步拓宽了区内优惠政策的覆盖面，例如将取得自由港区内事业筹设许可的业主加入了租税优惠范围之内等。

（二）台中自由经济示范区的提出

战后台湾经济的发展，得益于一次又一次的自由化、开放化策略。台湾各大港自由贸易港区虽然享受了较为优惠的贸易政策，但其愿景局限于自由港口建设，没有考虑到对全台湾的示范与引领作用，因此在政策上突破不足而守成有余。2011年9月，马英九当局提出将在台中等地规划"自由经济示范区"试点，将其纳入寻求连任竞选纲领"黄金十年"的愿景中，这是有望开创台湾经济自由化、国际化新局面的一大突破。事实上，台湾当局一直希望加快开放步伐，但实施更加自由开放的经济政策则受到岛内政治经济多种因素的限制，无法一步到位，因此，采取建立自由经济示范区这种经济特区的办法，在局部率先开放，即通过在示范区内的市场开放与优惠政策实施，打破现有经济领域"开放不足、保守有余"的"闭锁"格局，注入新的活力，是稳妥而又可行的做法。

分论二 福建自由贸易试验区与台中自由经济示范区对接合作

2013年3月27日,台湾当局正式出台建立自由经济示范区规划方案。这一新型经济特区的设立,主要是希望通过在特区内率先采取更加自由开放的经济政策,为建立"自由贸易岛",争取对外签署更多自由贸易协定(FTA)及加入"跨太平洋伙伴关系协定"(TPP)创造条件,从而开创台湾经济发展的新局面。自由经济示范区分两个阶段推进:第一阶段推动于2013年4月正式启动,内容是松绑行政命令与办法,并开放台中港等"六海一空"(包括台北港、基隆港、苏澳港、台中港、高雄港、安平港和桃园国际航空城)自由贸易港区及屏东农业生技园区,作为自由经济示范区。第二阶段是制定"台湾自由经济示范区特别条例"。第二阶段需待主管法规"自由经济示范区特别条例"通过后再行实施。由于自由经济示范区的建置会对台湾农业、医疗、教育、劳工与土地正义议题造成冲击,并造成税制、反洗钱与产地标记等层面上的困难,"条例"被争论不休。其最近一次重新启动"立法"程序是2019年4月16日,内容由国民党籍"立法委员"曾铭宗拟具。

(三)台中自由经济示范区的规划与定位

设立自由经济示范区,最直接的目的与战略考虑就是加快推进台湾经济自由化与国际化发展。台中自由经济示范区依托台中自由贸易港而展开,地处台湾南北交通的中心,总面积达11285公顷(陆域2903公顷,海域8382公顷),具有腹地辽阔、联外交通便利以及邻近工业区、加工出口区及中部科学园区的优势,因此,其核心规划在于透过"前店后厂"模式,连结海空港、示范区域中台湾区块产业园区,发展智慧物流、"国际健康"、农业产值、金融服务、教育创新,促进台中经济发展及产业结构优化。

此外,台中港是台湾中部区域主要国际港,且是台湾面积最大的国际商港,设有各式专业区,可提供货主储存货物、重新组装、简易加工等服务。依托台中港分装配送中心、区域性加工再出口及物流之后勤网络中心的地位,台中自由经济示范区定位为中部区域的加值服务中心,能源、重化工和石化原料进口港及油料配销中心。

二、福建自由贸易试验区与台中自由经济示范区对接合作的必要性与作用

海峡两岸在建设各自的自由经贸区的同时，推进福建自由贸易试验区与台中自由经济示范区先试先行地展开对接合作，有着一定的必要性，具有重大作用。

（一）两区对接合作的必要性

在两岸关系和平发展思想基础上，习总书记创造性地提出了融合发展的新思想。在经济领域，两岸的融合发展，就是要使两岸的经济交往形成"你中有我，我中有你"的相互依赖与一体化发展格局，形成利益攸关的"两岸经济共同体"（唐永红、赵静燕，2019）。一直以来，两岸之间的猜忌与误解多而互信与共识少，尤其在拒不承认"九二共识"的民进党上台执政之后，两岸官方联系沟通机制陷入"停摆"，这些必将对两岸经贸活动自由化与一体化，包括ECFA及其后续协议的推进，形成相当程度的制约。两岸服务贸易协议在台湾受阻以及蔡英文当局极力倡导"新南向政策"就是典型例证。因此，在当前台湾方面不愿意向大陆开放因而两岸难以双向融合发展，两岸整体层面的制度化合作交流的步伐缓慢的背景下，为贯彻落实十九大报告中"率先同台湾同胞分享大陆发展的机遇""扩大两岸经济文化交流合作，实现互利互惠""逐步为台湾同胞在大陆学习、创业、就业、生活提供与大陆同胞同等的待遇、增进台湾同胞福祉"等要求，在有条件的地区，先试先行地启动单向融合发展与区域融合发展，是必要的和可能的选择（唐永红，2018、2020）。

事实上，福建省自由贸易试验区一直是探索给予台商台胞与大陆企业、居民同等待遇的桥头堡与试验田，为国台办、国家发展改革委等出台的《关于促进两岸经济文化交流合作的若干措施》（下称"中央31条"）积累了宝贵经验。作为体现两岸一家亲、促进两岸心灵契合的重大政策方针，"中央31条"涵盖了方方面面的内容，是投资、金融、产业发展、就业、创业、文化娱乐、参与社团、基层治理等跨部门、全方位、全面的公共政策体系创新。刚一落地，福

建省便宣布已落实其中22条内容,并随后推出了更具有福建省及其市(区)特色的扩展条例。以最新试点合格境外投资者(QFLP)政策的平潭综合实验区为例,相较于目前其他试点城市对QFLP注册标准以4亿美元或1亿美元计,平潭对港澳台资准入仅600万美元。台资企业通过平潭低门槛的QFLP试点政策,可以合法合规进入大陆市场,参与到"中国制造2025"行动计划,并可相应享受到税收、投资等优惠。这既是对"中央31条"的贯彻落实,又是一种先试先行的突破,有望成为新一轮的惠台措施以及其他城市的表率。

对于台湾方面而言,近年来大陆市场(包括港澳)一直占台湾地区对外贸易总额40%左右,对台湾这一外向型经济体的经济表现有着基础性的作用,两岸贸易规模在两岸经济发展与市场开放中持续扩大,两岸已互为重要贸易伙伴(参见从图3–1、表3–1),显见两岸产业发展的相互依存性。2013—2017年各年度两岸贸易总额基本上都维持在1800亿美元以上的水平。2018年两岸贸易总额达到2262.5亿美元,相比于1987年成长了约149倍。且2018年,台湾地区是大陆第五大贸易伙伴和第三大进口来源地,大陆是台湾地区最大的贸易伙伴和贸易顺差来源地。

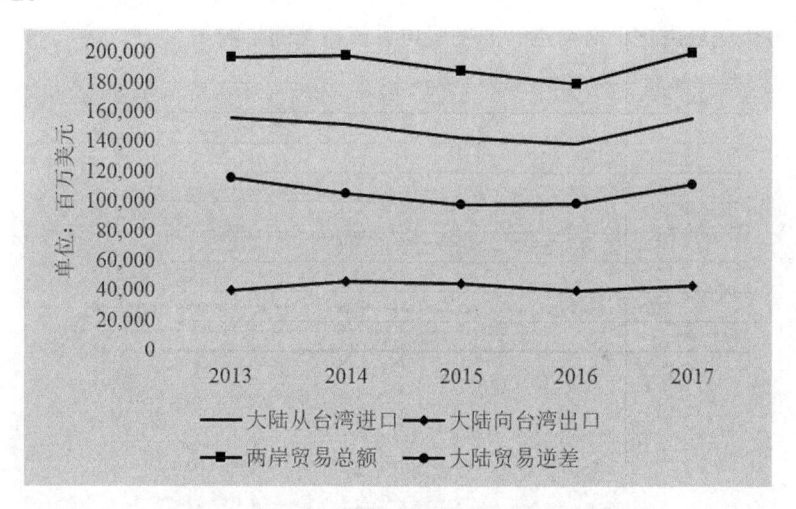

图3-1 2013—2017年两岸贸易发展态势

资料来源:根据UNCTAD数据库整理得出。

表 3-1 2013—2017 年两岸贸易

单位：百万美元

时间	大陆从台湾进口		大陆向台湾出口		两岸贸易总额		大陆贸易逆差	
	金额	年增率	金额	年增率	金额	年增率	金额	年增率
2013	156405.1	18.31%	40634.1	10.49%	197039.3	16.61%	115771.0	21.33%
2014	152007.1	−2.81%	46276.9	13.89%	198284.0	0.63%	105730.3	−8.67%
2015	143204.2	−5.79%	44893.4	−2.99%	188097.7	−5.14%	98310.8	−7.02%
2016	138847.2	−3.04%	40227.6	−10.39%	179074.8	−4.80%	98619.6	0.31%
2017	155961.3	12.33%	43983.2	9.34%	199944.5	11.65%	111978.1	13.55%

资料来源：根据 UNCTAD 数据库整理得出。

此外，从贸易依赖度的视角，从图 3-2、表 3-2 可见，2013—2017 五年来，台湾对大陆的进出口依赖度一直保持较高水平；大陆对台湾的出口依赖度、进出口依赖度基本稳定，对台湾的进口依赖度稳中有升；两岸贸易依赖度具有较高的不对称性，大陆对台湾贸易依赖度远小于台湾对大陆贸易依赖度。表明，台湾贸易对大陆市场依赖度较高，台湾产业发展对大陆市场的依赖较大。因此，两岸经贸的自由化，对台湾产业发展也具有显著的影响。

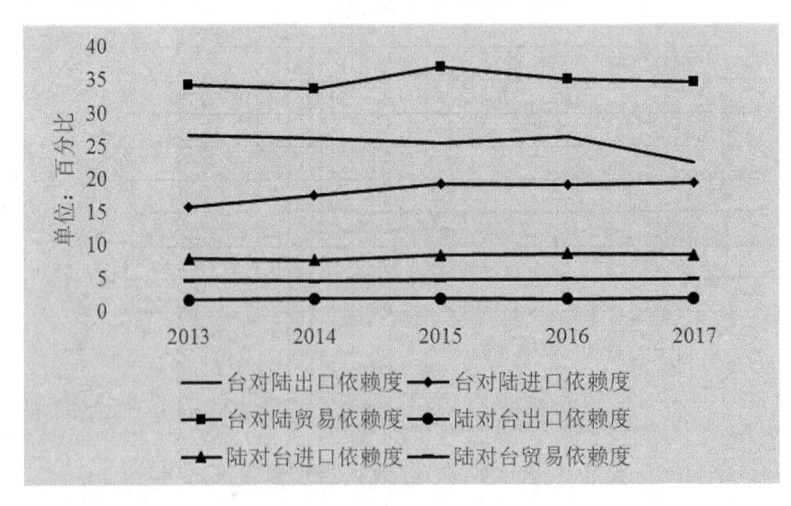

图 3-2 2013—2017 年两岸贸易依赖度演变态势

资料来源：根据 UNCTAD 数据库整理得出。

表 3-2 2013—2017 年两岸贸易依赖度

单位：百分比

年份	台湾对大陆贸易占台湾外贸之比重			大陆对台湾贸易占大陆外贸之比重		
	出口比重	进口比重	进出口比重	出口比重	进口比重	进出口比重
2013	26.78	15.78	34.39	1.84	8.02	4.74
2014	26.18	17.53	33.76	1.98	7.76	4.61
2015	25.4	19.31	36.99	1.97	8.53	4.76
2016	26.33	19.06	35.02	1.92	8.74	4.86
2017	22.45	19.46	34.65	1.94	8.46	4.87

资料来源：根据 UNCTAD 数据库整理得出。

两岸经贸关系更是直接反映在各港口的营运表现之上。台中港地处台湾西海岸中点，不仅是台湾南北交通的中心，更位于上海到香港航线的中点，与大陆东南沿海各港成辐射状等距展开、距离最近，在两岸直航具有最佳的优势。为真正发挥其独特的区位优势，台中自由经济示范区有必要率先探索同福建自由贸易试验区展开对接合作，建设两岸经贸活动自由化与经济一体化先行先试区。

因此，为适应世界经济全球化的潮流，实现两岸经济融合发展，规避台中自由经济示范区被边缘化的风险，同时为了突破政治为两岸经贸合作带来的阻碍，发挥两岸经贸合作潜力，进一步展开协同合作、提升经济效率、社会福祉，福建省自由贸易试验区与台中自由经济示范区展开合作，逐渐放宽对相互的资金和人员等的障碍，减少进入壁垒和政策障碍，是两岸经贸发展的必要选择。

（二）两区对接合作的作用

1. 有助于促进闽台自由经贸区间产业分工合作与协同发展

从两岸贸易互补性指数可以看出（参见表 3-3），从大陆出口（台湾进口）的角度来看，两岸在劳动密集型的主要按材料分的制成品（SITC6）、杂项制成品（SITC8）与资本密集型的未列明的化学及有关产品（SITC5）、机械和运输设备（SITC7）上相对具有较强的互补性，即大陆的主要出口产品与台湾主要进口产品类型上劳动密集型与资本密集型有较高的重合度。从台湾出口（大陆进口）的角度来看，两岸则依次在资本密集型的SITC5、7，能源密集型的SITC2以及劳动密集型的SITC6、8相对具有较强的互补性。整体而言，大陆出口、台湾进口的贸易模式比台湾出口、大陆进口的互补性更高，且前者总体呈上升趋势，而后者则略有下降。因此，为进一步发挥两岸贸易互补性优势，台湾宜遵循市场规律，加大开放对大陆的进口。

表3-3 2013年—2017年两岸贸易互补性指数

产品门类	大陆出口					台湾出口				
	2013	2014	2015	2016	2017	2013	2014	2015	2016	2017
0. 粮食及活畜	0.18	0.21	0.22	0.23	0.23	0.05	0.07	0.09	0.08	0.07
1. 饮料及烟草	0.10	0.11	0.14	0.16	0.16	0.05	0.06	0.08	0.10	0.09
2. 除燃料外的非食用原材料	0.16	0.19	0.18	0.18	0.18	1.05	0.99	0.98	1.28	1.20
3. 矿物燃料、润滑油及相关材料	0.13	0.13	0.16	0.19	0.20	0.40	0.39	0.38	0.43	0.33
4. 动植物油、脂肪及蜡	0.02	0.02	0.02	0.02	0.02	0.07	0.05	0.05	0.04	0.04
5. 未列明的化学及有关产品	0.61	0.60	0.57	0.55	0.63	1.06	1.00	0.89	0.84	0.84
6. 主要按材料分的制成品	1.17	1.22	1.17	1.10	1.22	0.78	0.86	0.74	0.71	0.76
7. 机械和运输设备	1.48	1.39	1.39	1.50	1.42	1.68	1.68	1.66	1.70	1.64
8. 杂项制成品	1.66	1.64	1.50	1.42	1.53	0.77	0.65	0.65	0.56	0.63
9. 其他未列入的货物及交易	0.01	0.01	0.02	0.02	0.01	0.31	0.20	0.27	0.15	0.05

资料来源：根据UNCTAD数据库整理得出。

然而从两岸贸易层面来看，台湾方面目前仍有2334项禁止从大陆进口；准予进口的9342项中，除早收清单和其他相关协议或单边减免的项目外，绝大多数仍面临着较高的贸易壁垒，此外还有多项为有条件进口（台湾"经济部国际贸易局"，2018）。从两岸投资层面来看，台商在陆投资方面，由于台湾对台商大陆投资实行严格管制，尤其在技术转移方面的限制，使得台资对大陆经济发展的贡献潜力未能充分发挥。而陆资入台方面，据台湾"经济部投资审议委员会"统计，自2009年开放陆资赴台投资以来，截至2017年12月，陆资入台投资案件累计仅1087件，投资金额约1956549千美元。与侨外资入台投资相比，2017年陆资入台投资件数仅占4.1%，金额仅占3.54%，陆资入台投资规模相对不足。台湾对陆资入台投资的各方面（如投资人资格、投资数量、投资业别、投资条件等）的限制严重制约了陆资入台意愿，使得陆资入台投资规模不足，进而导致陆资对台湾经济贡献潜力同样未能充分发挥。

众所周知，政策开放是经济合作的前提。以ECFA为例，自2013年起，ECFA早期收获清单中的全部产品关税降为零，2013年至2017年五年间，出口到大陆的早收项目金额由179.92亿美元稳步上升至227.44亿美元，累积至2018年3月，预计已为台湾厂商节省关税约54.07亿美元，早收安排已略见成效。此外，ECFA早期收获清单中，突破层层非经济因素阻碍，台湾商业企业自中国大陆进口同比所累积节省金额也已达到5.02亿美元（台湾"财政部关务署"，2018）。

因此，若福建自由贸易试验区与台中自由经济示范区能够突破双方互信不足的局面，积极建立彼此之间的产业投资准入政策开放机制、产业规划对接机制、产业政策协调机制等，运用公权力引导和促进自由经贸区内两岸产业对接合作与整合发展，减少重复投资与过度竞争，则必然可以加快形成"你中有我，我中有你"的一体化发展步伐，成为两岸融合发展的新标杆。

从具体产业地对接上来说，福建自由贸易试验区和台中自由经济示范区的对接发展具有得天独厚的优势，双方港口经济合作有较强的基础和条件。福建的主导产业和重点产业在很大程度上是承接了台湾第二、第三产业的转移而发展起来的，以台资企业为骨干的电子、汽车、石化三大产业对接已成为闽台产业合作对接的典范（张燕清等，2006），这正是两岸具有较高互补性的产业。

在电子产业方面，台湾精密机械、工具机及其零组件厂，有七成业者都设立中部；且台积电、大立光、金可国际等也都在中部设厂，兼之台中工业区与新竹科学工业园区，可以说台中自由经济示范区辐射范围内聚集了一批技术上领先的电子产业。面对福建省存在的制造业创新能力不强、高端供给不足、区域发展不平衡、制造业与互联网融合不够深入等问题，以及福建省委、省政府2018年2月出台的《关于加快全省工业数字经济创新发展的意见》所提出的"到2020年，产业规模持续壮大，电子信息产业规模超过1.2万亿元，年均增长12%以上"的目标。显然，闽台通过自由贸易试验区与自由经济示范区的对接有利于电子信息产业对接合作潜力的进一步激发。

在汽车产业方面，可以福州青口东南汽车及零部件、厦门汽车城、厦门工程机械为生产基地，通过台中自由经济示范区，对接台中县、彰化的金属制品和机械设施制造修配产业集群；在石化产业方面，福建拥有福州江阴港区、厦门海沧石化基地和泉州后石港区的海洋石化产业、湄洲湾石化基地，而台中自由经济示范区招商方向之一为两岸石化原料、油品储转，且现已入驻益州海岸股份有限公司、台湾燃油股份有限公司、"中华全球石油股份有限公司"等以船舶燃料油、石油、油品承揽运送、油品储存等营业项目为主的公司，故福建自由贸易试验区和台中自由经济示范区可抓住台湾石化业面临原料短缺、下游产业外移市场供求失衡等严重问题，建立上中下游产业一体化的配套协作体系。

2. 有助于闽台自由经贸区的自身建设与发展

各经济体设立自由经贸区，在外是由于参与全球贸易竞争的需要，在内则是自身改革开放的需要。而进一步推动货物贸易自由化、服务贸易自由化、产业投资自由化、金融活动自由化等则是自由经贸区的基本任务。

当前，美国秉持"美国优先"的策略，以高筑贸易壁垒、加征关税等手段对世界其他各国（地区）发起新一轮贸易竞争，以吸引制造业重新回到美国，使美国完成"再工业化"的愿景。中国大陆的商品首当其冲，遭受到了美国违反世贸规则，漠视自由贸易与多边体系的贸易霸凌主义式关税加征。在"台湾接单、大陆制造、出口到美国市场"的三角贸易供应链已运行逾30年、台商台企输入中国大陆的产品绝大多数为中间商品（零组件、工具机、原物料、半成品等）的背景下，中美贸易战所导致主要市场需求衰退时，大陆对台湾产品的需求也会降低，进而，在两岸主要经贸政策不变的前提下，台资赴陆投资、设厂的动力也将减弱。

由于业务跨地区迁移的风险较大，自陆撤资、转移不仅有损两岸经贸交流，更违背台商台企利益。因此，在当前两岸经贸合作遇到挑战的背景下，将暂时无条件或无法在两岸整体层面推进的两岸经贸活动自由化政策措施（包括货物贸易自由化、服务贸易自由化、产业投资自由化、金融活动自由化）放在福建省自由贸易试验区和台中自由经济示范区进行有针对性的先行先试，有利于在协助两岸企业共御危机的同时，促进闽台自由经贸区的自身建设与发展。

具体来说，平潭片区主要包括港口经贸区、高新技术产业区和旅游商旅区。而台中自由经济示范区与平潭的直线距离仅86海里，且是台湾面积最大的国际商港。因此，实现平潭片区的港口经贸区与台中自由经济示范区的对接，有利于闽台自由经贸区完善在物流中转、运输，高新技术开发与旅游行业方面的合作。厦门片区定位于重点发展两岸新兴产业和现代服务业合作示范区、东南国际航运中心、区域性金融服务中心和两岸贸易中心。这与台中自由经济示范区中部区域的加值服务中心地位以及促进台中经济发展与产业结构优化的核心规划相吻合，两地产业在优势互补的前提下，透过两个自由经贸区展开合作，有利于携手实现贸易升级、产业升级与服务业升级。而福州片区发展重点在于建设先进制造业基地、21世纪海上丝绸之路沿线国家和地区交流合作的重要平台、两岸服务贸易与金融创新合作示范区。台中自由经济示范区"前店后厂"的模式，发展智慧物流、金融服务等规划，也可以在相互对接中得以实现。此外，福建省自由贸易试验区和台中自由经济示范区可在对接中检视不足、相互学习，积累更多可复制、可推广的自由经贸区建设经验，携手创造法治化、国际化、便利化的一流口岸营商环境。

三、福建自由贸易试验区与台中自由经济示范区对接合作的条件与可能性

对于福建自由贸易试验区与台中自由经济示范区对接合作的条件与可能性而言，我们主要可以从经济政策层面与两岸关系层面来进行分析，虽然目前两岸经济关系状况与以往有所不同，但是仍旧存在合作的经济基础与可能性：

（一）经济政策层面的条件与可能性

1. 大陆经济状况及政策条件

从中国大陆方面看，从1979年"深圳特区"的建立，标志着中国改革开放的开始，经过40多年的发展，中国的经济建设、社会建设和文化建设取得了很大的发展，已经成为世界第二大经济体。但国内经济发展方式粗放落后，经济结构不合理的矛盾日益凸显，中国经济正处在换挡关口。在国际需求疲软及劳动力成本升高的压力下，寻找改革新的创新地和经济发展新的增长点成为摆在中国面前的一个难题，希望通过自由贸易区的设立，激活企业发展活力，带动产业、产值快速提升，有效拉动内需和地区经济的繁荣，拓展经济增长的新空间，打造中国经济"升级版"。同时，国际经济环境也发生了新的变化，尤其是特朗普上台后，美国的贸易保护主义严重破坏了WTO规则。为了应对区域内外经济环境的新变化，借助自由贸易试验区的先行先试，为中国经济闯出一条新的出路。福建自由贸易试验区设立的最大战略意义在于对台，围绕立足两岸、服务全国、面向世界的战略要求，充分发挥改革先行先试，营造国际化、市场化、法制化营商环境，以"对台湾开放"和"全面合作"为方向，进一步深化两岸经济合作，一方面吸引台资入驻，另一方面便利与台湾的经贸往来，促进海峡两岸经济和人员更好地融合。在金融创新方面，两岸跨境人民币业务是福建自由贸易试验区金融业发展的一大特色和未来方向。根据《中国（福建）自由贸易试验区总体方案》，福建自由贸易试验区面积共118.04平方千米，包括福州、厦门、平潭三大片区，其中平潭片区重点建设两岸共同家园和国际旅游

岛，厦门片区主攻两岸新兴产业和现代服务业合作示范区、东南国际航运中心、两岸区域性金融服务中心和两岸贸易中心，福州片区则定位为先进制造业基地、"21世纪海上丝绸之路"重要平台、两岸服务贸易与金融创新合作示范区。2018年2月，国台办等29个部门制定出台31条惠台措施，福建出台66条、厦门出台60条、福州出台68条具体惠台配套措施。福建自由贸易试验区主打台湾牌，最大特色是深度对接台湾，这就为福建自由贸易试验区与台中自由经济示范区对接合作提供了条件与可能。

2. 台湾经济状况及政策条件

从台湾方面来看，新世纪之初，台湾加入世界贸易组织，是台湾自20世纪80年代初期提出推动经济自由化、国际化与制度化的所谓"三化政策"之后的又一次经济大开放进程。尽管加入世界贸易组织开启了台湾经济自由化与经济转型发展的新一页，但台湾经济开放不足，尤其是对两岸经贸往来有严格的管制，制约了台湾经济发展。2011年9月，马英九当局提出将在台中等地规划"自由经济示范区"试点，将其纳入寻求连任竞选纲领"黄金十年"的愿景中，台湾当局希望加快开放步伐，但实施更加自由开放的经济政策则受到岛内政治经济多种因素的限制，无法一步到位，便决定采取建立自由经济示范区这种经济特区的办法，在局部率先开放，即通过在示范区内的市场开放与优惠政策实施，打破现有经济领域"开放不足、保守有余"的"闭锁"格局，注入新的活力，开创台湾经济自由化、国际化的新局面。设立自由经济示范区，最直接的目的与战略考虑就是加快推进台湾经济自由化与国际化发展。2013年3月27日，台湾当局正式出台建立自由经济示范区规划方案。这一新型经济特区的设立，主要是希望通过在特区内率先采取更加自由开放的经济政策，为建立"自由贸易岛"，争取对外签署更多自由贸易协定(FTA)及加入"跨太平洋伙伴关系协定"(TPP)创造条件，从而开创台湾经济发展的新局面。自由经济示范区分两个阶段推进：第一阶段推动于2013年4月正式启动，内容是松绑行政命令与办法，并开放台中港等"六海一空"（包括台北港、基隆港、苏澳港、台中港、高雄港、安平港和桃园国际航空城）自由贸易港区及屏东农业生技园区，作为自由经济示范区。第二阶段是制定"台湾自由经济示范区特别条例"。

另外,台湾近年来经济状况不佳,投资不足,消费不振,生产总值增速连年下降,为寻求新的经济增长点,考虑两岸经贸合作是重要出路。

表3-4 2014—2018年福建与台湾的GDP增速对比

年份	福建省		台湾	
	GDP（亿元）	增长速度	GDP（百万新台币）	增长速度
2014	24055.76	10.0%	16258047	6.5%
2015	25979.82	8.0%	17055080	4.9%
2016	28519.15	9.8%	17555268	2.9%
2017	32182.09	12.8%	17983347	2.4%
2018	35804.04	11.2%	18342891	2.0%

资料来源：福建省统计年鉴2017；台湾"行政院主计处"，笔者自己整理计算得出。

由此可见，福建自由贸易试验区和台中自由经济示范区发挥各自优势，实现区位互补，积极对接合作在经济政策上是具备基本条件的，是有可能性的。

（二）两岸关系层面的条件与可能性

从1987年到现在，两岸之间的经济交流在两岸关系的发展中始终处于"先行者"的角色，近年来两岸也有一系列经济方面的交流举措，福建自由贸易试验区与台湾自由经济示范区就有着进一步合作的可能。

中华人民共和国成立以来，中国政府一贯坚持"一个中国"政策，解决台湾问题，实现国家统一，是全体中国人民一项庄严而神圣的使命。为了实现两岸人民正常往来和国家统一，中国政府在提出和平统一主张的同时，也采取了一系列推动两岸关系发展的措施：政治方面，调整有关政策措施，化解敌对情绪；军事方面，主动缓和海峡两岸军事对峙状态，把福建沿海一些前沿阵地、观察所开辟为经济开发区和旅游点；经济方面，敞开门户，促进交流，欢迎台商来大陆投资和从事贸易活动，并为之提供优惠条件和法律保障。尤其是2018

分论二　福建自由贸易试验区与台中自由经济示范区对接合作

年2月28日,国台办等29个部门制定发布了《关于促进两岸经济文化交流合作的若干措施》,共出台31条具体惠台措施,其中12条涉及加快给予台资企业与大陆企业同等待遇,19条涉及逐步为台湾同胞在大陆学习、创业、就业、生活提供与大陆同胞同等待遇。

　　福建作为对台前沿地,随之出台《福建省贯彻〈关于促进两岸经济文化交流合作的若干措施〉实施意见》,包括扩大闽台经贸合作、支持台胞在闽实习就业创业、深化闽台文化交流、方便台胞在闽安居乐业等四个方面66条具体措施,充分发挥福建省独特优势,先行先试,为在闽台湾同胞学习、就业、创业、生活提供与大陆同胞同等待遇。同时,厦门推出60条、福州推出68条具体惠台配套措施。特别是福建自由贸易试验区运行以来,发挥近海近台优势,探索两岸经济社会融合发展的新路径,在推动两岸货物、服务、资金、人才等自由流动方面先行先试,凸显了"深化两岸经济合作示范区"的引领作用,"两岸一家亲"的制度创新体系逐渐成形。福建平潭区管委会专门设立了"台胞服务中心",对台就业开放已拓展到医疗、教育、建筑、设计、旅游、人力资源、电子商务等领域,同时围绕两岸人员往来便利化推出了一系列新的举措:率先实施台湾居民免签注和试点签发电子台胞证政策;台车入闽启动实施并进入常态化,台入闽机动车只需1个工作日即可办好临时号牌、行驶证和临时驾驶许可,机动车6个月省内畅行无阻;促进台胞便利就业,率先采认台湾地区建筑、医疗、教育、旅游等专业领域从业资格证书;率先开展台胞专业技术职务任职资格评审试点;率先出台《台湾特聘专家制度暂行办法》;率先聘任台商台胞担任社区主任助理、业委会主任和社区居民大学校长;台胞凭"台湾居民往来大陆通行证",直接参加居民地城镇居民基本医疗保险。特别是福建自由贸易试验区分别在福州、厦门和平潭3个片区搭建8个两岸青年青创基地,为台湾青年提供项目对接、注册登记、资金扶持、税收减免、贷款融资等项目落地辅导服务,并从创业场所、资金、住房和社会保障等方面予以支持。据统计,2016年至2017年,厦门市两岸青年创业基地专项奖励资金达到950万元,创业启动资金、场租房租补贴等超过300万元。2017年,仅厦门口岸进口的台湾水果,就占到中国大陆总进口量的八成以上，总量逾4万吨，获评国务院自由贸易试验区"最佳实践案例"。福建自由贸易试验区这些实实在在惠利台商台胞的政策措施，释放了大陆方面最大的诚意和善意，台湾方面在两岸贸易发展中得到了很大的实惠。

台湾自由经济示范区作为马英九当局推动台湾经济自由化、促进经济转型升级的重要举措，在自由经济示范区内放宽对大陆资金、人员等进入，有利于吸引陆资进入区内与岛内，改变两岸经济合作不对称开放与不平衡发展局面。建立自由经济示范区本身是一个单纯的经济议题，但在台湾当局的政策规划与战略考虑中，则是一个集经济与政治的双重战略考虑，期望达成"参与区域经济整合""提升国家竞争力"和"释放企业活力"等三大目标。为推动自由经济示范区建设，马英九当局修订了人员进出、土地管制及投资规定等相关法规，界定了企业所需外劳可运用"台商回台方案"优惠措施等敏感议题，台中市亦积极跟进，结合自身实际建设自由经济示范区。由于台湾一些政治势力的反对，自由经济示范区第一阶段工作进展缓慢，第二阶段制定的"台湾自由经济示范区特别条例"也没有在马英九执政时期获得"立法院"通过。尤其是民进党当局上台执政以来，拒不承认"九二共识"，挑战一中原则，破坏了两岸20多年来的协商交流成果，严重影响了两岸人员往来和经济交往。但台湾天然资源不足，是浅碟式经济，高度仰赖国际贸易，尤其是中国大陆一直是台湾贸易顺差的主要来源地。随着民进党执政不力造成台湾经济不景气的状况，越来越多的台商台胞深切认识到推动自由经济示范区建设，松绑自由贸易港区相关法规，积极与福建自由贸易试验区对接合作，融入大陆"一带一路"建设，实现共赢互利，才是活络台湾经济的命脉。

（三）区位基础层面的条件与可能性

台中自由经济示范区依托台中自由贸易港区。台中自由贸易港区总面积达3760公顷（其中陆域为2800公顷、水域为960公顷），规划的自由港区土地达536公顷，为台湾地区面积最大国际商港，亦是台湾地区所有自由贸易港区面积之冠，除了具备发展区域型加工再出口及物流中心的潜力外，还具有地理位置适中、运输最近、联外公路系统完整、两岸通航最佳港区等多项优势。台中港的发展定位是：中部区域之主要国际港；主要能源、重工及石化原料之进口港；自由贸易港区、制造、加工再出口及物流中心；境外航运中心指定港；与观光及亲水性港口等重要功能特性。

台中自由经济示范区的核心精神在于透过"前店后厂"模式，连结海空港、示范区域中台湾区块产业园区，发展智慧物流、"国际健康"、农业产值、金融服务、教育创新，促进台中经济发展及产业结构优化。台中通过建立自由经济示范区，可通过政策松绑，采取租税优惠、人才引进与"境内关外"等特别措施，鼓励与吸引境外投资与引进人才，发展新型与前瞻性产业，增强经济发展动能，加快经济转型，促进经济增长，扩大就业，即希望"在开放中找到发展力量"。台中港目前两岸直航的固定航线有往返平潭的"海峡号"客货轮，以及往返厦门的"中远之星"客货轮，2017年台中港两岸直航客运量逼近4.8万人次。

总体来看，福建自由贸易试验区与台中自由经济示范区都具有清晰的功能定位，可以发挥各自优势进行合作。

表3-5 福建自由贸易试验区与台中自由经济示范区的功能定位

自由经贸区	具体片区	功能定位
福建自由贸易试验区	平潭片区 港口经贸区	在港口开发和商务中心建设的基础上，发挥临近海上国际航线和对台航运主通道的优势，联动中央商务区、临港产业和如意城社区，加快建设港口物流聚集区、商贸服务聚集区、电子产业聚集区等产业功能性平台，重点发展国际贸易、现代物流、商务服务和电子信息设备制造等，着力打造两岸自由贸易示范区、区域性综合保税产业示范区和两岸电子产业融合发展聚集区，并逐步向国际自由港拓展。

续表

自由经贸区	具体片区		功能定位
	高新技术产业区		探索两岸合作建设高新技术产业基地，联动平潭高铁中心站、中心商务区和科技文教区，加快建设研发总部聚集区、海洋产业聚集区、高端轻型制造聚集区等产业功能性平台，发挥原产地政策优势，重点发展海洋生物、医疗器械、包装材料和轻型设备制造等高新产业，推进两岸高新技术产业深度融合发展，着力全球范围内配置资源与开拓市场，共享全球化利益。
	旅游商旅区		在澳前客滚码头、旅检大楼和台湾小额商品贸易市场建设的基础上，发挥对台"窗口"和优质沙滩、岬角及沙地等旅游资源优势，联动中心城区和平潭国际旅游开发，着力对接台湾旅游和旅游服务，加快建设滨海旅游聚集区、两岸旅游商贸聚集区、农渔产品加工聚集区等产业功能性平台，提升国际旅游服务水平，重点发展滨海度假、文体旅游、休闲养生、旅游购物等旅游产品，延伸拓展旅游高端业态，着力打造国际滨海风情度假岛、国际海洋文化体育基地、国际旅游休闲目的地，并逐步向国际旅游岛拓展。
	厦门片区	东南国际航运中心海沧港区	实施范围：区域面积24.41平方千米。 功能定位：发展航运物流、口岸进出口、保税物流、加工增值、服务外包、大宗商品交易等现代临港产业，构建高效便捷、绿色低碳的物流网络和服务优质、功能完备的现代航运服务体系，成为立足海西、服务两岸、面向国际，具有全球航运资源配置能力的亚太地区重要的集装箱枢纽港。
		两岸贸易中心核心区	实施范围：区域面积19.37平方千米，四至范围：北侧、西侧、东侧紧邻大海，南侧以疏港路、成功大道、枋钟路为界。 功能定位：发展高新技术研发、信息消费、临空产业、国际贸易服务、金融服务、专业服务、邮轮经济等新兴产业和高端服务业，构建两岸经贸合作最紧密区域，成为立足大陆，面向亚太地区的区域性国际贸易中心。
	福州片区		重点建设先进制造业基地、21世纪海上丝绸之路沿线国家和地区交流合作的重要平台、两岸服务贸易与金融创新合作示范区。

续表

自由经贸区	具体片区	功能定位
台中自由经济示范区	1号至18号码头 20A至46号码头 西1—西9码头暨后线及西10码头后线部分土地 港埠产业发展专业区	功能定位：连结海空港、示范区域中台湾区块产业园区，发展智慧物流、"国际健康"、农业产值、金融服务、教育创新，促进台中经济发展及产业结构优化。进一步发展两岸直航的固定航线比如往返平潭的"海峡号"客货轮，以及往返厦门的"中远之星"客货轮。 合作重点产业：机密机械基础工业、3C产业、绿能产业、自行车业上下游供应链、汽车零件组装、加工、检验、测试及两岸石化原料、油品储转。

另外，从各自由港区的发展绩效来看，台中港自由港区进驻厂商数量持续增长，未来在自由经济示范区建设中仍有很大的发展潜力。

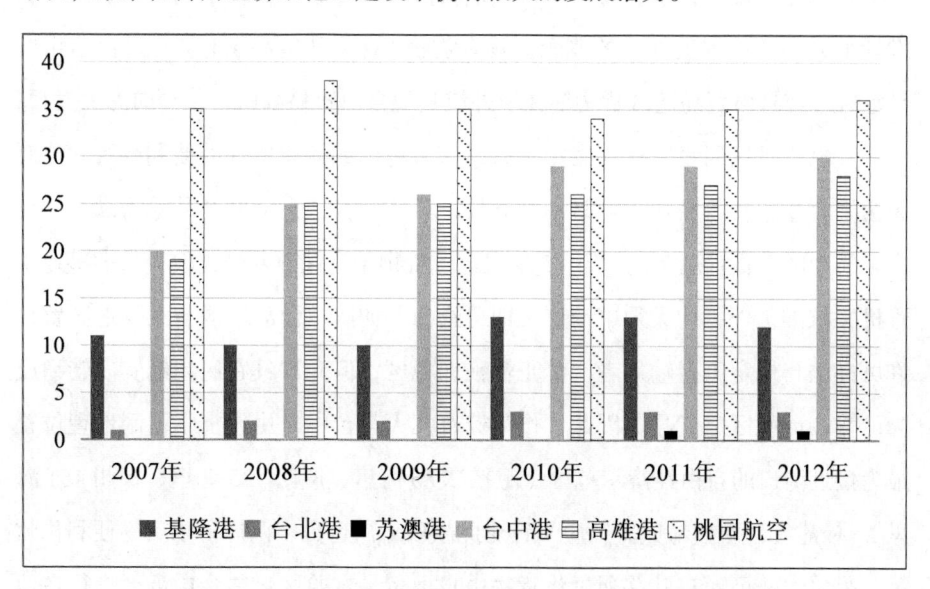

图3-3 台湾地区各自由港区进驻厂商数量与增长变化

四、福建自由贸易试验区与台中自由经济示范区对接合作的内容与措施

为减小竞争,并有助于协同发展,福建自由贸易试验区与台中自由经济示范区宜在法规政策、基础设施、信息、监管、产业等多个层面进行对接合作。

(一)法规政策对接合作

在福建自由贸易试验区及台中自由经济示范区的对接合作中,经贸活动自由化与便利化政策对接的重点在于货物贸易自由化、服务贸易自由化、产业投资自由化以及金融活动自由化。

在货物贸易自由化方面,一直以来,由于台湾经济主管部门对两岸货物贸易进出口做出了严格限制,两岸货物贸易自由化进展缓慢,此既不利于两岸企业生产动能的发挥,也有碍两岸人民消费潜力的释放。而台中港自由贸易区在设计上采用"境内关外"的概念,具有货物(含大陆货品)由境外进出自由贸易港区,或自由贸易港区货物输往境外或其他自由贸易港区,仅须向海关通报,经海关电子讯息回复完成档案纪录后,即可进出或运往境外的便利政策。这对于两岸货物贸易自由化无疑是一大利好,具体而言,大陆制产品除需满足"自由贸易港区设置管理条例"第 15 条规定(货物于进储前须事先取得目的事业主管机关核准)外,均无须申请许可即可进出,如属"台湾地区与大陆地区贸易许可办法"规定不得输入者,禁止输往课税区,但允许其在区内经实质转型成为可输往课税区之货品。因此,作为拥有几大与台中自由经济示范区地理位置最为接近港口的自由经济示范区(距平潭 86 海里、厦门 135 海里、福州 151 海里),福建省自由贸易试验区应当针对此款项,出台更多两岸货物贸易便利化政策,吸引大陆厂商进驻并通过将货物由自由贸易试验区运往台中港,进行在地加工转化,进而再打入台湾市场、获取商机。

事实上,福建省自由贸易试验区已针对两岸商品进出口出台了单一窗口、简化检验(如"源头管理,口岸验放")、税收减免、保税展示等政策,并在平

潭片区取得了发展对台小额商品市场的中央政策支持。未来，福建省自由贸易试验区宜为台商台企规划专门的物流、仓储片区；以两岸自由贸易区为基点构建跨境电子商务平台；利用台中自由贸易区提供商务活动的机能，联合举办两岸商品展销会等方向继续努力，争取成为两岸货物贸易自由化的排头兵。此外，基于台中自由经济示范区可以从事零组件组装等较深层次之加工的安排，福建自由贸易试验区可尽快选定两区互补产业合作项目，引进产业链关键企业以开展合作，提升两区企业合作的密度与深度。

在服务贸易自由化方面，由于服务贸易往往需要经过专业培训及认定的人才进行操作，两岸在推进 ECFA 及其后续协议中关于服务贸易的自由化与便利化政策措施率先在各自的自由经贸区中开放给对方之外，可以在经贸活动相关人员政策方面率先开展对接合作，为两岸未来全面推进服务贸易的深化发展奠定基础。

经贸活动相关人员政策可分为最基础的人员自由出入，一般的社会活动许可以及以"同等待遇"为核心的较为高级的社会活动，如社团参与、资格互相认证、荣誉授予等。目前，在最基础的人员自由出入方面，福建省自由贸易试验区在台胞往来大陆的基础规范上进一步优化了两岸出入境人员及台湾车辆检疫查验手续，做到了"无障碍、零等待"通关。未来可探索放宽便利大陆居民尤其是商务人士前往台湾的限制，以对接台中自由经济示范区为便利外籍商务人士进入自由贸易港区从事商务活动，协调相关主管机关于现行法令制度下，弹性放宽国际商务人士（包含大陆人士）申请入境签证之程序的利好。在一般的社会活动，如旅游游学、参展交流方面，国家旅游局为吸引更多的省外游客到平潭旅游、促进平潭国际旅游岛建设，出台了涉及扩大旅行社开放、放宽旅游从业人员限制等多项便利化措施。福建省自由贸易试验区应进一步将政策优势转化为实际优势，加强两岸旅游行业交流，深化福建与台湾地区旅游合作。在参展交流方面，福建省自由贸易试验区也可借台中自由经济示范区展览、贸易活动的机能，扩大两岸从业人员交流交往，努力促成两岸企业合作。在以"同等待遇"为核心的较为高级的社会活动，如社团参与、资格互相认证、荣誉授予等。自十九大报告指出"逐步为台湾同胞在大陆学习、创业、就业、生活提供与大陆同胞同等的待遇，增进台湾同胞福祉。"以及国台办、国家发展改革委等联合出台了《关于促进两岸经济文化交流合作的若干措施》后，福建省自由贸易试验区已经先试先行地在开放台胞参与大陆职业资格考试、采认台湾方面颁发的从业资格证书（如教师从业资格证书）、允许台籍人才参与职称评审及荣誉授予等方面进行了落实。虽然台中港方面并未有类似政策落地，但大陆方面可考虑与台湾方面联合主办技能培训、资格评定活动，或以"就高不就低"的原则努力对标台湾方面的标准，以便利两岸人才要素的自由流动。

在产业投资自由化以及金融活动自由化方面，在统一的《自由贸易试验区外商投资准入特别管理措施（负面清单）》管理模式下，福建自由贸易试验区在一些重点领域，包括金融、电信、现代服务业、社会事业等，开放程度上都有新的突破，与此同时还特别规定大陆签署的自贸协定中适用于自贸试验区并对符合条件的投资者有更优惠的开放措施的，按照相关协议或协定的规定执行，如台湾地区投资者在自贸试验区内投资可参照ECFA早期收获执行。台中自由经济示范区则以"活络资金流通"为目的作出了安排。其一，得从事外币汇兑及外汇交易：国际金融业务分行得办理自由贸易港区事业之外币信用证、通知、押汇、进出口托收、外币汇兑及外汇交易业务；其二，得设控股公司从事海外投资，非台籍业者得向自由港区管理机关申请设立以境外投资为专业之控股公司。可见，台中港自由贸易区方面主要松绑了金融自由化活动，因此福建自由贸易试验区，尤其是肩负外汇管理改革以及扩大人民币跨境使用试点的厦门片区，拥有海峡股权交易中心的平潭片区应着力推动闽台金融合作。加强两岸金融行业、协会等非官方组织的往来与沟通，促进两岸的金融合作；着力推进互联网金融，扩大金融开放，如跨境网银、跨境电子商务支付；促进两岸金融监管合作的法律法规的制定，完善监管合作机制等。

除了上述经贸活动自由化与便利化政策方面，两岸还需要推进与经贸活动相关的政策的对接合作，包括知识产权（智慧财产权）保护和使用法规政策的对接合作、社会保障政策的对接合作、竞争政策的对接合作、检验检疫政策的对接合作、海关监管政策的对接合作、金融监管政策的对接合作。这些与经贸活动相关的政策的对接合作，可改进在两岸进行投资、经营的便利性与公平性，既有助于增强投资人投资自由经贸区的意愿，也有助于两岸产业资本在自由经贸区中投资合作。

（二）基础设施对接合作

基础设施对接合作是福建自由贸易试验区与台湾自由经济示范区对接合作的另一方面，包括港口设施、航线配置、通讯设施等等。

首先，厦门、福州、平潭三个片区应建成以海港、空港为枢纽，铁路、公路、海运、空运等运输方式相互连接的立体交通运输体系，提升综合运输网络的布局和运输能力，为追求时效的现代物流提供便利的集疏运条件；对台湾，应加强和完善福建自由贸易试验区与台中自由经济示范区之间的海、陆、空物流通道的无缝对接。可推动福建自由贸易试验区与台湾自由经济示范区建设"点对点合作"两岸物流快运渠道，并在货物的仓储、物流以及海关通关效率上取得的新突破转化为类似平潭两岸快件中心（集海运快件和跨境电商保税备货、直邮购物监管功能于一体同时兼具保税仓库功能的物流中心）的平台，从而优化和提升跨境电商投资环境和服务效率，不断推动港口流量，促进航运物流发展。

其次，应进一步加强闽台自由经贸区在集装箱、散杂货、客运滚装等领域的港航业务合作，共同经营闽台自由经贸区之间的航线，合作开辟经营集装箱班轮航线，实现闽台自由经贸区的船务公司舱位互换与共享。目前，厦门片区高崎机场与台北机场的直航，平潭片区与台湾台北港的万吨级快货运输滚装船的航线开通，福州片区马尾港至台湾高雄港海运航线直航邮路的开通都是福建自由贸易试验区与台中港未来可合作的方向。

再者，应进一步完善闽台自由经贸区海空港口等基础设施，并规划好配套的物流园区和专业配送中心建设以形成完善的国际航线、国际分拨、国际物流和国际进出口贸易功能。以平潭港区为例，其对台客货滚装为主的澳前作业区已基本建成，但其他配套设施尚未建成，其他深水码头、国际邮轮码头尚未开始建设，这无疑妨碍了平潭片区与台中港的物流畅通，也不利于依托平潭对台物流优势而开设的对台小商品免税交易市场的发展。

最后，还应进一步完善闽台自由经贸区港口、航线的通讯设施，并进行对接。此前，中国电信已完成平潭至台中航线海峡中线以西的50多公里的3G信号覆盖以及WIFI全客轮覆盖，中国移动手机信号则在航行全程都能接收到。2018年中国移动则进一步取消了在台湾漫游费。使来往于两区间的两岸人士享受更为稳定、优质又低廉的通讯，始终是福建自由贸易试验区可以作出努力的方向。

（三）信息对接合作

信息对接合作的目的是实现信息共享，解决福建自由贸易试验区与台中自由经济示范区信息不畅通的问题，是建立共同市场的一个重要内容。包括政策信息互通、管理信息互通、检测检疫信息互通、商户信息互通和质量追溯信息互通等。

首先，开展福建自由贸易试验区与台中自由经济示范区在两岸各级政府出台投资优惠政策、税收优惠政策、金融支持政策等方面的信息交流合作，建设信息一体化平台。

其次，开展福建自由贸易试验区与台中自由经济示范区管理制度、措施、办法等方面的信息沟通合作，便利两区在物流管理、出口退税、国际支付等方面的协调。

再次，建立福建自由贸易试验区与台中自由经济示范区在商品检测检疫方面的标准认定体系信息管理，实现两区共同认可的产品检测检疫认证。

从次，建立福建自由贸易试验区与台中自由经济示范区商户管理信息的一体化管理，实现两区最大程度共同为商户服务。

最后，建立福建自由贸易试验区与台中自由经济示范区质量追溯信息互通对接，建立跨境电子商务企业信用管理体系，保证产品质量，提升两区在国际贸易竞争中的地位。

（四）监管对接合作

货物、资本、人员等在福建自由贸易试验区与台中自由经济示范区之间的流动，两区行政管理部门的管理任务很大，加强监管合作可以提高行政效率，降低管理成本，包括监管机制、货物监管、海关监管、投资监管、金融监管等方面。

第一，建立福建自由贸易试验区与台中自由经济示范区监管协调联系机制，统筹海关、商务、税务、金融、港务、检测检疫等监管机构，定期通报交流两区监管方面的信息、成果和做法，开展监管人员培训，协调解决监管对接过程中遇到的重大问题，不断探索建立适合两区实际的监管制度。

第二，探索建立福建自由贸易试验区与台中自由经济示范区货物流通对接的管理模式，交流合作两区各有关部门在货物流通过程中的最佳监管协调方式，实现既达到监管目的又方便货物流通的有效模式。

第三，推动建立福建自由贸易试验区与台中自由经济示范区对接合作通关制度，探索通关合作模式，积极研究适应跨境电子商务发展的口岸监管机制。

第四，建立福建自由贸易试验区与台中自由经济示范区对接合作项目的投资监管制度，实现两区投资项目的信息共享和互惠互利，探索对接合作重大投资项目的考察、评价、监督制度。

第五，建立福建自由贸易试验区与台中自由经济示范区金融监管对接合作机制，实现两区金融监管资源共享，调整处理金融监管合作中的法律冲突，防范金融风险。

（五）产业对接合作

福建自由贸易试验区建立的目的是以开放促改革、促发展、促创新，率先建立同国际投资和贸易通行规则相衔接的制度体系，形成法制化、国际化、便利化营商环境。台中等自由经济示范区的设立，是台湾推动经济自由化努力的方向，要点就是自由化、国际化，松绑物流、人流、金流及资讯流等各项的限制，提高台湾的竞争力。两区的核心都是以更加开放、更加自由、更加便利的特殊经贸政策措施来刺激产业经济发展，这就要求两区充分发挥各自产业优势，协同发展，互利合作，实现共赢。

首先，建立福建自由贸易试验区与台中自由经济示范区产业对接合作沟通协调机制，构建两区管理层面沟通渠道，推动务实合作，促进两区产业规划、产业政策、产业建设、产业开放等方面的协同配合。充分利用民间商会等非官方渠道，定期举办产业对接研讨会，促进两岸交流，合力推进两区产业的深度对接合作。

其次，要以福建自由贸易试验区与台中自由经济示范区产业布局为对接合作基础。福建自由贸易试验区涵盖了平潭、厦门、福州3个片区，其中：平潭片区重点建设两岸共同家园和国际旅游岛，在投资贸易、资金人员往来方面实施更加自由便利的措施；厦门片区重点建设两岸新兴产业和现代服务业合作示范区、东南国际航运中心、两岸区域性金融服务中心和两岸贸易中心；福州片区重点建设先进制造业基地、21世纪海上丝绸之路沿线国家和地区交流合作的重要平台、两岸服务贸易与金融创新合作示范区。重点发展国际商贸、航运服务、现代物流、金融服务、新兴服务、旅游服务和高端制造等7大产业，初步形成平潭"高端制造+商贸+要素流动便利化"、厦门"贸易+航运+金融一体化"、福州"先进制造+商贸一体化"的产业布局。台中自由经济示范区与福州港、厦门港属海峡两岸距离最近之对岸港口，临近彰滨工业区、潭子及中港加工区、中科园区，并有清泉岗机场，内外交通便捷，为中部地区货物进出重要枢纽。台中自由经济示范区充分利用这一优势，重点发展港口物流、国际医疗、教育创新、金融服务、农业增值，以及太阳能光伏、精密机械、新材料、医疗器械、纺织等产业，将台中港发展成为中部区域的增值服务中心，大体形成"港口物流+制造业+加工贸易"的产业布局。两区要最大限度地以产业布局为对接合作的基础，降低产业合作成本，实现产业对接合作效益最大化。

再次，促进福建自由贸易试验区与台中自由经济示范区在产业发展中的投融资、技术利用、品牌运营、人员便利等方面、多渠道、多环节的深度对接合作，拓宽两区产业发展合作的深度和广度，提升产业合作增值效益。

结　语

福建自由贸易试验区与台中自由经济示范区对接合作可以起到两大突出作用。一是有助于促进两个自由经贸区的产业分工合作与协同发展。福建自由贸易试验区和台中自由经济示范区在电子、汽车、石化三大产业的对接合作中具有得天独厚的优势。二是有助于两个自由经贸区的自身建设与发展。台中自由经济示范区与福建自由贸易试验区平潭片区的对接合作，有利于完善在物流中转、运输、高新技术开发与旅游行业方面的合作发展。台中自由经济示范区与福建自由贸易试验区厦门片区的对接合作，有利于携手实现贸易升级、产业升级与服务业升级。台中自由经济示范区与福建自由贸易试验区与福州片区的对接合作，有助于彼此制造业基地规划的实现。

福建自由贸易试验区与台中自由经济示范区对接合作在经济政策和两岸关系上具备基本条件。大陆试图借助自由贸易试验区的先行先试，围绕立足两岸、服务全国、面向世界的战略要求，营造国际化、市场化、法制化营商环境。而台湾希望通过在自由经济示范区内的市场开放与优惠政策实施，打破现有经济领域"开放不足、保守有余"的"闭锁"格局，注入新的活力。在区位方面，福建自由贸易试验区与台中自由经济示范区具有清晰的功能定位，且台中港交通便捷，进驻厂商数量呈现持续增长，因此可以发挥各自优势，实现互补。

当前，福建自由贸易试验区与台中自由经济示范区可以在法规政策、基础设施、信息、监管、产业等多个层面进行对接合作，特别是，福建自由贸易试验区的厦门、福州、平潭三个片区可以通过发挥各自的不同优势，分别与台中自由经济示范区进行深度对接合作，以期形成竞合发展与协同发展态势，并在一定程度上为深化两岸经济融合发展奠定基础。

法规政策对接合作方面，宜在福建自由贸易试验区与台中自由经济示范区实施比两岸现行政策更为开放的货物贸易自由化、服务贸易自由化、产业投资自由化以及金融活动自由化政策，减少货物、服务贸易以及人员、资金流动的限制。此外，两岸还需推进经贸活动相关标准的对接合作。

基础设施对接合作方面，首先，在完善福建自由贸易试验区三个片区之间运输体系的基础上，应加强福建自由贸易试验区与台中自由经济示范区之间海、陆、空物流通道的无缝对接。其次，应加强福建自由贸易试验区与台中自由经济示范区海空港口等基础及配套设施建设，如规划好配套的物流园区和专业配送中心。最后，还应进一步完善福建自由贸易试验区与台中自由经济示范区港口、航线的通讯设施对接。

信息对接合作方面，首先，福建自由贸易试验区与台中自由经济示范区宜开展投资税收优惠政策、金融支持政策、管理制度办法等方面的信息交流，建设商户信息一体化平台，便利两区在物流管理、出口退税、国际支付等方面的协调。其次，建立商品检测检疫标准认定体系信息，实现两区共同认可的产品检测检疫认证。最后，建立质量追溯信息互通对接和跨境电子商务企业信用管理体系，保证产品质量，提升两区在国际贸易竞争中的地位。

监管对接合作方面，首先，福建自由贸易试验区与台中自由经济示范区宜建立监管协调联系机制，定期通报交流两区监管方面的信息、成果和做法，开展监管人员培训。其次，探索建立两区货物流通对接的管理模式，积极研究适应跨境电子商务发展的口岸监管机制。最后，宜建立关于两区之间对接合作的投资项目、金融项目的投资监管、金融监管的合作制度，以防范风险。

产业对接合作方面，一是要建立福建自由贸易试验区与台中自由经济示范区产业对接合作的沟通协调机制，定期举办产业对接研讨会。二是要充分发挥区位优势及交通条件，尤其要发挥好台中自由经济示范区与福州港、厦门港是两岸直线距离最近的对岸港的优势，并充分利用台中自由经济示范区临近彰滨工业区、潭子及中港加工区、中科园区、清泉岗机场这一内外交通便捷的有利条件。三是要促进产业发展中的投融资、技术利用、品牌运营、人员便利等方面多渠道、多环节的深度对接合作。

参考文献

[1] 福建社会科学院课题组:《深化福建自由贸易试验区与台湾自由经济示范区对接合作研究》,《亚太经济》2016年第3期,130—136。

[2] 福建省人民政府办公厅(2018):《关于加快全省工业数字经济创新发展的意见》,http://www.hbeitc.gov.cn/zngz/hyzd/88839.htm。

[3] 福建省人民政府台湾事务办公室、福建省发展和改革委员会(2018):《福建省贯彻〈关于促进两岸经济文化交流合作的若干措施〉实施意见》,http://www.fj.taiwan.cn/tt/201806/t20180606_11962599.htm?from=groupmessage.

[4] 国务院:《中国(上海)自由贸易试验区总体方案》,http://www.gov.cn/zwgk/2013-09/27/content_2496147.htm,2013年9月27日。

[5] 国务院:《中国(福建)自由贸易试验区总体方案》,http://www.gov.cn/zhengce/content/2015-04/20/content_9633.htm,2015年4月20日。

[6] 国务院(2018):《进一步深化中国(福建)自由贸易试验区改革开放方案》,http://www.china-fjftz.gov.cn/article/index/aid/8939.html。

[7] 国务院台湾事务办公室、国家发展和改革委员会(2018):《关于促进两岸经济文化交流合作的若干措施》,http://www.gwytb.gov.cn/wyly/201802/t20180228_11928139.htm。

[8] 黄民生:《闽台港口在两岸经济发展中资源互补》,《中国港口》1999年第4期,14—15。

[9] 林晓伟、李非:《福建自由贸易试验区建设现状及战略思考》,《国际贸易》2015年第1期,11—14,35。

[10] 孟琛:《上海自由贸易试验区与台湾自由经济示范区形成两岸经济新格局》,《金融观察》2015年第1期,01—02。

[11] 沈庆琼等:《基于港口物流的闽台两岸产业对接》,《福建师范大学学报(哲学社会科学版》2008年第2期,53—59。

[12] 石春连:《平潭综合实验区与台湾自由经济示范区对接合作——两岸自由贸易试验区合作发展研究》,《区域经济》2014年第2期,43—44。

[13] 台湾"行政院":"自由经济示范区特别条例草案总说明",http://www.fepz.org.tw/Upload/Plan_FILE/1021226%E3%80%8C%E8%87%AA%E7%94%B1%E7%B6%93%E6%BF%9F%E7%A4%BA%E7%AF%84%E5%8D%80%E7%89%B9%E5%88%A5%E6%A2%

9D%E4%BE%8B%E3%80%8D%E8%8D%89%E6%A1%88(%E8%A1%8C%E6%94%BF%E9%99%A2%E9%80%81%E7%AB%8B%E6%B3%95%E9%99%A2%E5%AF%A9%E8%AD%B0%E7%89%88%EF%BC%89.pdf，2013 年 12 月。

[14] 台湾"行政院"："自由经济示范区第一阶段推动计划（核定本）"，http://www.fepz.org.tw/Upload/Plan_FILE/%E8%A1%8C%E6%94%BF%E9%99%A2%E6%A0%B8%E5%AE%9A%E4%BF%AE%E6%AD%A3%E4%B9%8B%E3%80%8C%E8%87%AA%E7%94%B1%E7%B6%93%E6%BF%9F%E7%A4%BA%E7%AF%84%E5%8D%80%E7%AC%AC%E4%B8%80%E9%9A%8E%E6%AE%B5%E8%A8%88%E5%8A%83%E8%A8%88%E7%95%AB%E3%80%8D.pdf，2014 年 2 月。

[15] 台湾"行政院"："自由经济示范区规划方案（核定本）"，http://www.fepz.org.tw/Upload/Plan_FILE/103.01.29%E8%87%AA%E7%94%B1%E7%B6%93%E6%BF%9F%E7%A4%BA%E7%AF%84%E5%8D%80%E8%A6%8F%E5%8A%83%E6%96%B9%E6%A1%88(%E4%BF%AE%E6%AD%A3%E6%A1%88)%E6%A0%B8%E5%AE%9A%E6%9C%AC.pdf，2014 年 1 月。

[16] 唐永红：《两岸经济一体化发展的现实意义》，《两岸关系》2013 年第 6 期，59—60。

[17] 唐永红：《两岸融合发展：内涵与作用、困境与路径》，（香港）《中国评论》2018 年第 2 期。

[18] 唐永红：《两岸融合发展问题研究》，（香港）《中国评论》，2020 年第 2 期。

[19] 唐永红、林高星：《两岸 ECFA 下海峡西岸经济区对台先行先试问题探讨》，《亚太经济》2011 年第 6 期，140—144。

[20] 唐永红、袁乐：《两岸产业的依存性、互补性与竞争性：贸易视角下的实证研究》，《台湾研究集刊》2019 年第六期，50—62。

[21] 王春雷：《福建自由贸易试验区与台湾自由经济示范区对接研究》，《经济论坛》2018 年 1 月，31—34。

[22] 王健：《台湾海峡港口协同发展研究》，《福州大学学报（哲学社会科学版）》2008 年第 6 期，9—16。

[23] 王勇：《台湾"自由经济示范区"规划建设及对两岸区域经济合作的影响》，《台湾研究集刊》2014 年第 6 期，52—61。

[24] 王勇:《厦门自由贸易试验区与高雄自经区对接的前瞻》,《亚太经济》2015年第6期,147—151。

[25] 魏澄荣等:《闽台物流合作存在问题及对策研究》,《亚太经济》2013年第6期,138—141。

[26] 伍长南:《闽台两岸产业对接研究》,《亚太经济》2007年第2期,81—85。

[27] 厦门市（2018）:《关于进一步深化厦台经济社会文化交流合作的若干措施》,http://www.china-fjftz.gov.cn/article/index/aid/8538.html.

[28] 张燕清、龚高健:《闽台港口经济良性互动机制的构建》,《亚太经济》2006年第6期,78—80。

[29] 中国网北京:《台"自由经济示范区规划方案"评点》,http://news.china.com.cn/txt/2013-04/10/content_28504187.htm,2013年4月10日。

[30] 中评网:《台湾自由经济示范区规划及影响》,http://www.huaxia.com/tslj/jjsp/2013/05/3357797.html,2013年5月30日。

[31] 朱磊:《两岸经济关系进入"新常态"》,《亚太经济》2016年第3期,137—142。

分论三　福建自由贸易试验区与台北自由经济示范区对接合作

引　言

自由经贸区诞生于2000多年前的欧洲，在其漫长的发展过程中，形成了为数众多、称谓各异、形式多样、规模不一的各种形态。自由经贸区作为促进本国或地区经济及国际经济贸易的特殊区域，随着经济全球化和区域经济一体化的发展不断演进，逐步发展成为国际性潮流。"自由贸易区"有两个内涵差异很大的概念："Free Trade Area（FTA）"和"Free Trade Zone（FTZ）"。FTA和FTZ按其字面意思均可译为"自由贸易区"，故常常引起概念混淆。随着建设"自由贸易区"上升为国家战略，为了避免误解，便利工作，2008年5月商务部和海关总署专门就此问题发文，建议将"Free Trade Area"统一译为"自由贸易区"[①]，而将"Free Trade Zone"统一译为"自由贸易园区"。实践中，自由贸易园区采取在一些区域先行先试的做法，故称"自由贸易试验区"。

自由贸易试验区目前在中国大陆是一个引人注目的改革热词，其重要性堪

[①] "自由贸易区"（Free Trade Area, FTA）的具体内涵为：根据世界贸易组织（World Trade Orgnization, WTO）的有关解释，是指两个以上的主权国家或单独关税区通过签署协定，在世界贸易组织最惠国基础上，进一步开放市场，分阶段取消绝大部分货物的关税和非关税壁垒，改善服务和投资的市场准入条件，从而形成的实现贸易和投资自由化的特定区域。"自由贸易区"所涵盖的范围是签署自由贸易协定的所有成员的全部关税领土，而非其中的某一部分。对于其中的"关税领土"，《关税总协定》（GATT, 1947）第24条第2款规定："关税领土应理解为一个与其他领土之间贸易实质部分保留单独关税或其他贸易法规的任何领土。"

分论三 福建自由贸易试验区与台北自由经济示范区对接合作

比当年被誉为"改革开放试验田"的经济特区。中国大陆大力推进自由贸易试验区建设，是适应经济全球化新趋势的客观要求，是全面深化改革、构建开放型经济新体制的必然选择，也是积极运筹对外关系、实现对外战略目标的重要手段和重大举措。中国大陆要加快实施自由贸易试验区战略，发挥自由贸易试验区对贸易投资的促进作用，更好帮助企业开拓国际市场，为经济发展注入新动力、增添新活力、拓展新空间。当下中国大陆早已是世界第一贸易大国，无论是贸易总量，还是GDP总量，在全世界占比都早已突破10%。适应全球自由经贸区发展的趋势，形成面向全球自由经贸区网络，才能不失去主动性，继而在未来规则制定和世界经济新格局中赢得先机。

2015年4月21日，中国（福建）自由贸易试验区（下文中简称"福建自由贸易试验区"）在位于福州马尾的福建自贸试验区福州片区行政服务中心挂牌成立。从此，福建改革开放步入自由贸易试验区时代。福建以其独特的地理方位和政策上的优惠与台湾有着密切的经贸往来交流，是大陆与台湾距离最近的省份。长期以来，台湾海峡两岸经济合作、人文交往推动着两岸经济社会的发展。福建自由贸易试验区自然而然地成为实现海峡两岸合作的"新平台"，其建立的一大战略定位就是两岸经济合作的示范区。这将为两岸的合作创造"新平台"，福建可以对接台湾的物联网应用、智慧城市、文化创意、云计算、生物科技等优势产业，扩大对台湾现代服务业的开放，有利于推进海峡两岸经济合作交流的自由化和便利化。

2013年4月，台湾当局通过"自由经济示范区规划方案"，同年8月通过"自由经济示范区第一阶段推动计划"，选择基隆港、台北港、高雄港、苏澳港、安平港和桃园航空自由贸易港区、屏东农业生物科技园区率先推动，2014年10月增加漳滨工业区仑尾区，重点发展智慧物流、"国际健康"、增值农业、金融服务与教育创新。福建自由贸易试验区与台湾自由经济示范区的对接，能够实现两岸各种资源、各项产业的优势互补，增加两岸人员往来，促进两岸经济社会的发展。本部分将重点研究福建自由贸易试验区与台北自由经济示范区的对接合作，拟从福建自由贸易试验区和台北自由经济示范区的概况、意义和作用、条件和可能性、内容和措施四个方面进行阐述。

一、台北自由经济示范区的提出、条件与定位

（一）台北自由经济示范区的提出缘起

台湾经济是浅碟经济，依赖全球化的运作，但是目前台湾经济开放不足，面临着被边缘化的危险。为了能够加快开放的步伐，建立"自由贸易岛"，为了能够对外签署更多自由贸易协定(FTA)及加入"跨太平洋伙伴关系协定"(TPP)做准备，马英九时期的台湾当局提出"自由经济示范区"政策，系台湾2012年提出的一种经济政策方案，属于"黄金十年"政策的一部分。2013年3月27日该政策正式获批出台。

根据自由经济示范区第一阶段推动计划，在区位选择上，台湾规划"六海一空一农技区"作为"示范区"范围。此"六海一空一农技区"分别是：苏澳港、基隆港、台北港、台中港、安平港、高雄港、桃园航空自由贸易港区，及屏东农业生物科技园区。2014年9月30日，彰化县彰滨工业区仑尾区通过"经济部"审核，也纳入自由经济示范区。为加快进程，将基隆、苏澳、台北、台中、高雄与桃园等"五海一空"自由贸易港区直接升级为自由经济示范区。

近年来台湾陷入"闷经济"的现状，投资不足，失业率增高，岛内市场萎缩，对外经济开放力度不够，设立自由经济示范区能够政策松绑、采取租税优惠、人才引进与"境内关外"等特别措施，鼓励与吸引境外投资与引进人才，发展新型与前瞻性产业，增强经济发展动能，加快经济转型，促进经济增长，扩大就业，即希望"在开放中找到发展力量"。自由经济示范区的核心理念是"境内关外""前店后厂"与"自由化、国际化"，通过放宽区内厂商委托区外加工制造、开放市场、减少管制、与世界接轨等措施来提振经济。

（二）台北自由经济示范区的发展条件

2013年4月，台湾当局通过"自由经济示范区规划方案"，同年8月通过

"自由经济示范区第一阶段推动计划",以原有台北港、基隆港、苏澳港、台中港、安平港、高雄港和桃园空港"六海一空"自由贸易港区为核心,外加仑尾临港工业区和屏东农业生技园区,形成"六海一空两区"的空间布局。

台北港位于台湾地区淡水河出海口西南岸,新北市八里区至林口区的近岸海域。台北港自然条件优越,海港气候环境和缓,海床平缓,水深适中,港域面积达3102公顷,其中陆域与水域各是1038公顷与2064公顷。至于航道与回船塘水深已达16至17.5米,可泊靠15000TEU的集装箱轮船。1993年基隆港务局进行了第一期工程开发建设,至1999年正式开放营运,当时仅有2座砂石码头。在1996年经台湾地区"行政院"核定"台北港整体规划及未来发展计划",基隆港务局又执行了第二期工程,共经3个5年计划,2009年3月正式启用,截至2016年已拥有25座码头。台北港对外处于远东至北美与远东至欧洲远洋航线要道,邻近福建省,距福州港仅134海里,是闽台经济合作的重要平台。

台北自由经济示范区依托于台北港,其营运范围,包括已填筑完成陆域,现有管制区后线93.7公顷之区域,包括东码头区79公顷(第一散杂货中心、第二散杂货中心、临时油品储运中心及车辆物流中心),北码头区(第一货柜储运中心)及北3—北6码头后线部分土地约14.7公顷;近年内将新增营运面积64.5公顷,包括第一阶段东码头区12.5公顷,第二阶段南码头区25.7公顷,第三阶段物流仓储区26.3公顷。其中,东码头区12.5公顷已于2019年6月20日经"交通部"同意取得营运许可,整体营运范围扩大为106.2公顷,南码头区及物流仓储区于2020年分阶段纳入自由贸易港区范围。

从自然条件来看,台北自由贸易港腹地广大,港区水深足够。从经济发展条件来看,台北自由经济示范区接近货源充足的大台北都会区,还接近桃园机场,海陆空联运便捷。除此之外,台北自由经济示范区还邻近五股、土城、林口、龟山、大园、观音、新竹等工业区或科学园区,各园区重点产业有所不同。土城包含金属制造业、电子零组件制造业、电脑产品制造业等;林口包含机械设备制造业、金属制品制造业;新竹则包含电子零组件制造业、金属制品制造业及机械设备制造业等。这些临近的工业区或科学园为台北自由经济示范区的发展带来了机遇。

（三）台北自由经济示范区的发展定位

台北港作为基隆港之辅助港，其作为港口的自然条件和位置更加优越，有着巨大的发展潜力。根据"台湾（地区）港务有限公司"的统计，2017年台北港进出港船次为8140艘，是10年前进出港船次3720艘的2.19倍；2017年台北港贸易总值为1784534美元，是10年前贸易总值169130美元的10.55倍。台湾地区与福建省隔海相望，台北港与福建自由贸易试验区的福州、厦门和平潭三个片区在距离上更是有着天然的优势。福建自由贸易试验区的一个特色就是对台，台北自由经济示范区可以定位为未来两区对接的重要平台。根据周边的产业发展布局，台北港可以在汽车物流、海运快递、海空联运、多国货物进出口业务、农产品运销、医疗器材产业、智慧物流及其他加值型产业方面，与福建自由贸易试验区进行合作，加深闽台产业融合进而促进闽台经济的进一步发展。

表4-1 福建自由贸易试验区与台北自由经济示范区的概况

		基本概况	发展定位
福建自贸区	平潭片区	港口经贸区块（16平方千米）	对台投资贸易自由先行区、服务台胞生产生活示范区、两岸高端制造业融合发展平台以及国际旅游岛。
		高新技术产业区块（15平方千米）	
		旅游休闲区块（12平方千米）	
	厦门片区	两岸贸易中心核心区（19.37平方千米）	东南国际航运中心、两岸贸易中心、两岸区域性金融服务中心以及新兴产业和现代服务业合作示范区。
		厦门海沧保税港区（9.51平方千米）	
	福州片区	福州经济技术开发区（22平方千米）	福州片区的发展定位则为先进制造业基地、21世纪海上丝绸之路经贸合作的重要平台、两岸服务贸易合作示范区以及两岸金融创新合作示范区。
		福州保税港区（9.26平方千米）	
台北港自由经济示范区		码头共26座	基隆港的辅助港，未来发展趋势为两区对接的重要平台。
		营运范围共0.937平方千米	
		港域3.1平方千米	
		五股、林口、观音、桃园新竹等工业区	

资料来源：根据中国（福建）自由贸易区试验区门户网站和台湾港务股份有限公司基隆分公司台北港营运处的资料整理得出。

二、福建自由贸易试验区与台北自由经济示范区对接合作的意义与作用

（一）可作为两岸经贸活动自由化与经济一体化先行先试区

2016年11月，习近平会见中国国民党主席洪秀柱时具体阐述了推进两岸经济社会融合发展的理念和内涵，指出"秉持互利双赢，促进两岸经济社会融合发展，符合两岸同胞共同利益"；"将本着'两岸一家亲'的理念，同台湾同胞分享大陆发展机遇"；"将研究出台相关政策措施，为台湾同胞在大陆学习、就业、创业生活提供更多便利"。2017年3月5日，李克强总理在《政府工作报告》中也明确提出，"要持续推进两岸经济社会融合发展，为台湾同胞尤其是青年在大陆学习、就业、创业、生活提供更多便利"。2018年2月18日，国台办、发改委等29个部门联合发布了《关于促进两岸经济文化交流合作的若干措施》（下称《中央31条》），为台企在大陆投资提供与大陆企业同等待遇，为台胞在大陆就业、创业、学习、生活提供与大陆同胞同等待遇。

为了实现两岸经济社会融合，促进两岸经济发展是先导。从1988年到2018年，两岸交流交往已经走过了30年，经济往来越来越密切，在经济方面呈现出经贸活动自由化和经济一体化的趋势。大陆综合实力特别是经济实力的增强是实现两岸经济社会融合的保障，增加了对台湾地区的磁吸效应，两岸的民间往来越来越频繁。两岸同宗同源，但是两岸的政治制度不同、经济制度不同、社会制度不同并且曾经相互隔绝了近40年，台湾同胞对大陆的认同度有待提高，两岸经济社会融合面临一系列问题。这使得两岸经贸活动自由化与经济一体化的实现变成一个长期、复杂的过程，非一朝一夕能够实现。

福建与台湾的经济、社会和文化等交流交往一直走在全国前列，是对台优惠政策覆盖最广、两岸合作交流最活跃的地区之一，多项涉台先行先试政策在

福建发布和实施，有利于闽台经济、文化和社会的深度融合。福建自由贸易试验区设立的一大特色就是对台，这给予闽台经济交流合作更优的政策、更广的空间，对海峡两岸进一步深化合作交流是一个突破性的利好，作为两岸先试先行的案例，未来或可在全国推广。

台北自由经济示范区与福建自由贸易试验区厦门、福州和平潭三个片区的合作空间非常大。台北港位于台湾地区北部，是台湾地区北部的远洋运输港口，同时临近桃园机场，距离福建自由贸易试验区特别是平潭片区很近。作为优良的转口港，台北港与平潭片区可以合作发展物流、电子商务等产业。经济的发展需要金融支持，厦门是两岸的金融中心之一，厦门片区和台北港在金融领域的合作和创新可为两地经济发展提供保障。福州片区不仅是制造业重点发展基地，同时也是两岸金融中心之一，台北港和福州港之间可以开展投资贸易和金融创新。除此之外，福州片区的福州港和台北港之间是相互竞争相互合作，未来可以在旅游业、农业等领域进行合作，实现共赢。

实际上，台北自由经济示范区未来能够与福建自由贸易试验区的平潭、厦门和福州片区的合作不止上述列举的这些领域，它们之间的经济合作是宽领域、多层次并且相互交织的。未来两岸的经济交流与交往，不局限于台北自由经济示范区，也不局限于福建自由贸易试验区。台北自由经济示范区与福建自由贸易试验区只是一个试点，未来将可推广到整个台湾地区和中国大陆各个地区和各个领域的经济交流与合作。

（二）有助于促进闽台自由经贸区间产业分工合作与协同发展

回顾两岸30多年的经济交往历程，大陆多次出台相关政策鼓励和支持台商在大陆投资。然而每一次两岸经贸往来刚刚出现"升温"现象，台湾当局就会出台各种相关政策进行"降温"。台湾当局曾对两岸经贸进行过九次"降温"活动，严重阻碍了两岸产业分工合作与协同发展。1990年为了冷却"大陆热"，"行政院"出台"直接不准，间接有条件许可的"的政策；1993年出台"南向政策"，意欲将台商对大陆的投资引向东南亚国家；"南向政策"并未如台湾当

分论三 福建自由贸易试验区与台北自由经济示范区对接合作

局所愿,两岸经贸关系活跃,并且台湾出现高科技产业向大陆转移的热潮,为了遏制这一发展势头,1996年台湾当局实行"戒急用忍"政策,遏制台湾大企业、大项目到大陆投资;2000年中国加入WTO,为了避免新一轮"大陆热"出现,台当局推行"动态调节机制"紧缩赴大陆投资的动作;2002年和2005年两次采取紧缩性大陆经贸措施;2006年台当局主张"积极管理,有效开放"并再度开启"南向政策",重点放在印度;2014年台湾地区"立法"机构在审查ECFA后期协议《海峡两岸服务贸易协议》期间,民进党煽动学生爆发了"太阳花学运",该协议未生效并不了了之;2016年蔡英文上台后,提出"新南向政策推动计划",稀释台商在大陆投资的比重。

两岸产业分工合作与协同发展是两岸经济产业体系与产业发展水平的反应。经过30多年的经济往来,两岸的产业分工关系也在不断变化。从早期的垂直分工为主、水平分工居次的格局,逐步转变为水平分工为主、垂直分工居次以及产业内垂直与水平分工并存的形态。两岸产业分工关系的变化反映了中国大陆在两岸经济发展中,经济实力增强,产业发展水平也有所提高,不再只是进行简单的加工贸易。当前,台湾地区与中国大陆在某些产业中"竞争"关系要大于"合作"关系。这也是蔡英文提出"新南向政策"的原因之一。

福建自由贸易试验区的成立以及两岸自由经贸区之间的对接、相互开放,将有助于市场机制在要素流动和产业对接合作中发挥作用,促进福建自由贸易试验区与台湾自由经济示范区之间的贸易和投资的发展,最大限度地增加合作的空间并减少竞争的可能。合理的产业分工与布局,能够充分发挥闽台要素禀赋以及比较优势、加强产业内专业化生产和经营、再进行产业整合。这样的产业合作水平更高,也能有效避免重复投资和恶性竞争,提高闽台产业的竞争力和经济实力。台北自由经济示范区与福建自由贸易试验区平潭、厦门和福州片区在智慧物流、农业、软件开发、旅游观光和金融等行业既有相似性又有互补性。台北自由经济示范区与福建自由贸易试验区的对接,能够将两地的这些产业结合起来,实现合理的产业分工合作与协同发展,发挥各自产业优势,形成良性竞争,实现共同发展。

（三）有助于闽台自由经贸区的自身建设与发展

对于福建自由贸易试验区来讲，其主要任务之一就是率先推进与台湾地区的投资和贸易自由化进程。《中国（福建）自由贸易试验区总体方案》提出：

（1）探索闽台产业合作的新模式。在产业扶持、科研活动、品牌建设和市场开拓方面，福建自由贸易试验区支持台资企业加快发展。推动台湾先进制造业、战略性新兴产业、现代服务业等产业在自由贸易试验区内的集聚发展，重点承接来自台湾地区的产业转移。

（2）扩大对台服务贸易开放。推进服务贸易对台更深度的开放，促进福建和台湾之间服务要素的自由流动。对台进一步扩大通信、运输、旅游和医疗等行业的开放。支持福建自由贸易试验区在框架协议下，先行先试，加快实施。对符合条件的台商，投资自由贸易试验区内的服务业的资质、门槛要求对照中国大陆的企业。

（3）推动对台货物贸易自由。积极创新监管模式，提高贸易便利化水平。福建自由贸易试验区要建立闽台通关合作机制，开展货物通关、贸易统计、原产地证书核查、"经认证的经营者"互认、检验检测等方面的合作，逐步实现信息互换、监管互认、执法互助。

（4）促进两岸往来更加便利。推动人员往来的便利化，在福建自由贸易试验区内实施更加便利的台湾居民入出境政策。对在自由贸易试验区内投资、就业的台湾企业高级管理人员、专家和技术人员，在项目申报、入出境等方面给予便利。为自由贸易试验区内台资企业的外籍员工办理就业许可手续提供便利，放宽签证、居留许可有效期限。

党的十八大提出，要持续推进两岸的交流合作，深化两岸的经济合作，实现互利共赢。福建自由贸易试验区的一大战略定位就是两岸经济合作的示范区，这将为两岸的合作创造"新平台"。通过福建自由贸易试验区与台湾自由经济示范区的对接，福建可以与台湾地区的物联网应用、智慧城市、文化创意、云计算、生物科技等优势产业实现合作，扩大对台湾现代服务业的开放程度，推进海峡两岸经贸交流合作的自由化和便利化。

分论三 福建自由贸易试验区与台北自由经济示范区对接合作

对于台湾来讲，福建自由贸易试验区与台湾自由经济示范区的对接能够为台湾地区经济发展带来新的动力。台湾自由经济示范区是马英九时期为推动台湾经济自由化、促进经济转型升级而作出的重要举措，试图通过自由经济示范区内更大幅度的开放政策来提升台湾经济的自由化和国际化，促进外资和人才流入台湾。在充分发挥"境内关外"和"前店后厂"的核心优势的前提下，将有助于将自由经济示范区的产业链延伸至周边的工业园区，不断扩大产业集群效应并创造有效机会，从而带动周边区域的经济和社会发展，增强台湾的经济发展动力。

福建自由贸易试验区和台湾（台北）自由经济示范区的对接有助于提高台湾经济自由化和国际化水平，可以改变台湾长期以来经济自由化停滞不前的局面，从而缓解台湾经济逐渐被边缘化的压力。而且，可以借鉴中国大陆经济自由化的经验，从而为将来在更大范围、更大程度地开放提供基础和条件，帮助台湾实现自由贸易岛的目标。

事实上，台湾自由经济示范区的建设过程中面临诸多挑战，马英九时期宣称的将对"人流、物流、资金流"进行最大程度地松绑，而台湾当局至今仍对来自大陆的"人流、物流、资金流"施加诸多限制，难以扩大台湾自由经济示范区的成效。台湾应该加快实施对大陆更加积极的开放政策。在当今全球及两岸经济关系发展的新形势下，只有以大陆为主要经济腹地、搭乘大陆经济发展的顺风车才能为台湾经济发展不断注入新鲜活力。而福建自由贸易试验区与台湾自由经济示范区的对接，将成为台湾拓展大陆和国际市场提供前所未有的机遇。

通过福建自由贸易试验区的平潭片区、厦门片区和福州片区分别与台北自由经济示范区对接，平潭片区的物流和电子商务产业将进一步发展，厦门和福州的金融中心将得到巩固。而台北自由经济示范区及其周边的产业将会有更大的市场和更加完善的物流、金融等支持。闽台经济将会在频繁互动中相互促进，优势互补，共同发展。

三、福建自由贸易试验区与台北自由经济示范区对接合作的可行性

（一）经济关系层面的可行性

1. 两区经济发展的共同诉求

2014年，中国进入全面深化改革元年，进入"新常态"状态，经济上行压力增加，传统经济面临着转型升级的挑战，改革力度需要进一步加强。福建自由贸易试验区的建设正是在这样的新形势下产生的，是推动改革开放和两岸经济合作的重要举措，是全面深化改革的突破口。从宏观的角度来说，福建自由贸易试验区的成立和发展将推动资源要素在更宽广的领域实现资源的优化配置，有助于国家转变经济发展方式并寻找新的战略支点。微观层面回到两岸经济区域发展中，两岸经贸关系不容乐观，"太阳花学运"后，ECFA进程受阻，两岸贸易和投资均有所滑落，2015和2016年两岸贸易总额同比下降了4.9%和4.5%。台湾（地区）对大陆的投资额自2016年至2019以来一路下滑，同比分别下降了11.81%、4.36%、8.12%和50.89%，台湾（地区）对福建的投资虽然总体呈现增长的态势，但是增长率也有所下滑。

台湾地区属于小型海岛经济，内需不足，经济很大程度上取决于其开放程度，经济增长动力主要来自出口带动。近年来台湾地区经济陷入"闷经济"。2017年受国际经济复苏与市场需求回升影响，台湾对外出口显著增长，带动经济明显回温。但根据台湾"主计处"统计，2017年台湾地区经济增长率仅为2.89%，出口总值3174亿美元其中对大陆的出口总值为1303亿美元，占其出口总值的41%。台湾经济的发展依赖外部市场尤其是中国大陆市场。在这样的形势下，在经济政策方面，对大陆开放投资和贸易有利于台湾地区经济的发展。

台湾自由经济示范区设立是台湾地区对外开放市场的一个"信号"，通过自由经济示范区的发展，未来能更好的与世界接轨，积极参与区域整合发展。台湾自由经济示范区的出台，拟会放宽对大陆产业进入的限制，对陆资采取同WTO待遇，加强两岸贸易正常化，促成两岸产业合作，协助企业进行两岸布

局。自由港区是台湾自由经济示范区的核心,通过自由港区便利的交通,联合周边园区,发展优势产业。

表4-2 台湾对大陆投资金额

年份	金额（美金千元）	增长率（%）
2013	9190090	−28.16%
2014	10276570	11.82%
2015	10965485	6.70%
2016	9670732	−11.81%
2017	9248862	−4.36%
2018	8497730	−8.12%
2019	4173090	−50.89%

资料来源：台湾"行政院主计处投资审议委员会",笔者自己整理计算得出。

表4-3 台湾对福建的投资金额

年份	金额（美金千元）	占总投资金额的比重（%）
2013	573631	6.24%
2014	1891399	18.40%
2015	850400	7.76%
2016	990899	10.25%
2017	1010262	10.92%
2018	976728	11.49%
2019	405998	9.73%

资料来源：台湾"行政院主计处投资审议委员会",笔者自己整理计算得出。

表 4-4 两岸贸易统计表

年份	贸易总额 金额（美金千元）	同比（%）	大陆对台出口额 金额（美金千元）	同比（%）	大陆自台进口额 金额（美金千元）	同比（%）
2013	1972.8	16.7	406.4	10.5	1566.4	18.5
2014	1983.1	0.6	462.8	13.9	1520.3	-2.8
2015	1885.6	-4.9	449	-3	1436.6	-5.5
2016	1796	-4.5	403.7	-10.1	1392.3	-2.8
2017	1993.9	11.3	439.9	9.3	1554	11.9
2018	2262.5	13.2	486.5	10.6	1776	13.9

资料来源：中国海关总署。

2. 两岸经济发展政策良好

台湾自由经济示范区是在自由贸易港的基础上发展的，政策力度也比自由贸易港更强。自由经济示范区分二阶段施行，第一阶段推动计划，突破现有法规框架，由管理机关修订了13项行政法规即可推动，主要包括：放宽境外专业人士赴台工作及短期进出限制、放宽自由港区业者委外加工之关务限制、放宽农业及非都市土地使用之限制等。第一阶段主要是以现在的自由贸易港区为核心，升级为自由经济示范区，透过"前店后厂"、委外加工模式，串连科学园区、加工区及工业区等，连结及整合产业价值链，做物流、创新研发等更好的加值服务。自由经济示范区开创了经济的新模式，迈向自由化、国际化及前瞻性，有助于业者进驻投资，不仅可以加速人流、物流、金流的自由流通，而且开放了台湾的市场与国际接轨，对于业者、厂商甚至整个台湾地区都有实质的帮助。这些政策适用于"六海一空"，对于福建自由贸易试验区与台北自由经济示范区的对接也给予了政策支持。

福建作为两岸经济、文化和社会交流的先遣地，其重要的战略定位之一就是两岸经济合作的示范区。根据福建自由贸易试验区的总体实施方案，在88项机制创新实验项目中有20项是对台的，在98项扩大开放实验项目中，有62项仅对台开放，在放宽市场准入条件、扩大闽台贸易合作、吸引台湾人才、简化项目审批过程、采取"负面清单"管理模式、优惠税率、便利货物贸易、支持金融创新等方面提供了强有力的保障政策，涉及金融、建筑、通信、物业管理、人力资源、旅游、商业服务、科学研究和技术服务、教育、文化、体育和娱乐业等众多行业。

我国连续出台促进吸引外资的政策。一方面不断深化外资管理体制改革，将经营范围不涉及准入特别管理措施的外资并购纳入备案管理。同时，持续深化"放管服"改革，将负面清单以外的外商投资企业设立及变更备案全部通过网上办理，大幅提高便利化水平。一方面持续拓展外商投资领域，《国务院关于扩大对外开放积极利用外资若干措施的通知》《国务院关于促进外资增长若干措施的通知》提出，扩大对外开放积极吸收外资的42条措施，推动有关部门和各地加快制定落实举措和配套方案。修订《外商投资产业指导目录（2017年修订）》和《自由贸易试验区外商投资准入特别管理措施（负面清单）》，分别减少30条和27条限制性措施，修订实施《中西部地区外商投资优势产业目录》，新增139条鼓励外商投资条目。外商在高端制造业、现代服务业领域和中西部地区的投资活力有效激发。

福建自由贸易试验区在适用这些政策的同时，也根据自己的战略定位，对吸引台商和台胞这一方面进行政策创新，有利于福建自由贸易试验区与台北自由经济示范区的深度对接。除此之外，福建省对中央的惠台政策的反应也非常敏感。例如，2018年2月28日，中央联合28个部门出台《惠台31条》，进一步促进两岸经济社会融合。根据中央的政策，福建省及各地区快速将其落地，厦门市落地《惠台60条》、福建省落地《惠台66条》、福州市落地《惠台80条》等等，利用本省优势促进闽台经济交流交往。大陆多次出台惠台政策，福建省积极响应并快速将这些惠台政策落地，为福建自由贸易试验区与台北自由经济示范区的对接提供了条件和可能性。

3. 两区经济具有互补性

从宏观层面来看，台湾是典型的浅碟经济，生产经营过程中的原材料市场和销售市场"两头在外",这样的特点使得台湾经济对国际市场有高度的依赖性,岛内市场狭小,产业结构中制造业比重逐渐降低,出现制造业"空洞化",服务业所占比重持续走高。如表4-5所示,从近年来的出口结构来看,台湾更多出口的是中等劳动密集度、高等资本密集度和高等技术密集度的产品。这符合岛内劳动力少、失业率高的现状,资本充足、技术较为先进的现状。台湾对大陆的进出口规模越来越大,大陆已经成为台湾的最大的贸易伙伴,也是最大的商品出口市场和贸易顺差来源地。大陆市场广阔,劳动力丰富,产业结构中制造业所占比重依然较高,经济发展处于由劳动密集型向资本密集型、技术密集型转变的时期,需要更多的高技术、高资本含量的贸易和投资来推动大陆的转型升级。由此能够看出,大陆与台湾经济具有一定的互补性,大陆需要台湾的技术和资本,台湾需要大陆的劳动和市场。

表4-5 台湾出口贸易结构

年份	按投入要素密度分							
	劳动密集度(%)			资本密集度(%)			技术人力密集度(%)		
	高	中	低	高	中	低	高	中	低
2013	29.16	44.09	26.75	62.49	33.67	3.84	58.68	34.49	6.83
2014	29.73	45.68	24.59	62.23	33.85	3.92	59.38	33.5	7.12
2015	31.81	48.99	19.2	58.83	36.89	4.92	60.41	31.9	7.68
2016	30.34	51.85	17.81	59.54	36.46	4	62.19	30.47	7.34
2017	28.28	53.7	18.02	60.82	35.45	3.72	63.01	29.97	7.03
2018	27.55	52.97	19.48	61.03	35.3	3.67	62.43	30.54	7.03

资料来源:"台湾统计年鉴2019"。

从微观来看,福建省第二产业仍然是对经济发展贡献率最大、对经济拉动最大的产业,服务业发展刚刚起步;台湾地区的服务业发展成熟,第二产业有外移的需求,台北市已经完成了工业化进程,服务业的比重达到了75%。福建的厦门片区、平潭片区和福州片区适合发展国际航运物流、国际贸易、金融、新兴产业、高端制造业、旅游业等产业；台北港自由贸易区适合发展汽车物流、海运快递、海空联运、农产品运销、医疗器材产业、智慧物流及其他加值型产业，闽台产业层面业行程优势互补。福建自由贸易试验区的制造业升级、服务业发展刚刚起步，需要先进的技术、充足的资本和丰富的经验；台北自由经济示范区的制造业技术发展已经较为成熟，服务业的发展水平也较高，港口等资源丰富。福建自由贸易试验区能够通过从台北自由经济示范区引进先进的制造业技术和服务业发展经验，充分利用两区的港口等资源，实现二者双赢。

（二）两岸关系层面的可行性

两岸关系最大的问题是政治互信不足，但是两岸在经济、社会和文化层面的交流交往越来越密切，这一定程度上缓和了两岸关系、促进了两岸区域经济合作。

从经济方面来说，两岸政治层面互信不足，经济制度不同，社会制度不同，摩擦不断，这些也直接影响了两岸经济的发展。但近年来，两岸经济交流日益密切，大陆综合实力特别是经济实力的增强是实现两岸经济社会融合的保障，发展两岸经济，维护两岸的共同利益，增加了对台湾地区的磁吸效应，大陆是台湾地区的首要贸易伙伴，台湾地区经济发展离不开大陆。福建是大陆对台的窗口省份，闽台贸易与投资更加便利、产业整合逐步升级，经济发展质量更高，促进了闽台关系的良性发展。

从社会交往方面来说，高层的交流虽然被阻断，但是两岸基层交流活跃，已经举办了十届海峡论坛，促进了两岸民间的交流交往。大陆设立多个两岸青年就业创业基地，越来越多的台湾青年到大陆来就业、创业、生活，也吸引了更多的台湾人才到大陆来工作。

从文化交流方面说，两岸文化同根同源，同属于中华文化，而闽台文化又是中华文化的一种地域文化，历史悠久，特点鲜明，连接着闽台人共同的根。闽台地缘相近、血缘相亲、史缘相连、文缘相承，闽台文化的交流能够增进两岸关系。

两岸经济往来拉近两岸关系,两岸社会交往改善两岸关系,两岸文化交流缓和两岸关系。经过两岸同胞多年努力,两岸关系也取得了一些成果:两岸人员往来频繁,经济联系密切,文化交流活跃,合作领域也很广泛,共同利益扩大。2018年2月28日,国台办等29个部门联合发布了《惠台31条》,为台企在大陆投资提供与大陆企业同等待遇和台胞在大陆就业、创业、学习、生活与大陆同胞同等待遇。《惠台31条》促进台商到大陆投资并支持两岸人员流动,人员流动不仅能进一步带动两岸社会交往,人员流动还带动了两岸服务贸易的发展,促进两岸经济交流,两岸经济社会呈现出进一步融合发展的趋势。经济、社会、文化等多方面的发展促进了两岸关系的发展,也进一步促进了福建自由贸易试验区和台北自由经济示范区的对接。

(三)两区区位优势的可行性

1. 地理位置优越

福建自由贸易试验区地处中国东南沿海,面对台湾海峡,位于太平洋西岸经济带的关键部位和国际主航线的中部,地理位置相当优越。福建与台湾一水之隔,相距甚近,更是临近东南亚地区,是全国著名的侨乡。这种区位条件,对福建的对外开放、发展外向型经济及加强与"三胞"联系,十分有利。而且福建处于长三角经济中心和珠江三角洲经济中心的中部地区,连接两大经济圈,其经济发展在一定程度上受到两大经济区域的辐射和带动。闽东南地区是福建省对外开放的前沿地带,东与台湾隔海相望,南与港粤毗邻,具备参与国际经济大循环的优越条件。在福建的区位优势中,对台的区位优势十分突出,福建闽东南地区经济的飞跃发展,在很大程度上得益于其对台的区位优势。

台北港是天然深水良港,位于淡水河出海口南岸,也就是在台北县八里乡至林口乡近岸海域,是台湾北部地区风力、海流、波浪、潮差等海象环境较为缓和的海域,且海床平缓、水深适中,是建设大型港湾的合适地点。台湾北部虽已有基隆港,但腹地有限,货船只有近洋航线;台北港港区范围超过3000公顷,是基隆港的5倍大,除联外道路外,全部以填海造陆取得土地。与高雄港相比，高雄港周围以重化工业为主，台北港接近竹科、中北部又是台湾民生用品产地，运载民生、3C必需品为主货柜船，将更可能停靠台北港。台北港位处远东与北美、远东与欧洲的远洋航线要冲，接近中国大陆华东、华中地区，除了紧临台湾最主要的货源区台北、桃园及新竹，还邻近五股、土城、林口、龟山、大园、观音、新竹等工业区或科学园区，地理位置优越。

福建是大陆重要的沿海港口城市，向内通过完善的陆路交通、航空交通连接内陆各个省市，向外通过远洋海运和国际航空连接其他国家和地区。台北港兼具远洋和近洋海运条件，同时又临近桃园机场，交通资源丰富。福建自由贸易试验区与台北自由经济示范区可以充分发挥自身优越地理位置的优势，发展港口运输、海陆空联运、远洋运输等等，实现有效的对接合作。

2. 投资环境良好

福建地处中国东南沿海，与台湾隔海相望，是中国最早实施对外开放的省份之一，改革开放以来，福建经济持续高速增长，2018年福建省GDP排名全国第八，实现生产总值38687.77亿元，第一产业增加值为2379.02亿元，同比增加了7.4%，第二产业增加值为18847.75亿元，同比增加了22.75%，第三产业增加值为17278.47，同比增加了48.99%。

2018年，福建省进出口贸易总额达到了1875.76亿美元，厦门市、福州市和平潭综合实验区的进出口贸易总额分别为910.82亿美元、373.35亿美元和8.94亿美元，福建省从台湾进出口贸易总额达到了785.91亿元。外商投资企业工商注册数量为30144家，其中台商投资企业工商注册数8049家；实际利用外商投资金额为44.55亿美元，厦门市和福州市实际利用外资金额分别是17.25亿美元和7.8亿美元，福建省实际利用台商投资金额0.9亿美元；外商直接投资合同数为2419个，合同金额为159.18亿美元，厦门市和福州市的外商投资合同数为1215个和514个，厦门市和福州市的外商投资合同金额为71.41亿美元和39.72亿美元，福建省台商投资合同数为1316个，合同金额为22.2亿美元。

就福建自由贸易试验区吸引外资的情况，挂牌以来至2018年6月底，福建自贸试验区新增内、外资企业70347户，注册资本15962.39亿元人民币，分别是挂牌前的4.56倍、7.18倍。新增外资企业3415家，合同外资248.1亿美元，分别占全省同期的50.4%、48.4%。新增台资企业2068家，合同台资58.92亿美元，分别占全省同期的55.1%、59.8%。数据显示，福建省投资环境良好，对外商、台商的吸引力大。在福建自由贸易试验区内，台商还能够享受到更加快捷的服务、得到更多的投资机会、降低贸易成本、方便境外投资。

台北自由经济示范区以台北自由贸易港为核心，为投资者提供了很多便利。第一，凡是申请为自由贸易港区事业单位者，能透过港区租税减免及关务制度获得竞争优势，从而节省货品运送时间与进储及输出成本，并享有免关税、免营业税、免货物税、免推广贸易税、免商港服务费等优势，而免税货品经简易加工后，又能有效提升货品整体的附加价值。自由贸易区营业许可为投资者带来多重效益，以东立物流公司为例，包含结合台湾产业供应链进行多区外委托加工，带动协力厂商国际商机、建立零组件生产分工模式、提高产品附加价值。据统计，该公司实际营运绩效2014年共进出口汽车17万辆，贸易值达680亿元。

第二，设立海运快递货物专区，台湾"国家发展委员会"2014年修正及发布"自由经济示范区规划方案"，把建设海运快递货物专区列为"智慧物流"示范创新重点而推动。台北港东1-1多功能仓库设计之初就朝多元化利用向规划，分为货物和旅运中心两大区块，其中货物区设有海运快递仓、普货仓、自贸仓及物流办公室。经营商分别是台湾港务国际物流公司及台北港国际物流公司。海、空快递合作能提供货主最佳物流方案，有利于业者以台湾作为大陆和世界各国间跨境电商的中转基地。台北港配合当局推动自由经济示范区智慧物流，虽目前海运快递尚在萌芽阶段，仍期待未来能透过参与整合快递货物运输链的货物流、资讯流、金流，逐步奠定国际性港埠经营的基础。台北自由经济示范区的这些优惠政策、管理政策为投资者们带来了便利。

福建自由贸易试验区和台北自由经济示范区分别依托于大陆和台湾，本身具备较好的经济基础，为了吸引投资者均出台了一系列优惠政策，并实施有效的管理，这为两区对接合作奠定了良好的投资环境基础。

（四）产业合作层面的条件和可能性

福建自由贸易试验区的厦门、平潭、福州三个片区都是港口城市，并且离台北港的地理距离最近，港口资源丰富，具有较好的港口物流合作基础。福建自由贸易试验区港口与台湾港口的往来与合作由来已久，在货柜、大宗散货业务等方面具有多年的业务合作关系，人员往来也有良好的互动。早在《福建省沿海港口布局规划（2008—2020）》中，福建省就已经将沿海港口定位为海峡西岸港口群，与台湾各港口共同建设海峡两岸港口群。规划定位福州、厦门两港为海峡两岸"三通"的重要港口，并发展成为港口群的主要港口。其中，厦门港侧重于成为集装箱干线港，发展成为海峡西岸的物流中心，主要为腹地的外向型经济发展提供服务，未来发展成为多功能的综合性港口。而《中国（福建）自由贸易试验区产业发展规划（2015—2019年）》也将基本建成区域性国际航运物流中心作为自由贸易试验区发展的具体目标之一。到2019年，福建自由贸易试验区的集装箱吞吐量将达到1700万标箱，货物吞吐量2.5亿吨。

台湾要打造"亚太营运中心"和台北自由经济示范区"物流中心"，离不开与中国大陆的港口物流合作。福建自由贸易试验区基本建成区域性国际航运中心目标，明确提出要基本形成覆盖海西的综合集疏运网络，推动对台航运物流取得重大进展，形成海上丝绸之路重要的物流节点和航运枢纽。闽台两地的港口的定位层次略有不同，台北港侧重于远洋运输，而福建自由贸易试验区的三个港口侧重于内陆和近洋运输。两区港口竞争性较小，且自由贸易试验区与台北港可以通过港口物流功能垂直分工提升港口功能，有助于台北自由经济示范区的物流中心建设，从而实现福建自由贸易试验区与台北自由经济示范区物流对接合作的双赢。

综上所述，最适合福建自由贸易试验区和台北自由经济示范区对接的产业是物流业。结合"两区"各自的优势、自身及周边产业的发展和发展规划，福建自由贸易试验区和台北自由经济示范区物流业对接的重点领域有以下五个：

1. 港口物流

福建自由贸易试验区和台北自由经济示范区要利用区位优势，积极建设集装箱枢纽港、深水航道、集疏运网络等硬件设施,发展航运业服务的金融、贸易、信息等软件功能,形成横跨海峡两岸的亚太国际航运中心。一是加快港口资源整合。加快建设以厦门港、福州港、平潭港和台北港为中心,闽台其它国际港口为支撑,具有竞争力的国际港群;整合提升厦门、福州、平潭三大港口的资源,推进港口管理一体化,形成布局合理、优势互补的发展格局。二是完善港口基础设施。加快三大港口的深水航道建设,改善和提高港口通航条件,完善集疏运体系,加快推进以集装箱、大型散货为主的重点港区建设。三是深化三大港口与台北港的合作。积极推进厦门、福州、平潭三大港口与台北港货运直航,增开两岸集装箱班轮航线、滚装航线和散杂货不定期航线,以港口联盟形式,共同开发国际航线。

2. 农产品物流

福建是中国大陆最早开展两岸农业合作的省份,福建与台湾农产品贸易的增长将产生较大的物流需求。发展两个自由经贸区之间的农产品物流合作,一是打造两岸农产品物流基地和配送中心。利用福建自由贸易试验区内现有各种农产品集散中心和批发市场,通过整合开发和改造提升,形成闽台农产品集散中心、信息交流中心、资金结算中心和物流配送中心。二是形成高效便捷的农产品物流服务系统。鼓励台商在福建自由贸易试验区设立农产品物流配送中心,帮助台湾农产品经营者开拓中国大陆市场,扩大台湾农产品在福建销售和分销份额。完善市场、仓储、物流等配套设施,简化农产品通关手续,为台湾农产品流通提供快速便捷的服务。三是构建冷链物流网络。吸引台湾冷链物流企业参与福建自由贸易试验区的冷链物流中心或物流园区建设,鼓励冷链物流服务企业运用供应链管理技术与方法,实现生鲜农产品供销一体化的冷链物流运作。

3. 电子商务物流

淘宝网(包括天猫)的交易规模巨大,且对台交易总额占台湾电子商务交易较大比例,每天都有大量淘宝包裹从中国大陆各地运送至台湾。目前,应利用福州是大陆对台邮件封发局和水陆路邮局互换局的优势,与阿里巴巴和相关物流企业开展对台电子商务物流合作,将部分对台物流空中渠道改经福州水陆到达台湾（台北），或将台湾向中国大陆电子商务物流中转总部设在福州，使福州成为两岸电子商务物流的主渠道。鼓励台湾卖家在淘宝网开店，并在福州（或厦门、平潭）设立产品仓库，积极培育品牌优、规模大、实力强的本地快递企业，支撑快递物流网络发展。

4. 大宗商品物流

大宗商品数量大、同质化强，物流单位成本较低、交易金额较大，相较于一般物流具有特殊优势。福建自由贸易试验区应积极发展化工、石油、钢铁、水泥等大宗商品业务，为福建自由贸易试验区和台北自由经济示范区的物流业发展奠定坚实基础。一是加快打造大宗商品临港物流产业链，积极争取国家物资储备局、国家石油储备中心在福州等港区布局，建设煤炭、矿石、建材等大宗散杂货中转港。二是吸引台资原材料工业的配套企业落户，带动台资物流企业进入。三是扶持仓储、运输、装卸、消防等基础设施建设，确保大宗商品生产、运输、存储等环节的安全性。

5. 物流枢纽建设

福州和厦门是中国大陆《"十二五"综合交通运输体系规划》42个全国性综合交通枢纽之一，也是《福建省"十二五"现代物流业发展专项规划》的物流枢纽。厦门应构建以海港、空港设施为核心，公路和铁路为依托，完善高效、便捷的各式联运物流网络，积极对接台北自由经济示范区，进一步拓宽对台湾（台北）的物流通道，主动对接中国大陆的中西部地区，实现厦门和台北物流合作的互动发展。福州应加快港区码头、泊位和航线建设，大力发展港口物流，建成集装箱和大宗散杂货运输相协调的国际航运枢纽港。要依托台商投资区、海峡两岸（福建）农业合作试验区、福州青口汽车城等，重点建设钢材、电子、石化产品、汽车和农产品等物流枢纽。

四、福建自由贸易试验区与台北自由经济示范区对接合作的内容和措施

福建自贸试验区的与台北自由经济示范区在对接合作的内容和措施，除了上述的产业方面的对接合作之外，主要是"两区"的法规政策、基础设施、信息和监管方面。

（一）法规政策对接合作

《中国（福建）自由贸易试验区总体方案》重点推进的产业主要是制造、运输和外贸等产业。而台湾自由经济示范区优先开放的是教育创新、金融服务、智慧物流和"国际健康"等高附加值服务业。福建自由经贸区和台湾自由经济示范区在产业对接上存在落差，因此，从福建对台先行先试和对接台湾自由经济示范区的实际需求来看，负面清单在统一版本的基础上，应当参照两岸服务贸易协议，从服务业拓展到生态、文化、医疗、教育等更丰富具体的层次上，取消或者放宽投资者资质要求、经营范围、股比限制等准入的限制，深化和拓宽对台合作领域，增强两地经济合作力度。

总体而言，一方面，两岸可以将 ECFA 及其后续协议将要推进的自由化与便利化政策措施率先在各自的自由经贸区中开放给对方，从而推进两岸贸易自由化和便利化；另一方面，两岸应在各自的自由经贸区中以负面清单的方式开放绝大多数行业的投资准入。在放宽投资、经营领域的同时，还应降低进入的门槛条件。

（二）基础设施对接合作

福建自由贸易试验区与台北自由经济示范区对接合作中的基础设施对接合作，主要包括两个自由经贸区的港口设施、通讯设施和航线配置等。首先，应当加强和完善福建自由贸易试验区和台湾自由经济示范区之间的海、空物流通道的对接。在推动两区点对点合作物流快速渠道的同时，可打造两岸自由经贸

区之间的跨海峡组合港,共同开发建设两岸自由经贸区的港口。其次,应当进一步加强福建自由贸易试验区和台湾自由经济示范区之间在集装箱、散杂货、客运滚装等领域的港航业务的合作,共同经营两岸自由经贸区之间的航线,合作开辟经营集装箱班轮航线,实现两岸经贸区船务公司舱位的互换与共享。再者,应进一步完善空港、港口等基础设施,形成完善的国际航线、国际分拨、国际物流和国际进出口的贸易功能。最后,应进一步完善各自由经贸区的港口、航线的通讯设施,并进行对接。

(三)信息对接合作

信息对接合作主要是为了解决信息不对称问题,实现信息共享。其作为经贸活动顺利开展的重要条件,也是共同市场的重要内容,包括物流管理、检测维修、检疫检验、关务行政、客户管理、医疗信息合作等。第一,可以推动福建自由贸易试验区和台湾自由经济示范区在海关、港口、物流等方面开展云计算管理平台的技术交流合作,共同建设"关港贸"一体化信息平台。第二,可以推动两区合作设立商品标准检测机构,进行产品相互检测认证合作,建设对两区输出商品进行进口检验认证的集中协办平台。第三,可以进一步推动两区开展实质性的业务沟通,建设适合两区合作的物流管理、检验检疫、退税、跨境支付等支撑体系。第四,可以通过在两区内加快建设跨境电子商务产业园,以及搭建两岸"信息互换、监管互认、执法互助"的"关港贸"一体化信息对接平台,推动两区开展跨境电子商务进出口业务和公共服务信息平台对接。

(四)监管对接合作

福建自由贸易试验区与台湾自由经济示范区之间的商品、要素、人员流动,涉及行政当局的监管问题,包括海关监管(贸易监管)、投资监管以及金融监管等。两区监管的对接合作可以有效提高自由经贸区的监管效率。

首先,应建立福建自由贸易试验区和台湾自由经济示范区进出境快件的监管中心,探索两区物流对接的管理模式。推动两区洽谈建立合作通关制度,探索两区通关的合作模式,进一步健全两区的商务、海关、检验检疫、税务、金融、港务等部门的联系机制,探索虚拟海关与实体海关相结合的管理体制和模式,提高物流效率,降低物流成本,为两区经贸合作提供便捷服务。

其次,两岸自由经贸区的金融监管体制和监管标准存在较大差异,因此,应当建立两区所属金融监管当局的交流磋商机制,增进双方的相互信任,对两区金融监管合作中的管辖边界、协调组织框架、合作机制及其双方的责任与权力方面的法律法规做出安排,及时调整和处理两区金融监管合作中的法律冲突。与此同时,福建自由贸易试验区可积极借鉴台湾自由经济示范区的金融监管体制,对分业监管模式进行改革,并在此基础上建立两区金融监管的统一协调组织和长效机制,对双方的监管进行统筹安排,规范双方的监管行为,防止出现监督真空或监督摩擦,进而节省两区金融监管对接合作的成本,提高监管效率。另外,应当尽快建立和完善两区金融监管的信息交流与交换平台,从而实现两区金融监管的资源共享。

最后,应当尽快建立两区对接合作项目的投资监管体系,主要包括:投资责任追究制度、投资管理分工机制、重大对接合作项目的稽查制度、对接合作项目事后评价制度和对接合作项目的社会监督机制。

结　语

自由经贸区发展历史悠久,是区域经济发展的重要形式之一。大陆方面基于自身的经济发展"新常态"的现状,特别设立了福建省自由贸易试验区。台湾地区为了日后能够更好的与世界接轨,积极参与区域经济整合,解决被边缘化的问题,也设立了自由经济示范区,其中,福建自由贸易试验区与台北自由经济示范区对接合作具有重要意义。一是两区对接合作可作为两岸经贸活动自由化与经济一体化的先行先试区。闽台的经济、社会和文化交流一直走在前列,两区若能成功对接合作,对海峡两岸进一步深化合作交流是一个突破性的利好,作为两岸先试先行的案例,未来或可予以推广。二是两区对接合作有助于促进

分论三　福建自由贸易试验区与台北自由经济示范区对接合作

两个自由经贸区产业分工协同发展，能够最大限度的增加合作的空间并减少竞争的可能。合理的产业分工与布局，能够充分发挥闽台要素禀赋以及比较优势、加强产业内专业化生产和经营、再进行产业整合。三是两区对接合作有助于整合利用各自的互补性优势，从而有助于两个自由经贸区自身建设与发展。

福建自由贸易试验区与台北自由经济示范区对接合作也具备一定的条件。首先，从经济关系层面来讲，两区有着共同的经济发展诉求、良好的经济发展政策，并且具有良好的经济互补性。其次，从两岸关系层面来看，虽然两岸政治层面互信不足，但是两岸经济、社会和文化交流日益频繁，也一定程度上弥补了这个不足。再次，从区位优势来说，两区地理位置优越、投资环境良好，为对接合作奠定了基础。最后，从产业合作层面来说，两区在港口物流、农产品物流、电子商务物流、大宗商品物流、物流枢纽建设等方面都有对接合作的优势。

福建自由贸易试验区与台北自由经济示范区对接合作意义重大并具备应有的条件。实践中，福建自由贸易试验区与台北自由经济示范区主要宜在两区的法规政策、基础设施、信息和监管方面进行对接合作。

首先，为了能够保证两区经贸活动的顺利开展，福建省自贸区和台北自由经济示范区应该对接知识产权保护、检验检疫政策、金融监管政策、社会保障政策、海关监管政策等相关法律政策。这些政策将为经贸活动的自由化和便利化保驾护航。除此之外，两区还应该根据自身特点，进一步完善内外资法律法规，以"负面清单"方式在各自的自贸区中开放绝大多数行业的投资准入，拓宽投资领域，降低准入门槛，为投资者构建一个更加便利、公开、透明、高效的平台，让投资者们在良性竞争中不断发展壮大，促进两区经贸的繁荣发展。

其次，福建自由贸易试验区与台北自由经济示范区的基础设施对接合作，主要包括两个自由经贸的港口设施、通讯设施和航线配置等。宜加强和完善福建自由贸易试验区和台北自由经济示范区之间的海、空物流通道的对接。在推动两区点对点合作物流快速渠道的同时，可打造两个自由经贸区之间的跨海峡组合港，共同开发建设两岸自由经贸区的港口。还可进一步加强福建自由贸易试验区和台北自由经济示范区之间在集装箱、散杂货、客运滚装等领域的港航业务的合作,共同经营两岸自由经贸区之间的航线,合作开辟经营集装箱班轮航线,实现两岸经贸区船务公司舱位的互换与共享。除此之外,还可以进一步完善空港、港口等基础设施,形成完善的国际航线、国际分拨、国际物流和国际进出口的贸易功能。

再次,为了解决信息不对称问题,实现信息共享,也要加强福建自由贸易试验区和台北自由经济示范区的信息对接合作,主要是做到四个"推动":推动福建自由贸易试验区和台北自由经济示范区在海关、港口、物流等方面开展云计算管理平台的技术交流合作,共同建设"关港贸"一体化信息平台;推动两区合作设立商品标准检测机构,进行产品相互检测认证合作,建设对两区输出商品进行进口检验认证的集中协办平台;进一步推动两区开展实质性的业务沟通,建设适合两区合作的物流管理、检验检疫、退税、跨境支付等支撑体系;推动两区开展跨境电子商务进出口业务和公共服务信息平台对接。

最后,福建自由贸易试验区和台北自由经济示范区的监管对接合作,主要指在金融监管、投资监管、海关监管等方面的对接合作。宜建立福建自由贸易试验区和台北自由经济示范区进出境快件监管中心;同时,也要建立两区所属金融监管当局的交流磋商机制,增进双方的相互信任;还要尽快建立两区对接合作项目的投资监管体系。

参考文献

[1] 福建师范大学福建自由贸易试验区综合研究院,《自贸区大时代——从福建自贸试验区到21世纪海上丝绸之路核心区》,北京大学出版社2015年版。

[2] 国务院:《中国(福建)自由贸易试验区总体方案》,http://www.gov.cn/zhengce/content/2015-04/20/content_9633.htm,2015年4月20日。

[3] 林晓伟、李非,《福建自由贸易试验区建设现状及战略思考》,《中国经贸》2015年第1期,第11—14页。

[4] 台湾"经济部":"核准侨外投资、陆资来台投资、国外投资、对中国大陆投资",https://www.moea.gov.tw/Mns/dos/content/ContentLink.aspx?menu_id=6848.xlsx,2018年

12月26日。

[5] 台湾地区港务股份有限公司基隆港务分公司台北港营运处网站（2018）：https://kl.twport.com.tw/tp/Form.aspx?n=C292D5F5E835B710.csv，2018年12月17日。

[6] 台湾"经济部"（2018）："进出口贸易统计"，网址：https://cus93.trade.gov.tw/FSC3010F/FSC3010F.xls，2019年4月8日。

[7] 唐永红、王勇：《海峡两岸自由经贸区对接合作研究》，《台湾研究》，2015年第3期，第61—68页。

[8] 唐永红、赵胜男：《福建自由贸易试验区与台湾自由经济示范区对接合作研究》，《大陆自由经贸区发展与两岸互动：机会与挑战》（陈德升主编），INK印刻文学生活杂志出版有限公司，2017年6月出版。

[9] 中国（福建）自由贸易区试验区门户网站，《福建自贸试验区2018年上半年新增企业情况》，http://www.china-fjftz.gov.cn/article/index/aid/9510.html，2018年11月22日。

[10] 台湾统计资讯网："国民"所得及经济所得[EB/OL].网址：https://www.stat.gov.tw/np.asp?ctNode=492&mp=4.xls，2019年4月8日。

分论四　福建自由贸易试验区与桃园自由经济示范区对接合作

引　言

随着经济全球化与区域经济一体化的发展，各地区之间的经济联系更加密切，两岸经贸活动的自由化和一体化成为发展的必然趋势，自由经贸区逐渐成为区域经济自由化的重要表现。2015年4月21日，福建自由贸易试验区正式挂牌运作，该试验区范围118.04平方千米，涵盖三个片区：平潭片区43平方千米，厦门片区43.78平方千米（含象屿保税区0.6平方千米、象屿保税物流园区0.7平方千米、厦门海沧保税港区9.51平方千米），福州片区31.26平方千米（含福州保税区0.6平方千米、福州出口加工区1.14平方千米、福州保税港区9.26平方千米）。福建自由贸易试验区的设立，是我国在新形势下推进改革开放和深化两岸经济合作的重要举措。《中国（福建）自由贸易试验区总体方案》明确指出，福建自由贸易试验区应立足两岸，充分发挥对台优势，探索闽台经济合作新模式，率先推进与台湾地区投资贸易自由化进程，把福建自贸试验区建设成为深化两岸经济合作的示范区。由此可见，福建自由贸易试验区能够在深化两岸经济合作的探索中取得多少突破和成效，累积多少可复制推广的有益经验，将是评价其建设成效的一个关键指标。福建自由贸易试验区如何对接台湾自由经济示范区，用好用足自由贸易试验区先行先试的政策优势，是当前福建自由贸易试验区建设所面临的迫切问题之一。

分论四　福建自由贸易试验区与桃园自由经济示范区对接合作

2013年4月，台湾当局出台"自由经济示范区规划方案"，同年通过"自由经济示范区第一阶段推动计划"，选择基隆港、台北港、台中港、高雄港、苏澳港、安平港和桃园航空自由贸易港区（"6海1空"）率先推动。其中，桃园自由经济示范区以建造桃园航空城为主要目的，整体范围达4560公顷，总投资额超过5000亿新台币，以此来提升台湾的航空和非航空产业的发展。桃园自由经济示范区以自由化、国际化和前瞻性作为其核心理念，致力于推动资金、技术、人员及货物的自由流动，通过发挥其"境内关外"的核心优势，以"前店后厂"的模式推动，结合临近县市的各类产业园区，发挥各地资源及产业特色。

福建自由贸易试验区以围绕两岸、服务全国、面向世界为战略要求，力图发挥改革先行优势，营造国际化、市场化、法治化营商环境，并充分发挥对台优势，推进与台湾地区投资贸易自由化进程，把自贸试验区建设成为深化两岸经济合作的示范区。而桃园自由经济示范区定位于打造桃园成为亚洲轮轴，发挥"前店后厂"效应，构建桃园成为亚太地区的经贸枢纽，汇聚人流、资金流、信息流，借以提升桃园的国际竞争力，带动台湾的经济及国际地位。当前，两岸总体经济格局尚未发生变化，但两岸的经济一体化进程受到政治阻碍。因此，实现福建自由贸易试验区与桃园自由经济示范区对接合作，既有利于两自由经贸区各自的建设发展，进而促进两岸经济的发展，也有助于促进两岸经济社会融合发展，进而有利于缓和两岸关系，具有重要的经济和社会意义。

本部分拟研究福建自由贸易试验区与桃园自由经济示范区的对接合作，探索创新经济合作发展模式，将具体研究两个自由经贸区对接合作的必要性与意义、对接合作的可能性条件、对接合作的内容与措施，重点研究福建自由贸易试验区与桃园自由经济示范区如何在法规政策、基础设施、信息、监管、产业、人才等多个层面进行对接合作，以形成竞合发展与协同发展态势，充分发挥两大自由试验区的正向作用，推动两岸经济融合和经济一体化建设。

一、桃园自由经济示范区的提出及现状

（一）桃园自由贸易港区

随着全球经济一体化的深化发展，亚太地区成为欧美国家工业品的主要供应区与全球经贸发展重心。而台湾的空港位居亚洲太平洋连接东南亚要塞，岛内各种加工出口区与科学园区之腹地宽广等优良因素，具有发展优势。因此，台湾"行政院经济建设委员会"规划推动"台湾自由贸易港区"，以与全球各类经贸特区同步接轨，并于2002年5月31日核定"挑战2008'国家发展重点计划'"，其中订定"规划自由贸易港区"，积极推动贸易自由化。

2003年7月23日，台湾当局公布"自由贸易港区设置管理条例"，明订可于"国际航空站、国际港口管制区域内或毗邻地区划设自由经贸区，以从事贸易、仓储、物流、货柜(物)之集散、转口、转运、承揽运送、报关服务、组装、重整、包装、修配、加工、制造、展览、或技术服务之事业，并简化货物及人员进出通关程序、免除关税限制，期以时间短、效率高及成本低等条件，吸引国外企业至台湾之自由港区内从事各种活动"。2003年9月19日，台湾"行政院"发布"自由贸易港区申请设置办法"，并规划四个海港(基隆港、台中港、高雄港、台北港)及一个空港(桃园机场)成立自由贸易港区。

桃园空港自由港区于2005年5月核准筹设，2006年1月正式营运，发展定位于以空运为主、海运为辅的高科技产业运筹中心。范围东至大园乡行政辖区界线，南以台北至桃园机场捷运系统预定路线为界，西至南崁溪河岸东侧堤岸，北距桃园机场北跑道禁限建区域南侧约50公尺，划定面积为45.02公顷，扣除环区道路、堤防及防汛道路等河川用地及变电站用地后，面积为34.79公顷，为全球少数整合航空货运、物流、加值、运筹、仓储功能的自由港区。因位居亚太中心及东北亚、东南亚航线必经之路，也是亚太五大主要港口城市(香港、新加坡、马尼拉、上海、东京)间，平均航行时间最短之机场，物流服务业或制造业者可利用自由贸易港区货物自由流通特性，结合桃园机场航空运输优势，提供更有效率的服务。产业结构主轴以货物转口、加值服务、物流配销

为主，亦含括电子信息、软件、光电产业。

（二）桃园自由经济示范区的提出

面对全球经济一体化和亚太地区经济一体化日益加深的挑战，台湾当局为了避免台湾经济被边缘化的危险，积极倡导推进"自由经济示范区"规划建设，并将其定位为台湾经济自由化的先行先试区域，力求使台湾经济实现新一轮的自由化与"国际化"，在规划方案中也明确台湾自由经济示范区将进一步扩大对大陆的开放程度。

2011年9月，马英九当局公开提出将在高雄等地规划"自由经济示范区"试点，并将其纳入寻求连任竞选纲领"黄金十年"的愿景中。2013年4月，台湾当局通过"自由经济示范区规划方案"，同年8月，通过"自由经济示范区第一阶段推动计划"，选择基隆港、台北港、台中港、高雄港、苏澳港、安平港和桃园航空自由贸易港区、屏东农业生物科技园区率先推动，将台湾已设立的"台北港、台中港、基隆港、高雄港、苏澳港、台南安平港"及"桃园国际航空城""屏东农业生技园区"的"六海一空一农技区"等7个"自由贸易港区"和1个农技园区示范区直接升级为"自由经济示范区"，发挥其"境内关外"的核心作用，通过"前店后厂"模式，结合临近县市的各类产业园区，于北、中、南地区同步推动，以发挥各地资源及产业特色，扩大经济效益。

（三）桃园自由经济示范区的规划与定位

桃园自由经济示范区是以既有的桃园自由贸易港区为基础进行规划布局，坐落于桃园机场旁，邻近台北市、桃园市、中坜市、新竹市等城市。对外设施有桃园机场及台北港。划定面积为45.02公顷，扣除环区道路、堤防及防汛道路等河川用地及变电站用地后，面积为34.79公顷，对内交通部分，左近有中山高速公路、北二高、西滨快速道路、台四线等交通要道，无论对外或对内，在联系上都有着良好的交通设施。

桃园航空城定位于以空运为主、海运为辅的高科技产业运筹中心，主要与加工、国际转运需求产业为主，桃园自由经济示范区主要的产品与服务包括："电子，半导体，电脑3C，手机，显示器，LED等金属铸造，塑化，精密机械，化工，汽车零件组，食品，纺织高速铁路、台湾铁路、捷运系统等"。

桃园自由经济示范区主要分为以下五个片区：旅运及产销园区、行政及商业服务区、物流经贸园区、绿色创新产业园区、乐活优质住宅区，这五个区功能定位明晰，每一处重点发展地区都是以捷运车站为轴点，依循公共交通导向（Transit Oriented Development,TOD）的发展原则，也充分协调各区的功能搭配，让都市具备发展可持续性与可扩充性。

二、福建自由贸易试验区与桃园自由经济示范区对接合作的必要性与意义

（一）必要性

为适应世界经济全球化的发展，防止经济被边缘化的危险，同时为了促进经济的协调发展，实现协同效应，福建自由贸易试验区与桃园自由经济示范区对接具有必要性。

随着经济全球化的深入发展与经济贸易活动的自由化发展，两岸在适当次区域建立较高层次自由化与一体化的经济自由贸易试验区，将两岸的经贸自由化政策在福建自由贸易试验区和桃园自由经济示范区先行推进，逐渐放宽对相互的资金和人员等的障碍，减少进入壁垒和政策障碍，是两岸经贸发展的必然选择。当前，由于台湾政局的变化，两岸经济一体化进程陷入困境，两岸经贸合作更是面临政治因素所造成的"降温"风险，阻碍了两岸经贸活动的自由化发展。但福建自由贸易试验区与桃园自由经济示范区的对接合作符合世界经济一体化的趋势，有利于促进双方经济的自由化与国际化，推动两岸经济关系深入发展。表5-1显示了台湾与大陆的进出口贸易状况，台湾作为外向型经济，出口在其经贸活动中对拉动经济增长具有举足轻重的作用。如图5-1所示，台湾对于大陆的出口远远大于进口，但是自2014年之后略有下降。2016年福建

省出口台湾商品贸易额达 38.4706 亿美元，较上年增长 2.94%，进口台湾地区商品贸易达 60.6764 亿美元，较上年减少 18.34%，进口的下降幅度远远高于出口的增长幅度；而台湾的桃园自由经济示范区以桃园航空城计划为主，总投资额超过 5000 亿新台币来提升航空和非航空产业，预计创造 20—30 万就业机会，带动约 2.3 万亿新台币的经济效应。因此，为使两岸经济合作进程发展，应加强两岸自由贸易试验区的合作对接。

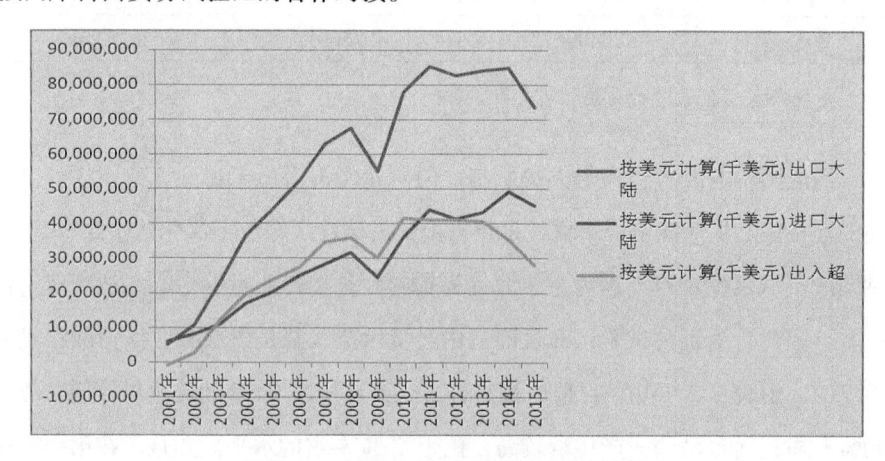

图 5-1 台湾与大陆进出口贸易现状

表 5-1 台湾与大陆进出口数据

单位：千美元

年份	台湾出口大陆	台湾进口大陆	台湾出入超
2001 年	5020729	5970374	-949646
2002 年	10690015	8041252	2648763
2003 年	23209786	11095670	12114116
2004 年	36722825	16891452	19831373
2005 年	44056256	20161610	23894645
2006 年	52377134	24908965	27468169
2007 年	62928415	28221209	34707205
2008 年	67515825	31579661	35936165
2009 年	54842940	24554421	30288520

续表

年份	台湾出口大陆	台湾进口大陆	台湾出入超
2010年	77949546	36255159	41694387
2011年	85244366	44094821	41149545
2012年	82666221	41431372	41234849
2013年	84122247	43345498	40776749
2014年	84738064	49254351	35483713
2015年	73409572	45266011	28143561

资料来源：台湾"行政院主计处"

当前两岸的经贸合作是大势所趋，但两岸经济潜力未得到充分发挥，具较强的互补性。从功能定位来看，福建自由贸易试验区定位于深化两岸经济合作，桃园航空城定位于以空运为主、海运为辅的高科技产业运筹中心。从产业定位来看，福建自由贸易试验区和桃园自由经济示范区都是以服务业作为战略发展重点的。由表5-2可知，目前，福建省第三产业所占GDP的比重仍较低，位于40%左右；而台湾的三产比重较高，位于60%左右的水平。并且，在第一产业和第二产业两方面也有较强的互补性。福建省仍以第二产业为主，且第一产业和第二产业仍处于粗放阶段的劳动力密集型阶段，而台湾的桃园地区是以服务业为主的，其传统产业精细化程度高，向资本密集和技术密集方向发展，发展程度更高。具体来说，平潭片区与桃园自由经济示范区在两岸商业贸易、高新技术产业及旅游业上有一定的互补优势；厦门片区与桃园自由经济示范区在两岸航运物流业、两岸新兴产业及高端服务业上具有一定的互补优势；福州片区与桃园自由经济示范区在制造业上具有一定的互补优势。

表5-2 福建省与台湾地区的产业结构比较

年份	福建省			台湾地区		
	农业	工业	服务业	农业	工业	服务业
2000	17.0%	43.3%	39.7%	1.98%	37.24%	55.00%
2001	16.0%	44.3%	39.7%	1.86%	36.58%	55.90%

续表

年份	福建省			台湾地区		
	农业	工业	服务业	农业	工业	服务业
2002	14.9%	45.6%	39.5%	1.77%	35.84%	56.65%
2003	13.9%	47.0%	39.1%	1.66%	35.50%	57.24%
2004	13.7%	48.1%	38.3%	1.63%	35.91%	57.54%
2005	12.6%	48.5%	38.9%	1.61%	36.40%	57.66%
2006	11.4%	48.7%	39.9%	1.56%	36.59%	57.93%
2007	10.8%	48.4%	40.8%	1.45%	36.80%	57.92%
2008	10.7%	49.1%	40.2%	1.55%	36.84%	58.02%
2009	9.7%	49.1%	41.2%	1.68%	35.84%	58.87%
2010	9.3%	51.0%	39.7%	1.60%	35.92%	58.84%
2011	9.2%	51.6%	39.2%	1.72%	36.34%	58.60%
2012	9.0%	51.7%	39.3%	1.67%	36.23%	58.76%
2013	8.6%	51.8%	39.6%	1.69%	36.15%	58.89%
2014	8.4%	52.0%	39.6%	1.80%	36.14%	58.90%
2015	8.2%	50.3%	41.5%	1.70%	36.03%	59.02%
2016	8.3%	48.5%	43.2%	1.82%	35.88%	59.17%

资料来源:《根据福建省统计年鉴2017》、台湾"行政院主计处"数据整理计算得出。

（二）意义

当前两岸已经在全球多边层面和区域多边层面推行一定程度的自由化，也都在单边层面以自由经贸区的模式先试行更高程度自由化。这为两岸自由经贸区的对接合作和区域合作发展提供了契机，对实现福建自由贸易试验区和桃园自由经济示范区对接具有重要的意义。

1. 平潭片区与桃园自由经济示范区对接的意义

平潭片区主要包括港口经贸区、高新技术产业区和旅游商旅区。因此，实现平潭片区的港口经贸区与桃园自由经济示范区的行政及商业服务区的对接，大力发展两区的商业贸易；实现平潭片区的高新技术产业区与桃园自由经济示范区的绿色创新产业园区实现对接，重点发展高新技术产业；实现平潭片区的旅游商旅区与桃园自由经济示范区的旅运及产销园区的对接，大力发展旅游业。

两岸经济合作是福建自由贸易试验区战略的重要部分，通过实现自由贸易试验区内更加优越、更加国际化的管理和营商环境，有望对两岸文化、经济和社会等方面的交流与合作发挥重要作用。福建自由贸易试验区与台湾自由经济示范区的对接可作为两岸经济贸易自由化和两岸经济一体化的先行试验区（唐永红，2013；唐永红、王勇，2015；唐永红、赵胜男，2017）。当前两岸政治互信共识少，两岸整体层面的一体化受阻，因此，为促进两岸在各个层面的相互交流，可先行在局部地区取得重要突破。通过实现两区的对接，在各自的区域内逐渐放宽资金、人员等的进入限制，降低进入壁垒，减少政策障碍，为两岸在整体层面推进经济自由化与一体化积累经验，从而促进对两岸政策的进一步松绑，深化两岸经济合作。福建自由贸易试验区建设既是闽台合作的窗口，也是中国对外开放的窗口，通过创新体制，深化两岸经济和产业合作，真正建成两岸同胞合作建设、先行先试、科学发展的共同家园。

通过实现两岸自由贸易试验区的对接，有利于推进两岸相处模式机制的创新，营造更加国际化、市场化、法治化的经济环境，为两岸经济交流新模式提供经验，对增强发展软实力，推动长远发展具有重要意义。

2. 厦门片区与桃园自由经济示范区对接的意义

厦门片区重点发展两岸新兴产业和现代服务业合作示范区，其片区主要包括东南国际航运中心海沧港区和两岸贸易中心核心区。东南国际航运中心海沧港区力推发展航运物流、口岸进出口、保税物流、加工增值、服务外包、大宗商品交易等现代临港产业，构建高效便捷、绿色低碳的物流网络和服务优质、功能完备的现代航运服务体系，成为立足海西、服务两岸、面向国际，具有全球航运资源配置能力的亚太地区重要的集装箱枢纽港。两岸贸易中心核心区提倡发展高新技术研发、信息消费、临空产业、国际贸易服务、金融服务、专业服务、邮轮经济等新兴产业和高端服务业，构建两岸经贸合作最紧密区域，成为立足大陆，面向亚太地区的区域性国际贸易中心。

因此，通过实现厦门片区的东南国际航运中心海沧港区与桃园自由经济示范区的物流经贸园区的对接，发展两岸航运物流业；通过实现厦门片区的两岸贸易中心核心区与桃园自由经济示范区的绿色创新产业园区的对接，发展两岸新兴产业及高端服务业。

实现两区的对接，有利于促进产业分工和协同发展，打造两岸经济整合新平台。具体而言，一方面，为两岸经贸合作提供机会和空间。当前两岸之所以未能形成有效的产业分工和协同发展趋势，主要在于两岸的政治互信度低，至今在许多方面没有政策开放。若两岸的自由经贸区可以以更加开放自由便利的态度和政策措施给予对方，促进两岸产业领域的相互开放，则两岸各方企业将有更多的机会进入到对方的自由贸易试验区进行生产经营、技术指导和合作等，这就为自由贸易试验区内的两岸产业合作提供了发展的机会与空间。另一方面，两个自由贸易试验区的对接不仅有利于降低协调成本，促进协同发展，而且有利于海峡两岸建立更紧密的经济社会联系，推动两岸产业政策联盟，为闽台深度融合创造新机遇。福建自由贸易试验区以"对台湾开放"和"全面合作"为方向，在投资准入政策、货物贸易便利化措施、扩大服务业开放等方面先行先试，率先实现区内货物和服务贸易自由化。若未来在 ECFA 协议下，基于平等互惠原则，通过各项自由化松绑措施，进一步协商"区对区"的合作发展模式，就有可能通过共同选定互补产业合作项目以开展产业合作。此外，若两岸有意愿推动自由贸易试验区的产业对接和产业规划，发挥市场"看不见的手"和政府"看得见的手"的相互作用，积极建立两岸对接机制和产业协调机制等，则将有利于减少两岸自由贸易试验区之间的过度竞争和重复投资，促进两岸自由贸易试验区的产业分工和整合发展，实现资源优势互补（唐永红，2013；唐永红、王勇，2015；唐永红、赵胜男，2017）。

3. 福州片区与桃园自由经济示范区对接的意义

福州片区重点建设先进制造业基地、21世纪海上丝绸之路沿线国家和地区交流合作的重要平台、两岸服务贸易与金融创新合作示范区。因此，实现福州片区与桃园自由经济示范区的旅运及产销园区的对接，通过福州片区与桃园自由经济示范区对接制造业、服务业等，有利于降低两个自由贸易试验区的协调成本，促进协同发展。

具体来讲，通过自由经贸区的建设与对接，第一，可以促进商品和要素进入到对方的自由经贸区内，从而吸引内外资在自由贸易试验区进行投资、经营、管理，扩大集群效应，增加就业机会，减少竞争；第二，可以促进共同投资、共同研发、共同培训人才等，促进资金和人才的流动，这将促进自由贸易试验区内的产业结构调整和经济发展，特别有助于现代服务业与先进制造业相结合，推动自由经贸区自身的发展和产业结构的调整；第三，对接措施的实施有利于自由贸易试验区和自由经济示范区各自的经济发展，有利于拉动就业，降低失业率，实现资源的优势互补与自身的协调发展。

三、福建自由贸易试验区与桃园自由经济示范区对接合作的条件与可能性

（一）经济关系层面的可能性

两岸经济具有互补性，投资环境良好，相应的配套产业设施也比较完善。因此，福建自由贸易试验区与桃园自由经济示范区在经济层面具有对接合作的可能性。

1. 闽台的经济结构及经济状况共同决定

两岸自由经贸区对接合作是由自身的经济结构以及所面临的经济状况所决定的（参见表5-3、表5-4）。当前两岸正处于转变经济增长方式、提升产业结构的阶段：一方面，大陆经济进入"新常态"，经济压力增大，传统优势产业面临新的挑战，改革步入深水区，经济增长模式和经济发展空间面临较大的挑战。2016年福建省人均GDP增长率为7.5%，但近两年略有下降，福建省希望通过自由贸易区建设以进一步发展外向型经济，以此来推动新一轮的经济改革。

另一方面，随着全球经济一体化与自由化趋势的加深，台湾面临着经济

被边缘化的危险。自进入 21 世纪以来，台湾经济疲软，出口低迷，投资不足，内需不振，民间消费下降，实际薪资水平停滞不前。作为一个外向型经济体，2016 年台湾出口总额为 2804 亿美元，同比降低 1.7%，进口总额 2309.4 亿美元，同比降低 2.6%，"闷经济"一直困扰着台湾，青年人失业率居高不下，薪资停滞，岛内不满情绪增加。如表 5-4 所示，自 1978 年到 2000 年之间，台湾经济在波动中增长，其失业率较好地控制在 2% 的水平。进入 21 世纪以后，台湾经济增长率下降，甚至出现负增长，其失业率位于高达 4% 左右的水平，且男性的失业率水平高于女性，造成结构性失业和人均收入分配不均。与此同时，台湾的传统产业外移，2000—2008 年，台湾制造业加快向大陆转移，台湾外销订单在海外的生产比重自 2003 年的 24% 迅速上升至 2008 年的 47%，其中 IT 产品海外生产比重由 47% 迅速上升至 85.1%。在此背景下，台湾希望通过自由经济示范区建设实施更大幅度的开放政策，为经济注射新的活力，寻找新的经济增长点，防止台湾经济被边缘化的压力，为实现区域经济整合创造更好的条件。

表 5-3 福建与台湾的 GDP 增速对比

年份	福建省 GDP（亿元）	增长速度	台湾 GDP（新台币）	增长速度
2012	19701.78	11.4%	14686917	2.62%
2013	21868.49	11.0%	15230739	3.7%
2014	24055.76	9.9%	16111867	5.79%
2015	25979.82	9.0%	16759016	4.02%
2016	28519.15	8.4%	17111263	2.1%

资料来源：福建省统计年鉴 2017；台湾"行政院主计处"，笔者自己整理计算得出。

表 5-4 台湾劳动力人口、劳动力参与率及失业率

单位：百万人；%

年度	劳动力人口 合计	男	女	劳动力参与率 合计	男	女	失业率 合计	男	女
1978	6.337	4.250	2.087	58.76	77.96	39.13	1.67	1.57	1.86
1979	6.515	4.356	2.159	58.73	77.95	39.23	1.27	1.15	1.53
1980	6.629	4.406	2.223	58.26	77.11	39.25	1.23	1.11	1.47
1981	6.764	4.503	2.261	57.82	76.78	38.76	1.36	1.21	1.65
1982	6.959	4.605	2.354	57.93	76.47	39.3	2.14	2.08	2.25
1983	7.266	4.687	2.580	59.26	76.36	42.12	2.71	2.68	2.76
1984	7.491	4.778	2.713	59.72	76.11	43.3	2.45	2.44	2.46
1985	7.651	4.860	2.790	59.49	75.47	43.46	2.91	2.9	2.92
1986	7.945	4.957	2.988	60.37	75.15	45.51	2.66	2.75	2.53
1987	8.183	5.065	3.118	60.93	75.24	46.54	1.97	1.96	1.97
1988	8.247	5.130	3.116	60.21	74.83	45.56	1.69	1.7	1.68
1989	8.390	5.231	3.159	60.12	74.84	45.35	1.57	1.57	1.56
1990	8.423	5.263	3.160	59.24	73.96	44.5	1.67	1.68	1.64
1991	8.569	5.355	3.214	59.11	73.8	44.39	1.51	1.5	1.53
1992	8.765	5.460	3.304	59.34	73.78	44.83	1.51	1.47	1.57
1993	8.874	5.497	3.377	58.82	72.67	44.89	1.45	1.36	1.59
1994	9.081	5.595	3.485	58.96	72.44	45.4	1.56	1.51	1.65
1995	9.210	5.659	3.551	58.71	72.03	45.34	1.79	1.79	1.8
1996	9.310	5.662	3.648	58.44	71.13	45.76	2.6	2.72	2.42
1997	9.432	5.731	3.701	58.33	71.09	45.64	2.72	2.94	2.37
1998	9.546	5.780	3.767	58.04	70.58	45.6	2.69	2.93	2.33
1999	9.668	5.812	3.856	57.93	69.93	46.03	2.92	3.23	2.46
2000	9.784	5.867	3.917	57.68	69.42	46.02	2.99	3.36	2.44
2001	9.832	5.855	3.977	57.23	68.47	46.1	4.57	5.16	3.71
2002	9.969	5.896	4.074	57.34	68.22	46.59	5.17	5.91	4.1
2003	10.076	5.904	4.172	57.34	67.69	47.14	4.99	5.51	4.25

续表

年度	劳动力人口			劳动力参与率			失业率		
	合计	男	女	合计	男	女	合计	男	女
2004	10.240	5.968	4.272	57.66	67.78	47.71	4.44	4.83	3.89
2005	10.371	6.012	4.359	57.78	67.62	48.12	4.13	4.31	3.88
2006	10.522	6.056	4.467	57.92	67.35	48.68	3.91	4.05	3.71
2007	10.713	6.116	4.597	58.25	67.24	49.44	3.91	4.05	3.72
2008	10.853	6.173	4.680	58.28	67.09	49.67	4.14	4.39	3.83
2009	10.917	6.180	4.737	57.9	66.4	49.62	5.85	6.53	4.96
2010	11.070	6.242	4.828	58.07	66.51	49.89	5.21	5.8	4.45
2011	11.200	6.304	4.896	58.17	66.67	49.97	4.39	4.71	3.96
2012	11.341	6.369	4.972	58.35	66.83	50.19	4.24	4.49	3.92
2013	11.445	6.402	5.043	58.43	66.74	50.46	4.18	4.47	3.8
2014	11.535	6.441	5.094	58.54	66.78	50.64	3.96	4.27	3.56
2015	11.638	6.497	5.141	58.65	66.91	50.74	3.78	4.05	3.44
2016	11.727	6.541	5.186	58.75	67.05	50.8	3.92	4.19	3.57

资料来源：台湾"劳动部"。

2. 闽台经济存在不对称性，具有互补性

一方面，台湾是浅碟型的岛屿经济体，市场狭小，容易实现精细化操作，且台湾已经步入后工业化社会，以服务业为主导；而大陆则是市场广大，工业化加速时期基本结束，处于由工业化向服务业社会的转变时期，生产方式相对粗放。具体来说，桃园自由经济示范区以高端服务业为主、制造业为辅，定位于加工、国际转运需求等产业，福建自由贸易试验区以石油化工、装备制造和电子信息为主。

另一方面，两岸在分工、投资、贸易等方面存在着密切的联系，形成了一定的相互依存度，但当前两岸经济交流与合作主要集中在制造业领域，台湾岛内收益面相对较小。2016年福建省第一产业的增加值率为59.1%，第二产业的增加值率为25%，第三产业的增加值率为53%，可以看出福建省的第一产业和第三产业所带来的附加值增长率更高，而第二产业增加值率相对较弱，目前大陆是台湾的第一大经贸伙伴。因此，福建可以通过引入桃园的先进技术、人才等来实现其第二产业增加值率的提高，实现从第二产业向第三产业转变，桃园也可以借此实现其与大陆农业的对接、服务业的对接等，促进出口贸易的增长，通过产业的对接来实现两地三大产业的发展。

3. 福建桃园两地的投资环境良好

福建省经济发展迅速，是中国经济最具成长性和竞争力的地区之一，据2017年福建统计年鉴显示，2016年福建地区经济生产总值达到28519.15亿元人民币，同比增长8.4%；固定资产投资总额23107.49亿元，同比增长8.5%，其中港澳台商投资企业投资865.77亿元人民币，占比3.75%；金融机构人民币各项存款余额39275.82亿元，同比增长10.4%，金融机构人民币各项贷款余额36356.06亿元，同比增长13.1%；社会消费品零售总额11674.54亿元，同比增长11.1%，居民消费水平较上年增长10.9%；进出口贸易总额1568.1939亿美元，较上年减少7.12%；实际利用外资81.9465亿美元。就福建省而言，从利用外资方面来看，表5-5显示了福建省近几年利用外资的数据，可以看出利用外资金额明显增多，截至2016年底，福建省共注册28351个外商投资企业，实际利用外商直接投资81.9465亿美元，同比增长6.65%，其中，福州市实际利用外商直接投资18.1372亿美元，厦门市实际利用外商直接投资22.2401亿美元。

从自由经贸区自身的发展状况来看，福建自由贸易试验区的发展前景广阔，自2015年4月21日挂牌起至2016年12月31日，福建自贸试验区共新增内、外资企业48550户，注册资本9447.72亿元人民币，分别同比增长146.71%、158.01%。其中，新增内资企业45998户，注册资本8067.27亿元人民币，分别增长147.85%、159.23%；新增外资企业2552户，注册资本1380.45亿元人民币，分别增长127.86%、151.11%。分片区来看，福州片区新增企业20583户，注册资本3100.01亿元人民币，分别同比增长182.04%、154.88%；厦门片区新增企业22764户，注册资本4050.84亿元人民币，分别同比增长124.67%、169.93%；平潭片区新增企业5203户，注册资本2296.88亿元人民币，分别同比增长 131.35%、143.12%。

另一方面，就桃园自由经济示范区而言，在其主要发展的五大园区之下，分别具有不同的投资环境优势。第一，在经济全球化的潮流下，旅运及产销园区通过联外活动举办各种形式的商务会议，发展会展产业，既可争取更多曝光机会，又可带来源源不绝的庞大商机，同时通过发展复合式休闲产业，有利于促进无烟囱产业带来经济效益。第二，行政及商业服务园区通过积极建构与国际接轨的金融与法治环境，透过财富与资产管理业务的建置，培育众多优秀的金融专业人才，以在行政及商业服务区主要发展国际金融服务，让桃园跃升为国际金融服务中心。第三，经济的快速发展有赖于现代物流理念的引入，而桃园在国际物流业、物流支援产业、智慧物流关联产业和高端仓储产业等发展较快，桃园的物流经贸园区具有发展物流仓储的巨大优势。第四，桃园自由经济示范区在绿色创新产业园区主要发展航空关联产业、生物科技、云端运算产业、绿能产业、文化创意产业，桃园通过在绿色创意产业园区发展云端运算产业，实现在短时间之内迅速处理庞大资料，并且可以进一步揭示新见解及驱动更好的决策制定。在创意产业的发展趋势下，如何利用既有的文化艺术或服务，予以重新包装，展现创新形态与内涵，尤其是在文化娱乐产品及品牌设计数位内容等方面，都是桃园将来发展文化创意产业的关键。第五，乐活优质住宅区通过在便捷大众运输系统沿线设置社会住宅，捷合微笑公园、埤塘水岸住宅，打造乐活优质住宅区，带动沿线基础设施的完善和投资环境的优化。

表 5-5 福建利用台湾外商直接投资

年度	合同数（个）	合同金额（万美元）	实际金额（万美元）
2012	358	136196	22635
2013	314	117022	42464
2014	447	110092	36820
2015	890	282112	55331
2016	1408	292840	78296

数据来源：《福建统计年鉴 2017》。

4. 两个自由经贸区的产业配套完善

福建自由贸易试验区南北分别连接珠江三角洲和长江三角洲两大经济发达区域，当前福建自由贸易试验区已经形成了石油化工、装备制造、电子信息三大主导产业，2016年福建的石油加工、炼焦和核燃料加工业的总资产贡献率为35.82%，设备制造业的总资产贡献率为27.38%。在生物医药、新能源、新材料、节能环保、文化创意等战略性新兴产业和轻工、纺织、林产等产业上具有优势，且福建自由贸易试验区和桃园自由经济示范区都是以服务业为战略发展重点的。

而桃园航空城计划为台湾规模空前的都市开发计划，一方面以桃园机场优越的地理位置作为引擎，结合台北港及自由贸易港区地利之便，汇聚岛内、外旅运及产销、物流经贸、绿色创新等三低一高核心产业，发挥产业群聚效果，带动区域产业经济。另一方面，扩充机场设施、改善联外交通，提升了桃园机场强大运输功能与竞争力，桃园自由经济示范区具有扩充机场能量、繁荣地方经济、带动台湾产业转型的多重效益。因此双方的产业互补性强，协同发展空间巨大。

（二）两岸关系层面的可能性

两个自由经贸区对接合作，除了在经济关系层面具有可能性，在两岸关系层面也具有一定的可能性。

1. 两岸政治互信低

当前两岸政治互信度低，共识少，政治状况复杂多变。自2016年民进党上台后，蔡英文拒绝承认"九二共识"，民进党执政冲击了两岸经济制度化合作，阻碍了两岸关系的一体化进程。当前"闷经济"使岛内民众贸易保护主义上升，逆全球化思潮兴起，两岸经济制度化因失去政治基础而停摆，导致当前两岸政治经济交流停滞不前，交流与协商机制中断，两岸事务主管部门负责人联系机制无法延续，ECFA后续商谈难以为继。当前两岸在政治上存在意识形态分歧，这势必将会阻碍两岸整体层面的一体化步伐。当前蔡当局以"创新、分配、就业"为诉求，力求摆脱过去的代工生产模式，推动"新南向政策"，以企求强化"经济自主性";在针对与大陆贸易方面,蔡当局制定"两岸协议监督条例",加强对两岸签署条例的所谓事前、事中、事后审查,为两岸关系设置新的制度障碍,并且更加注重陆资对台湾"安全、就业、技术的风险",尤其对陆资股权投资台湾半导体等产业踩刹车,蔡当局对大陆的经贸政策趋于保守。两岸经贸政策已由良性互动走向相互博弈。利润分配问题被政治放大,台湾经济增长停滞、薪资不涨、贫富差距拉大等被归咎于与大陆的政治关系问题。为促进两岸在各个层面的相互交流,应加强两岸彼此之间的相互适应与磨合。因此,可以先行在局部地区取得重要突破,通过实现福建自由贸易试验区与桃园自由经济示范区的对接,来实现两岸经济上的互动。

2. 两区对接具有政策优势

两区对接具有政策优势,自由经贸区合作有助于区域经济发展。桃园航空港区优惠政策包括:第一,提供单一服务费率;第二,提供长期客户优惠费率;第三,整合资讯系统,提供E化作业环境,提升物流作业效率;第四,实施单一窗口服务策略,提供厂商进驻完整服务;第五,货物通关配送便捷化、透明化,主动让货主掌握货况资讯;第六,提供完善企业经营及员工生活机能,吸引厂商进驻。福建自由贸易试验区对区内的企业也提供了较大的优惠政策,在放宽准入经营条件、鼓励自主创新、拓宽投资领域、实施税费优惠、支持企业融资和开拓市场、采用"负面清单"管理模式、加强企业和项目服务等方面给台商提供了众多保障政策。

大陆则坚持互利共赢,长期对台商采取"同等优先,适当放款"的优惠政策,实施对台采购等一系列惠台利民措施,照顾台湾的合理需求与关切。福建自由贸易试验区对片区内的企业提供了较大的优惠政策,在放宽准入经营条件、鼓励自主创新、拓宽投资领域、实施税费优惠、支持企业融资和开拓市场、采用"负面清单"管理模式、加强企业和项目服务等方面给台商提供了众多保障政策。当前国务院已经出台了促进外资增长的若干条措施,通过全面实施准入前国民待遇加负面清单管理制度和进一步扩大市场准入对外开放范围等进一步减少外资准入限制,并制定了鼓励境外投资者继续扩大在华投资、发挥外资对优化服务贸易结构的积极作用、促进利用外资与对外投资相结合、鼓励跨国公司在华投资设立地区总部、促进外资向西部地区和东北老工业基地专业和支持重点引资平台基础设施和重大项目建设等财税支持政策，并通过充分赋予国家级开发区投资管理权限、支持国家级开发区项目落地、支持国家级开发区拓展引资空间和支持国家级开发区提升产业配套服务能力等措施来完善国家级开发区综合投资环境，通过完善外国人才引进制度和积极引进国际高端人才等便利人才出入境，通过提升外商投资水平、保障境外投资者利润自由汇出、抓紧完善外资法律体系等优化营商环境。因此，中央通过对福建自由贸易试验区的优惠政策，有利于积极推进对台贸易便利化，深化对台交流合作，打造两岸关系和平发展的新载体、新平台。

（三）基础条件层面的可能性

除了在经济层面的可能性和两岸关系层面政治上的可能性，福建自由贸易试验区和桃园自由经济示范区的对接合作也存在基础条件层面的可能性。

1. 两个自由经贸区的区位优势明显

福建自由贸易试验区位于中国大陆东南沿海，气候适宜，东临台湾，处于太平洋和台湾海峡主航道，是连结长三角珠三角、海峡两岸、东亚南亚等的战略节点，也是"一带一路"的重要枢纽节点。相对于台湾，福建拥有更加丰富的土地和劳动力资源，劳动密集型和部分科技密集型产业的转移会为台商带来更大的竞争力。

桃园自由经济示范区位于亚太核心区位，且具有完善的交通网络，机场捷运及航空城捷运把台北、新北、桃园三个直辖市串联成一个生活圈，并连结机场、高铁、台铁三大交通枢纽，通过建构完整轨道运输系统，结合海空双港（桃园机场、台北港）及自由贸易港区等优势条件，有利于加速推动海空港门户的整体开发。自2008年两岸实现"三通"后，闽台成为两岸交通交流的主要通道，福建已形成大型海港、高速公路、高速铁路、现代空港的立体综合交通体系，可无缝通达中国大陆各省市区和台湾地区，且福建自由贸易试验区与桃园自由经济示范区相距仅165海里，隔海相望，扼台湾海峡通往南海、巴士海峡的航运要道，处我国南北航线和环太平洋航运要塞，地理位置得天独厚，港口运输发达，开发空间广阔，发展潜力巨大。

2. 两个自由经贸区的功能定位明晰

（1）福建自由贸易试验区

福建自由贸易试验区与上海自由经贸区等其他自由经贸区相比，突出对台自由贸易是福建自由贸易试验区最大的特色所在。

其战略定位是：围绕立足两岸、服务全国、面向世界的战略要求，充分发挥改革先行优势，营造国际化、市场化、法治化营商环境，把自贸试验区建设成为改革创新试验田；充分发挥对台优势，率先推进与台湾地区投资贸易自由化进程，把自贸试验区建设成为深化两岸经济合作的示范区；充分发挥对外开放前沿优势，建设21世纪海上丝绸之路核心区，打造面向21世纪海上丝绸之路沿线国家和地区开放合作新高地。

其功能定位是：按区域布局划分，平潭片区主要包括港口经贸区、高新技术产业区和旅游商旅区，以重点建设两岸共同家园和国际旅游岛为目标，在投资贸易和资金人员往来方面实施更加自由便利的措施，其主要围绕建设两岸共同家园和国际旅游岛定位，以体制机制创新为主线，以重点项目带动为抓手，以促进产业发展为目标，在政府管理模式创新与投资管理体制改革、培育新型商业形态、推进通关便利化、推进航运便利化、搭建两岸金融合作平台、扩大服务业开放、国际旅游岛建设等方面提出了42项试验项目和137条试验措施；厦门片区重点发展两岸新兴产业和现代服务业合作示范区、东南国际航运中心、两岸区域性金融服务中心和两岸贸易中心；福州片区重点建设先进制造业基地、21世纪海上丝绸之路沿线国家和地区交流合作的重要平台、两岸服务贸易与金融创新合作示范区。

（2）桃园自由经济示范区

台湾桃园自由经济示范区的五个区都是以捷运车站为轴点，依循TOD的发展原则，也充分协调各区的功能搭配，让都市具备发展可持续性与可扩充性，秉承"公开透明、民主参与、生态发展、公共利益、产业引进"五大原则，试图打造桃园成为亚洲轮轴，发挥"前店后厂"效应，构建桃园成为亚太地区的经贸枢纽，汇聚人流、资金流、信息流，借以提升桃园的国际竞争力，带动台湾的经济及"国际"地位。

从各自由港区的发展绩效来看，桃园空港自由港区进驻家数最多。在各自由港区进出口贸易值与增长变化上，桃园空港、台北港、台中港三大自由港区的进出口贸易值最多，但前二者在2010年后有下滑趋势，仅台中港贸易值呈现持续增长。

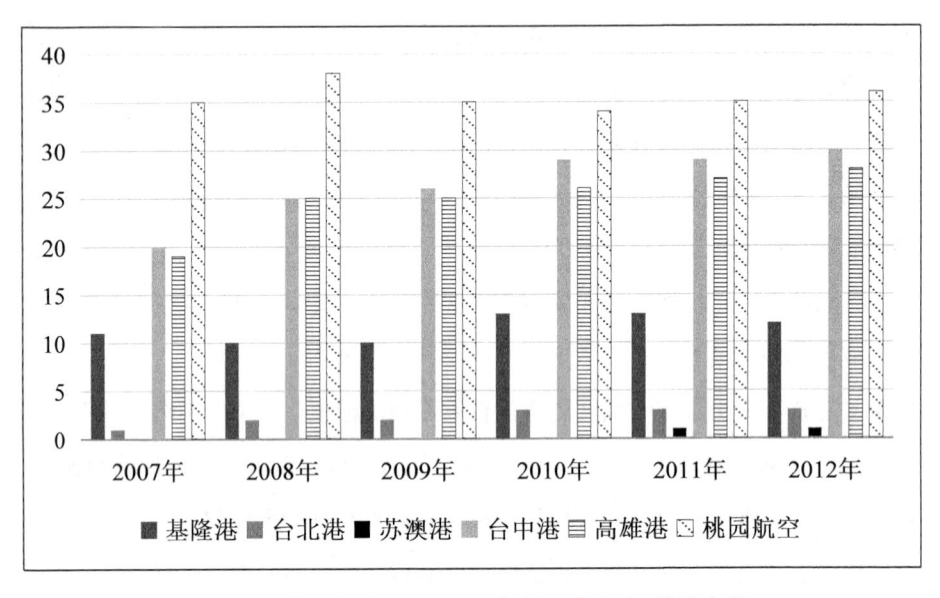

图 5-2 台湾各自由港区厂商进驻家数与增长变化

表 5-6 福建自由贸易试验区与桃园自由经济示范区各片区的功能定位

	具体片区	功能定位
福建自由贸易试验区	平潭片区 港口经贸区	在港口开发和商务中心建设的基础上，发挥临近海上国际航线和对台航运主通道的优势，联动中央商务区、临港产业区和如意城社区，加快建设港口物流聚集区、商贸服务聚集区、电子产业聚集区等产业功能性平台，重点发展国际贸易、现代物流、商务服务和电子信息设备制造等，着力打造两岸自由经济示范区、区域性综合保税产业示范区和两岸电子产业融合发展聚集区，并逐步向国际自由港拓展。
	高新技术产业区	探索两岸合作建设高新技术产业基地，联动平潭高铁中心站、中心商务区和科技文教区，加快建设研发总部聚集区、海洋产业聚集区、高端轻型制造聚集区等产业功能性平台，发挥原产地政策优势，重点发展海洋生物、医疗器械、包装材料和轻型设备制造等高新产业，推进两岸高新技术产业深度融合发展，着力全球范围内配置资源与开拓市场，共享全球化利益。
	旅游商旅区	在澳前客滚码头、旅检大楼和台湾小额商品贸易市场建设的基础上，发挥对台"窗口"和优质沙滩、岬角及沙地等旅游资源优势，联动中心城区和平潭国际旅游开发，着力对接台湾旅游和旅游服务，加快建设滨海旅游聚集区、两岸旅游商贸聚集区、农渔产品加工聚集区等产业功能性平台，提升国际旅游服务水平，重点发展滨海度假、文体旅游、休闲养生、旅游购物等旅游产品，延伸拓展旅游高端业态，着力打造国际滨海风情度假岛、国际海洋文化体育基地、国际旅游休闲目的地，并逐步向国际旅游岛拓展。

续表

	具体片区	功能定位
厦门片区	东南国际航运中心海沧港区	实施范围：区域面积 24.41 平方千米。 功能定位：发展航运物流、口岸进出口、保税物流、加工增值、服务外包、大宗商品交易等现代临港产业，构建高效便捷、绿色低碳的物流网络和服务优质、功能完备的现代航运服务体系，成为立足海西、服务两岸、面向国际，具有全球航运资源配置能力的亚太地区重要的集装箱枢纽港。
	两岸贸易中心核心区	实施范围：区域面积 19.37 平方千米，四至范围：北侧、西侧、东侧紧邻大海，南侧以疏港路、成功大道、枋钟路为界。 功能定位：发展高新技术研发、信息消费、临空产业、国际贸易服务、金融服务、专业服务、邮轮经济等新兴产业和高端服务业，构建两岸经贸合作最紧密区域，成为立足大陆，面向亚太地区的区域性国际贸易中心。
	福州片区	重点建设先进制造业基地、21 世纪海上丝绸之路沿线国家和地区交流合作的重要平台、两岸服务贸易与金融创新合作示范区。
桃园自由经济示范区	旅运及产销园区	以机场捷运 A15 站及二号公路大园交流道为中心，发展过境旅馆、台湾精品交易平台、免税商店，及精致农业特产品加值产销中心等。
	行政及商业服务区	充分运用双捷运站功能，发展为行政管理中心，并促进商业服务机能，规划引入政府机关及国家及艺文展演设施等。
	物流经贸园区	结合自由贸易港区及自由经济示范区，发展国际物流运筹中心，国际货运整柜中心及"境内关外"国际物流枢纽。
	绿色创新产业园区	以"循环经济，永续发展"为理念，引入低污染、低用水、低耗能及高附加价值企业进驻，并发展多元产业，鼓励设置跨国企业区域总部、研发中心。
	乐活优质住宅区	在便捷大众运输系统沿线设置社会住宅，捷合微笑公园、埤塘水岸住宅，打造乐活优质住宅区。

四、福建自由贸易试验区与桃园自由经济示范区对接合作的内容与措施

福建自由贸易试验区和桃园自由经济示范区应立足于深化两岸经济合作，并结合两地的特色，推动两区之间投资贸易自由化和资金人员往来便利化进程，借助"一带一路"建设进一步优化对外开放格局。福建自由贸易试验区与桃园自由经济示范区宜在法规政策、基础设施、信息、监管、产业等多个层面进行对接合作，以形成竞合发展与协同发展态势。

（一）法规政策对接合作

相互开放是合作的前提，也是自由贸易试验区政策的应有之义。两岸可以将ECFA及其后续协议将要推进的自由化与便利化政策措施在福建和桃园两个自由经贸区中先行开放给对方，与此同时，在率先推进与经贸活动相关政策的对接合作，包括知识产权保护、使用的法规政策对接、社会保障政策的对接、检验检疫政策的对接、海关监管政策的对接、金融监管政策的对接，这些与经贸活动相关政策对接合作的实现，有助于改进投资人在两岸进行投资布局，开展经营活动的便利性与公平性。

法规政策对接主要指经贸活动自由化、便利化的对接和相关政策的对接（唐永红，2013；唐永红、王勇，2015；唐永红、赵胜男，2017）。经贸活动自由化与便利化的对接主要指货贸政策、服贸政策、产业投资政策、金融活动政策的对接。通过货物贸易政策的开放，将有利于推动两个自由经贸区货物贸易自由化与一体化，增加两岸之间的贸易量，扩大两岸贸易规模，带动贸易相关产业和相关企业的发展，从而促进贸易相关的金融业物流业等产业的发展；通过服务贸易政策的开放，将有利于促进服务贸易自由化，增大两岸之间的服务交流与联系，推动服务业相关产业的发展；通过产业投资政策的开放，将有利于产业资本进入到对方的投资产业中，并与当地产业合作发展，从而有助于推动经济发展，减少失业，提高薪资水平；通过金融领域政策的开放，将有助于

促进两个自由经贸区之间金融业的合作发展。

具体而言，第一，两岸应抓紧完善外资法律体系，加快建设内外资法律法规，制定新的外资基础性法律。清理涉及外资的法律、法规、规章和政策性文件，推动限期废止或修订与对外开放大方向和大原则不符的法律法规或条款。

第二，福建自由贸易试验区和桃园自由经济示范区应该围绕贸易投资自由化与便利化的目标，以"负面清单"方式在各自的自由贸易试验区中开放绝大多数行业的投资准入，降低进入的门槛，放款投资经营领域，开放证券、保险、外资银行等金融业发展，以此推动两岸投资的便利化与自由化，此外，还可以在各自的自由贸易试验区内开放证券、外资银行、保险等金融业，放宽投资领域，降低进入门槛，以此来推动两岸金融活动的便利化与自由化。

第三，经贸活动相关政策的对接，具体还应包括知识产权保护、社会保障政策、使用法规政策、金融监管政策、海关监管政策等的对接。两岸应针对网络侵权盗版、侵犯商标专用权、侵犯专利权等知识产权问题进行对接处理，完善知识产权保护制度，应保持各项外资政策的稳定性和连续性，保证两岸使用法规政策方面的协调，并建立高效便捷的事中事后监管与服务体系，加大海关、工商、质检、外汇等两岸各部门之间信息管理系统的互联互通力度。通过经贸活动相关政策的对接，可以帮助改进两岸在投资、经营、管理等方面的公平性和便利性，营造统一开放、竞争有序的市场环境，形成公平高效的市场机制，增强两岸人员对自由贸易试验区的投资意愿，促进两岸产业资本在自由贸易试验区的投资合作，提升产业资本回报率。

（二）基础设施对接合作

基础设施对接合作主要包括两个自由经贸区的物流通道、港口建设、通讯设施等的对接合作（唐永红，2013；唐永红、王勇，2015；唐永红、赵胜男，2017）。福建自由贸易试验区产业环境配套设施完善，已形成石油化工、装备制造、电子信息三大主导产业，生物医药、新能源、新材料、节能环保、文化创意等战略性新兴产业和轻工、纺织、林产等优势产业；闽台产业对接是经贸交

分论四　福建自由贸易试验区与桃园自由经济示范区对接合作

流的重要环节，过去几年，首个两岸 LED 产业联合研发中心落户福建，台湾光伏玻璃等重大台资项目在漳州建成投产，台湾银行福州分行、中国信托商业银行厦门分行等台资金融企业相继获批开业，联华电子、华佳彩等一批重大台资项目进展顺利。截至 2017 年 7 月底，福建累计批准台资项目 17048 个（含第三地）、合同台资 419.15 亿美元，累计批准赴台投资企业或分支机构 83 家，协议投资额 3.83 亿美元，居大陆首位，台湾也已成为福建省的第二大外资来源地。闽台贸易额累计 9427.4 亿元。在产业合作中，闽台农业合作也是一大亮点，尤其在台湾农民创业园的示范带动下，闽台紧密型农业产业合作关系正在形成。2012 年至 2017 年 8 月，福建批办台资农业项目 277 个，实际利用台资 3.8 亿美元，农业台资项目数和利用台资额持续居大陆首位。全省累计批办台资农业项目 2614 个，实际利用台资 21.3 亿美元。而桃园自由经济示范区以加工、国际转运需求产业为主，作为台湾门户城市，桃园位处国际物流运筹优势区位，桃园机场位于亚太城市网络的核心位置，同时拥有紧邻台北港的庞大海运腹地，完整便捷的高速公路、高速铁路以及即将开通的机场捷运网路系统。台湾试图通过推动"桃园航空城计划"以提升桃园机场竞争力，促进桃园整体发展，并带动台湾产业转型及"国际化"。

　　基础设施通道是构建福建和桃园自由贸易试验区对接合作的基础硬件，包括福建、桃园的港口设施、通讯设施、航线配置等等。首先，应加强和完善福建自由贸易试验区与桃园自由经济示范区的海、陆、空物流通道的无缝对接，可推动福建自由贸易试验区与桃园自由经济示范区建设点对点合作两岸物流快运渠道，提升加工出口和物流中转功能，促进两岸海运快递中心建设，促进福建自由贸易试验区和桃园自由经济示范区之间的跨海峡组合港建设，推动港口开发建设，共同开发福建、桃园自由贸易试验区的港口资源；其次，应进一步加强福建、桃园在集装箱、散杂货、客运滚装等领域的港航业务合作，共同经营福建——桃园之间的航线，合作开辟经营集装箱班轮航线，实现两岸自由经贸区的船务公司舱位互换与共享；再次，应进一步完善空港港口等基础设施，形成完善的国际航线、国际分拨、国际物流和国际进出口贸易功能；最后，还应进一步完善福建、桃园自由贸易试验区港口、航线的通讯设施,并实现两区对接联通。

(三)信息对接合作

信息对接通道建设旨在解决信息不对称,实现信息共享。这既是经贸活动顺畅开展的一个重要条件,也是共同市场的一个重要内容。信息方面的对接合作主要包括物流管理信息、客户管理信息、检测维修信息、医疗信息、检疫检验信息、关务行政信息等的对接合作(唐永红,2013;唐永红、王勇,2015;唐永红、赵胜男,2017)。可考虑在福建自由贸易试验区和桃园自由经济示范区之间,率先实现以下几个突破:

首先,应该推动福建自由贸易试验区和桃园自由经济示范区在港口、物流、海关等方面开展云计算管理平台技术交流合作,促进两岸共同市场一体化信息平台的建设。

其次,应该推动福建自由贸易试验区和桃园自由经济示范区开展实质性的业务沟通,建立相应的物流管理、跨境支付、检验检疫等支撑体系。

再次,应该推动福建自由贸易试验区和桃园自由经济示范区建立商品标准检测机构建设,进行产品相互检测认证合作,建设对经福建、桃园自由贸易试验区输出的商品进行进口检验认证的集中协办平台。

最后,应该加强在福建自由贸易试验区和桃园自由经济示范区建设跨境电子商务产业园,以及搭建两岸信息互换监管互认执法互助的关港贸一体化信息对接平台,推动两岸共同市场一体化信息对接平台建设,实现跨境电子商务进出口业务和公共服务信息平台的对接合作。

(四)监管对接合作

监管对接合作主要指金融监管、投资监管、海关监管等方面的对接合作。监管是提升合作效率的重要方式,两岸自由贸易试验区对接涉及多方面监管问题,并且在要素、人员和商品的流动过程中也涉及必要的监管问题,因此,监管对接也是两岸自由经贸区对接合作的重要措施之一。

首先，应该建立福建自由贸易试验区和桃园自由经济示范区进出境快件监管中心，探寻两岸自由贸易试验区物流对接合适的合作模式与管理模式。推动厦门、平潭与桃园两个港口洽谈建立合作通关制度，探索福建、桃园自由贸易试验区之间的通关合作模式，进一步健全福建、桃园自由贸易试验区的商务、海关、检验检疫、税务、金融、港务等部门联系机制，探索"虚拟海关"与"实体海关"相结合的管理体制和模式，提高物流效率，降低物流成本，为福建、桃园自由贸易试验区的合作提供便捷服务。

其次，鉴于福建自由贸易试验区和桃园自由经济示范区的监管标准和监管体制存在较大差异，因此，应该建立两岸金融监管当局的磋商交流机制，促进双方的相互信任，提升信任感，对两岸自由贸易试验区金融监管合作中的协调组织框架、合作机制及双方的权利义务作出界定与安排，即使调整双方对此的法律冲突，同时应该对当前的分业监管模式进行改革，建立福建自由贸易试验区和桃园自由经济示范区的统一协调机制，规范双方的监管行为，统筹安排双方的监管，降低两岸在金融监管对接活动中的成本，提高监管效率，完善两岸金融监管的信息交流和交换平台，实现资源共享。

最后，应该努力构建福建自由贸易试验区和桃园自由经济示范区的监督管理体系，完善投资管理分工机制、责任追究制度、稽查制度、事后评价制度和社会监督机制等。

（五）产业对接合作

自由经贸区应该以更加开放、自由、便利的特殊政策措施来刺激产业经济的发展，然而，若两岸同时以经贸活动自由化政策措施刺激产业发展，必然将会引起竞争。表 5-7 显示了闽台贸易状况，数据显示，闽台贸易总额自 2014 年来逐年下降，其中，福建从台湾进口贸易上升，但是向台湾出口贸易骤减。因此，两岸双方应该加强信息的对接合作，整合资源，实现资源的优势互补。为实现减小竞争、协同发展，两岸自由贸易试验区首先应该相互开放产业投资活动，以便市场机制发挥产业对接合作的作用，之后可以推动产业规划对接、产业政策协调等事项。也就是说，两岸自由经贸区行政当局应积极建立产业投资准入政策开放机制、产业政策协调机制、产业规划对接机制，充分发挥"看得见的手"的作用，以促进两岸自由贸易区的产业对接与整合发展（唐永红，2013；唐永红、王勇，2015；唐永红、赵胜男，2017）。

表5-7 闽台贸易额

单位：亿美元

年度	闽台进出口	福建对台湾出口	福建自台湾进口
2010	103.9	22.1	81.8
2011	116.1	30	86.1
2012	119.6	30.9	88.7
2013	128.5	32.2	96.3
2014	124.3	38.2	86.1
2015	111.6	37.3	74.3
2016	99.1	38.4	60.7

数据来源：福建统计年鉴2017

因此，应实现平潭片区与桃园自由经济示范区在两岸商业贸易、高新技术产业及旅游业上的对接；实现厦门片区与桃园自由经济示范区在两岸航运物流业、两岸新兴产业及高端服务业上的对接；实现福州片区与桃园自由经济示范区在制造业上的对接。

鉴于福建自由贸易试验区和桃园自由经济示范区主要是以第三产业的发展和对接为主的。表5-8显示了台湾第三产业的产值状况与就业状况，显示出其第三产业各行业对产值增加的带动比例。数据显示，台湾的批发及零售业、不动产业、金融业保险业等的经济产值比较高，其信息通讯与传播、教育服务业、不动产业、餐饮住宿等的就业产值弹性较高。因此，福建自由贸易试验区与桃园自由经济示范区在进行服务业对接的时候应该充分发挥这些行业的带动作用，而对于产值低的、就业拉动能力弱的，应该吸收福建自由贸易试验区的优秀资源与经验，实现两区产业的优势互补与协同发展。

表5-8 台湾第三产业产值与就业状况

行业别	产值占比	就业占比	就业产值弹性
批发及零售业	25.71%	17.05%	53.36%
运输及仓储业	4.89%	4.04%	10.26%
住宿及餐饮业	3.27%	6.66%	134.69%
信息通讯传播业	5.12%	2.05%	574.91%
金融及保险业	10.55%	3.94%	15.20%
不动产业	12.65%	0.69%	186.96%
专业、科学及技术服务业	3.26%	2.86%	−20.32%
支持服务业	2.05%	2.15%	78.85%
公共行政及"国防强制性社会安全"	11.28%	3.46%	159.55%
教育服务业	7.1%	5.66%	212.23%
医疗保健社会工作服务业	4.36%	3.49%	97.79%
艺术娱乐及休闲服务业	1.31%	0.99%	53.02%
其他服务业	4.09%	5.07%	16.36%

资料来源："行政院主计处"，笔者整理计算得出。

具体而言，第一，应该加强福建自由贸易试验区与桃园自由经济示范区开展互动协作，制定两区产业对接规划，为两岸企业深入对方市场提供条件。桃园自由经济示范区的产业合作规划以"前店后厂、委外加工"方式推动，福建自由贸易试验区可加强与桃园自由经济示范区的相关产业行业协会对接，建立常态化交流合作机制，制定对接合作规划。同时，应尽快选定福建自由贸易试验区与桃园自由经济示范区的互补产业合作项目，积极引进产业链的关键企业以开展合作，选择性地引进对方自由贸易试验区产业链中的关键企业，以带动和培育自身产业的发展。应当积极拓展福建自由贸易试验区与桃园自由经济示范区之间的产业价值链各环节合作，积极引进桃园自由经济示范区的资金、技术、人才等，将两区产业合作拓展到价值链的多个环节，提高产品附加值，实现产业升值。

第二，应当促进金融服务创新对接，鼓励福建自由贸易试验区企业以参股、入股、合作等方式对桃园自由经济示范区进行投资，打造商贸服务集聚区，促进两个自由贸易试验区在证券、基金、银行、保险等金融服务领域的合作，通过与桃园自由经济示范区的关键企业和产业积极对接，提升福建自由贸易试验区与桃园自由经济示范区的合作深度。同时，应当加强福建自由贸易试验区与桃园自由经济示范区的产业发展协调机构合作，推进福建自由贸易试验区与桃园自由经济示范区的产业深度合作。福建自由贸易试验区应主动与桃园自由经济示范区的产业界相关机构联络合作，借助其在桃园地区的影响力，建立福建自由贸易试验区与桃园自由经济示范区的整体产业合作关系，推进两个自由贸易试验区产业的深度交流合作。同时应开展两区相关产品与行业的互联互通互补，建立合作厂区，促进相关协作。

第三，应当允许桃园自由经济示范区有关产业合作组织在福建自由贸易试验区设立办事机构，专门用于协调两区的相关产品及贸易等事宜，完善产业合作交流机制，推动福建自由贸易试验区的产业部门与桃园自由经济示范区的产业界签署有关合作协议，推动两区的产业合作，开展实质性合作，共同设计研发，合作营销，建立共同市场。同时，应当建立福建自由贸易试验区与桃园自由经济示范区的产业界交流合作工作机制，应定期组织两区产业界的优秀人才和企业家进行双向交流，充分发挥福建自由贸易试验区与桃园自由经济示范区各自的品牌优势，加强两岸相关产业市场开发，提高两岸管理合作力度，共享两岸各自先进的管理经验及营销模式。

分论四　福建自由贸易试验区与桃园自由经济示范区对接合作

结　语

福建自由贸易试验区与桃园自由经济示范区首先在经济层面具有对接合作的可能性。一是由自身的经济结构以及所面临的经济状况决定的。大陆经济进入"新常态"，福建省希望通过自由贸易试验区建设推动新一轮的经济改革；台湾面临着经济被边缘化的危险。二是闽台经济存在不对称性，具有互补性。台湾是浅碟型的岛屿经济体，市场狭小，容易实现精细化操作，且以服务业为主导；而大陆则是市场广大，处于由工业化向服务业社会的转变时期，生产方式相对粗放。三是两地的投资环境良好。福建省经济发展迅速，自贸区的发展前景广阔；桃园自由经济示范区在其主要发展的旅运及产销园区、行政及商业服务园区、国际物流、绿色创新产业园、乐活优质住宅区等五大园区。四是两个自由经贸区的产业配套完善。桃园自由经济示范区以高端服务业为主、制造业为辅，定位于加工、国际转运需求等产业；福建自由贸易试验区以石油化工、装备制造和电子信息为主。

在两岸关系层面上，尽管由于两岸政治互信低等因素，福建自由贸易试验区与桃园自由经济示范区对接合作面临一定的障碍，但两区对接合作具有政策优势，尤其是大陆实施的一系列惠台政策以及中央对福建自由贸易试验区的优惠政策。此外，福建自由贸易试验区与桃园自由经济示范区的区位优势明显、功能定位清晰，这为两区对接合作提供了较好的基础条件。

福建自由贸易试验区与桃园自由经济示范区宜结合两地两区的特色，在法规政策、基础设施、信息、监管、产业等多个层面进行对接合作。

法规政策的对接，包括货物贸易政策、服务贸易政策、产业投资政策、金融领域政策的开放。一是两岸宜抓紧完善外资法律体系，加快建设内外资法律法规，制定新的外资基础性法律。二是两区宜围绕贸易投资自由化与便利化的目标，以"负面清单"方式在各自的自由经贸区中开放绝大多数行业的投资准入，降低进入的门槛。三是经贸活动相关政策的对接，包括知识产权保护、社会保障政策、使用法规政策、金融监管政策、海关监管政策等的对接。

基础设施对接合作，包括两个自由经贸区的物流通道、港口建设、通讯设施等的对接合作。首先，可加强和完善两区的海、陆、空物流通道的无缝对接，可推动建设点对点合作两岸物流快运渠道促进两岸海运快递中心建设，促进跨海峡组合港建设，推动港口开发建设；其次，可进一步加强福建、桃园在集装箱、散杂货、客运滚装等领域的港航业务合作，合作开辟经营集装箱班轮航线；再次，可进一步完善空港港口等基础设施，形成完善的国际航线、国际分拨、国际物流和国际进出口贸易功能；最后，还可进一步完善福建、桃园的港口、航线的通讯设施，并实现两区对接联通。

信息对接合作，包括物流管理信息、客户管理信息、检测维修信息、医疗信息、检疫检验信息、关务行政信息等。首先，宜推动两区在港口、物流、海关等方面开展云计算管理平台技术交流合作；其次，可推动两区开展实质性的业务沟通，建立相应的物流管理、跨境支付、检验检疫等支撑体系；再次，可推动两区建立商品标准检测机构建设，进行产品相互检测认证合作；最后，可加强在两区建设跨境电子商务产业园，以及搭建两岸信息互换监管互认执法互助的关港贸一体化信息对接平台。

监管对接合作，主要指金融监管、投资监管、海关监管等层面的对接合作。首先，宜推动厦门、平潭与桃园两个港区洽谈建立合作通关制度，探索福建、桃园之间的通关合作模式。其次，宜建立两岸金融监管机构的磋商交流机制，对两岸自由经贸区金融监管合作中的协调组织框架、合作机制及双方的权利义务做出界定与安排。最后，宜构建投资监督管理体系，完善投资管理分工机制、责任追究制度、稽查制度、事后评价制度和社会监督机制等。

产业对接合作方面。首先，宜制定福建自由贸易试验区与桃园自由经济示范区产业对接规划，尽快选定互补产业合作项目，积极引进产业链的关键企业以开展合作。其次，宜促进金融服务创新对接，鼓励福建企业以参股、入股、合作等方式对桃园进行投资，打造商贸服务集聚区，推进产业深度合作。最后，可推动两区的产业界签署有关合作协议，开展实质性合作，共享两岸各自先进的管理经验及营销模式，共同设计研发，建立共同市场。

参考文献

[1] 龚明鑫:"自由经济示范区推动区对区产业合作可行性研究","行政院经济建设委员会"委托财团法人台湾经济研究院研究报告，2013年12月。

[2] 冯正民:"ECFA签署后两岸自由贸易区发展策略之研究","行政院大陆委员会"委托研究专案研究报告，2013年8月。

[3] 福建社会科学院课题组:《深化福建自由贸易试验区与台湾自由经济示范区对接合作研究》，《亚太经济》，2016年第3期。

[4] 林晓伟、李非:《福建自由贸易试验区建设现状及战略思考》，《中国经贸》，2015年第1期。

[5] 吕俊德:从陈烨供应链观点探讨桃园航空自由贸易港区招商策略之研究，"行政院经济建设委员会"委托"台湾中央大学"研究报告，2006年12月

[6] 孙禾芬:台湾自由经济示范区之政治经济分析，台湾大学社会科学院政治学系硕士论文，台湾大学社会科学院政治学系硕士论文，2015年7月

[7] 唐永红:《厦门经济特区建设自由经贸区问题研究》，《台湾研究集刊》，2013年第1期，第38—46页。

[8] 唐永红、王勇:《海峡两岸自由经贸区对接合作研究》，《台湾研究》，2015年第3期，第61—68页。

[9] 唐永红、赵胜男:《福建自由贸易试验区与台湾自由经济示范区对接合作研究》，《大陆自由经贸区发展与两岸互动：机会与挑战》（陈德升主编），INK印刻文学生活杂志出版有限公司，2017年6月出版。

[10] 王勇:台湾"自由经济示范区"规划建设及对两岸区域经济合作的影响，台湾研究集刊，2014年第6期（总第136期）。

[11] 吴崇仁:从台湾电子产业的观点分析桃园航空自由贸易区的功能与未来发展的目的，淡江大学商学院国际商学硕士在职专班硕士论文，2007年。

分论五　福建自由贸易试验区与基隆自由经济示范区对接合作

引　言

随着经济全球化与区域经济一体化的发展，自由经贸区逐渐成为经济自由化的一个表现形式，也是一种实现形式。

2015年4月21日，福建自由贸易试验区正式挂牌运作，该试验区范围总面积约118.04平方千米，涵盖三个片区：平潭片区43平方千米，厦门片区43.78平方千米（含象屿保税区0.6平方千米、象屿保税物流园区0.7平方千米、厦门海沧保税港区9.51平方千米），福州片区31.26平方千米（含福州保税区0.6平方千米、福州出口加工区1.14平方千米、福州保税港区9.26平方千米）。在两岸经贸关系层面，福建自贸试验区旨在充分发挥对台优势，探索闽台经济合作新模式，率先推进与台湾地区投资贸易自由化进程，建设成为深化两岸经济合作的示范区。

为因应"全球运筹管理"策略，台湾推动"自由贸易港区"计划，借此推动商业贸易、工业加工，增加经济产值，拉动就业。2013年4月，台湾当局出台"自由经济示范区规划方案"，同年通过"自由经济示范区第一阶段推动计划"，选择基隆港、台北港、台中港、高雄港、苏澳港、安平港和桃园航空自由贸易港区（"6海1空"）率先推动。其中，基隆自由经济示范区共71.1公顷，截至2017年底投资厂商60家，总投资金额超过5100亿元新台币，基隆港重点发展公共仓储，主推多国拆并柜业务，提供转运、配销、重整、多国拆并柜、简易加工、深层加工等生产与贸易服务，并辐射南港内湖软件园区。

本部分研究福建自由贸易试验区和基隆自由经济示范区的对接合作，探索两个自由贸易试验区对接合作的必要性、意义、条件、内容与措施，以充分发挥两大自由经贸区的正向作用，促进两岸经济融合与一体化发展。

一、基隆自由经济示范区的提出及现状

（一）基隆自由贸易港区

基隆地处泛太平洋与亚洲航线交会处，为近洋航线主要靠泊港及远洋航线转运港，联外有7条道路，除东西岸各有联内道路便利区内交通，两岸港区联外道路与3号高速公路（北部第2高速公路）相接，并与1号高速公路（中山高速公路）相接，往南通往台北与中南部，同时，港区距桃园机场约60公里，行车约1个小时内可达。基隆港不仅直接连结一及三号高速公路，东西岸皆各有联内道路便利区内交通，而且邻近北部政经与消费中心，进出口货源充足，邻近拥有货柜集散站与三大工业区。基隆港周边邻近六堵科技园区、大武仑工业区及瑞芳工业区，该片区重点产业以电器电子业、塑料制品业、运输货运业，机械设备制造业、金属制品制造业、饮料及食品制造业、化学材料制造业、橡胶制品制造业等为主。便利的交通和港区内的产业支撑使基隆港具有巨大的发展潜质。

为提升基隆港埠的综合竞争力，发挥港区优势，促进产业发展，基隆港务局于2003年底提出"基隆港自由贸易港区"的申设，并于2004年3月8日审议通过该申设，同时"交通部"指定基隆港为"基隆港自由贸易港区"，发展定位于公共仓储及以亚洲为腹地的配销中心。基隆港自由贸易港区由基隆港务局开发，开发范围为自E6至E22埠以及自W7至W33埠，总开发面积达71.16公顷，于2004年9月开始营运。

至2005年底，已核准营运的自由贸易港区事业计有5家，即阳明海运股

份有限公司、好好国际物流股份有限公司、永塑国际物流股份有限公司、万海航运股份有限公司及联兴国际通运股份有限公司。截至2008年12月，已进驻基隆港自由贸易港区的厂商包括好好物流（股）公司、永塑国际物流（股）公司、联兴国际通运（股）公司、阳明海运股份有限公司、万海航运股份有限公司、彩跃有限公司、拥宝国际有限公司、香港标镒汽车公司、盘亚实业有限公司、东哲行股份有限公司10家企业。

（二）基隆自由经济示范区的提出

基隆自由经济示范区的提出顺应了企业全球运筹战略的发展需求。台湾为强化其优势竞争能力，于2003年7月公布了"自由贸易港区设置管理条例"，整合企业间的物流、商流、信息流、资金流，创造台湾与世界接轨的环境。国际间贸易活动因市场开放，企业得以突破限制将全球视为单一市场，在不同国家采购或生产，并将产品营销至全球。之后，台湾为争取商机，达到"投资全球运筹基础建设，使台湾成为台商及跨国企业设置区域营运总部的最佳地区"的目的，于2013年4月出台"自由经济示范区规划方案"，同年通过"自由经济示范区第一阶段推动计划"，选择基隆港、台北港、台中港、高雄港、苏澳港、安平港和桃园航空自由贸易港区（"6海1空"）率先推动。

（三）基隆自由经济示范区的现状

基隆自由经济示范区共71.1公顷，截至2017年底投资厂商60家，总投资金额超过5100亿元新台币。基隆港发展公共仓储，主推多国拆并柜业务，提供转运、配销、重整、多国拆并柜、简易加工、深层加工等生产与贸易服务，并辐射南港内湖软件园区。

基隆自由经济示范区的发展具有天然的区内优势：

第一，港区具有发展区域性加工再出口及物流中心的潜力。基隆港区范围自东岸6至22号码头后线以及自西岸7至9及11至33号码头后线，总开发面积为71.1公顷，并设有各式专业区，可提供货主储存货物、重新组装、简易加工，作为分装配送中心、区域性加工再出口及物流之后勤网络中心，提高货物附加价值。

第二，联外公路系统完善。特一、特二、特三、台17、台61等五条连外公路呈辐射状连结高速公路，可迅速通往全台各地；铁路海线连接台湾南北，适合大量运输；基隆港靠近清泉岗机场，方便海空联运，特一号道路可快速连结清泉岗机场，有利海空联运。

第三，两岸通航的最佳港口。基隆港的地理位置与大陆东南沿海各港距离最近，基隆港距福建湄州港口的直线距离约47公里，距福建厦门港口的直线距离约67.5公里，距福建福州港口的直线距离约72.5公里，在两岸直航中具有最佳的优势。

第四，邻近多处工业区、加工出口区。基隆港邻近彰滨工业区、关连工业区、潭子加工区、中港加工区、中部科学园区等，有利发展加工出口、仓储转运业务，以提高货物附加价值。

第五，港埠作业民营化。基隆港的仓储装卸作业自始即以开放民间投资经营为主，截至2017年底投资厂商60家，总投资金额超过5100亿元，投资项目包含谷类、水泥、煤炭、液货（包括油品、化学品）等，其装卸储运设施均由公民营企业投资，业者拥有高度自主的经营空间。

第六，港埠管理信息化。基隆港推动航港业务计算机化，已具相当的规模，除与基隆港区所有航商计算机联机外，且与"交通部""关税局"、安检、卫生、航商、银行及装卸作业单位联机，提高行政效率，并设立网站提供静动态的数据查询及下载。

二、福建自由贸易试验区与基隆自由经济示范区对接合作的必要性与意义

(一) 必要性

为适应世界经济全球化的发展，防止经济被边缘化的危险，同时为了促进经济的协调发展，实现协同效应，福建自由贸易试验区与基隆自由经济示范区对接合作具有必要性。

福建自由贸易试验区与基隆自由经济示范区对接合作具有必然性。福建自由贸易试验区与基隆自由经济示范区距离较近，港口运输发达，南北分别连接珠江三角洲和长江三角洲两大经济发达区域，且福建自由贸易试验区已经形成了石油化工、装备制造、电子信息三大主导产业，开发空间广阔。基隆港区临近消费腹地，具有相关的产业支撑，港区内进出口值与进出口量呈现出大幅增长趋势，利于企业形成群聚效应。从运能的角度看，基隆港的进出港人数多，巨大的客流带动港区周边经济发展。基隆港区拥有大台北都会区的消费腹地，并有汐止、南港、内湖等科学园区与大武仑、瑞芳、六堵工业区等产业支撑，适宜进驻的企业类型有仓储、物流、组装、重整、包装、简单加工、承揽运送、转口、转运等，部分产业已产生群聚效应。因此，福建自由贸易试验区与基隆自由经济示范区对接合作，将有助于各自的建设与发展，并有助于深化两岸经济合作。

福建自由贸易试验区与基隆自由经济示范区对接合作具有互补性。从功能定位来看，福建自由贸易试验区的平潭片区定位于重点建设两岸共同家园和国际旅游岛，在投资贸易和资金人员往来方面实施更加自由便利的措施；厦门片区定位于重点发展两岸新兴产业和现代服务业合作示范区、东南国际航运中心、两岸区域性金融服务中心和两岸贸易中心；福州片区定位于重点建设先进制造业基地、21世纪海上丝绸之路沿线国家和地区交流合作的重要平台、两岸服务贸易与金融创新合作示范区。而基隆港区定位于通过整并港区土地及栈埠设施供业者进驻及租用，寻求有意愿的产业与厂商进驻，除进行港区货栈、转口、

转运、仓储等一般运输功能外，鼓励、辅导与协助进行国际贸易、物流、组装、重整、修配、展览、技术服务等业务，提升物流产值，并引介厂商给现有港区事业从事代为操作物流、组装、重整及储转业务。因此，福建自由贸易试验区是以发展服务业为主的，传统产业精细化程度高，向资本密集和技术密集方向发展，发展程度更高，可以发挥其在生物医药、新能源、新材料、节能环保、文化创意等战略性新兴产业和轻工、纺织、林产等产业上具有优势。而基隆港区是以发展公共仓储及国际物流为主的，可以发挥其在电器电子业、塑料制品业、运输货运业，机械设备制造业、金属制品制造业、饮料及食品制造业、化学材料制造业、橡胶制品制造业等产业上的优势，实现两个自由经贸区的互补。

（二）意义

通过将福建自由贸易试验区与基隆自由经济示范区的对接合作，可以创造更加优越、更加国际化的管理和环境建设，有助于两岸经济、社会、文化等方面的交流与合作的开展。

1. 平潭片区与基隆港区对接的意义

平潭片区主要包括港口经贸区、高新技术产业区和旅游商旅区。港口经贸区发展现代航运物流、国际商贸、电子信息设备制造等产业，力推在港口开发和商务中心建设的基础上，发挥临近海上国际航线和对台航运主通道的优势，联动中央商务区、临港产业区和如意城社区，加快建设港口物流聚集区、商贸服务聚集区、电子产业聚集区等产业功能性平台，重点发展国际贸易、现代物流、商务服务和电子信息设备制造等，着力打造两岸自由经济示范、区域性综合保税产业示范区和两岸电子产业融合发展聚集区，并逐步向国际自由港拓展。高新技术产业区发展海洋生物及医药、智能轻型设备制造、医疗器械等高端制造业，研发总部、制造服务等新兴服务业，主张探索两岸合作建设高新技术产业基地，联动平潭高铁中心站、中心商务区和科技文教区，加快建设研发总部聚集区、海洋产业聚集区、高端轻型制造聚集区等产业功能性平台，发挥原产地政策优势，重点发展海洋生物、医疗器械、包装材料和轻型设备制造等高新产业，推进两岸高新技术产业深度融合发展，着力全球范围内配置资源与开拓市场，共享全球化利益。国际旅游休闲区打造国际旅游岛，发展滨海旅游、健康养生、体育竞技、旅游购物、对台贸易等产业，提倡在澳前客滚码头、旅检大楼和台湾小额商品贸易市场建设的基础上，发挥对台"窗口"和优质沙滩、岬角及沙地等旅游资源优势，联动中心城区和平潭国际旅游开发，着力对接台湾旅游和旅游服务，加快建设滨海旅游聚集区、两岸旅游商贸聚集区、农渔产品加工聚集区等产业功能性平台，提升国际旅游服务水平，重点发展滨海度假、文体旅游、休闲养生、旅游购物等旅游产品，延伸拓展旅游高端业态，着力打造国际滨海风情度假岛、国际海洋文化体育基地、国际旅游休闲目的地，并逐步向国际旅游岛拓展。

通过平潭片区与基隆港区对接港口贸易、旅游业等，可增加航商靠泊基隆港的效益，增加航商航线安排灵活度及货源集货能力，为两地经贸提供更多的合作机会和更广阔的发展空间。同时，若两岸的自由贸易区可以以更加开放自由便利的态度和政策措施给予对方，促进两岸产业领域的相互开放，则两岸各方企业将有更多的机会进入到对方的自由经贸区进行生产经营、技术指导和合作等，这就为自由经贸区区内的两岸产业合作提供了发展的机会与空间。同时，若两岸有意愿推动自由贸易试验区的产业对接和产业规划，发挥市场的"看不见的手"和政府的"看得见的手"的相互作用，积极建立两岸对接机制和产业协调机制等，则将有利于减少两岸自由贸易试验区之间的过度竞争和重复投资，促进两岸自由贸易试验区的产业分工和整合发展，实现资源优势互补（唐永红、王勇，2015；唐永红、赵胜男，2017）。

2.厦门片区与基隆港区对接的意义

厦门片区重点发展两岸新兴产业和现代服务业合作示范区，其片区主要包括东南国际航运中心海沧港区和两岸贸易中心核心区。东南国际航运中心海沧港区力推发展航运物流、口岸进出口、保税物流、加工增值、服务外包、大宗商品交易等现代临港产业，构建高效便捷、绿色低碳的物流网络和服务优质、功能完备的现代航运服务体系，成为立足海西、服务两岸、面向国际，具有全球航运资源配置能力的亚太地区重要的集装箱枢纽港。两岸贸易中心核心区提倡发展高新技术研发、信息消费、临空产业、国际贸易服务、金融服务、专业服务、邮轮经济等新兴产业和高端服务业，构建两岸经贸合作最紧密区域，成为立足大陆，面向亚太地区的区域性国际贸易中心。

通过厦门片区与基隆港区对接现代物流航运业、服务业等，可提高基隆港服务质量及竞争力。基隆港区虽然港口腹地不大，但有优良的地理位置、货源及符合物流业的需求，开发前景广阔。基隆港港埠设施完备开办成本低，可以活络基隆港营运量，增加整体税收，创造就业机会，带动两地发展。同时，对基隆港区而言，还可弥补高雄港转口大陆沿岸地区腹地的不足。高雄港因地缘关系较适于与大陆东南沿岸进行转口，而基隆港较适于大陆东北港地区的转运，故基隆港区的开设可使台湾的航运转运中心目标更完善。

3. 福州片区与基隆港区对接的意义

福州片区重点建设先进制造业基地、21世纪海上丝绸之路沿线国家和地区交流合作的重要平台、两岸服务贸易与金融创新合作示范区。通过福州片区与基隆港区对接制造业、服务业等，有利于降低两个自由贸易试验区的协调成本，促进协同发展。

一方面，两区对接可以促进两岸的人才、资金流、信息流等交流合作，刺激两地自由贸易区所在地经济转型发展，进而使之成为企业深入双方市场的跳板，进海峡两岸建立更紧密的经济社会联系，推动两岸产业政策联盟，为闽台深度融合创造新机遇。另一方面，相关业务的成长，必将为两地创造更多的劳工就业机会，带动两地相关行业蓬勃发展，增加业者收益及地方税收。

福建自由贸易试验区与台湾自由经济示范区的对接可作为两岸经济贸易自由化和两岸经济一体化的先行试验区（唐永红、赵胜男，2017）。当前两岸政治互信共识少，两岸整体层面的一体化受阻，因此，为促进两岸在各个层面的相互交流，可先行在局部地区取得重要突破。通过实现两区的对接，在各自的区域内逐渐放宽资金、人员等的进入限制，降低进入壁垒，减少政策障碍，为两岸在整体层面推进经济自由化与一体化积累经验，从而促进对两岸政策的进

147

一步松绑,深化两岸经济合作。福建自由贸易试验区建设既是闽台合作的窗口,也是中国对外开放的窗口,通过创新体制,深化两岸经济和产业合作,真正建成两岸同胞合作建设、先行先试、科学发展的共同家园。两岸通过自由贸易试验区的对接,有利于推进两岸相处模式机制的创新,营造更加国际化、市场化、法治化的经济环境,为两岸经济交流新模式提供经验,对增强发展软实力,推动长远发展具有重要意义。当前,两岸已经在全球多边层面和区域多边层面推行具有一定程度的自由化,也都在单边层面以自由经贸区的模式先行先试更高程度的自由化,这为两岸自由经贸区的对接合作和区域合作发展提供了契机。总之,福建自由贸易试验区与基隆自由经济示范区对接合作具有重要的现实意义。

三、福建自由贸易试验区与基隆自由经济示范区对接合作的条件

(一)区位条件优越

1. 地理位置优越,交通便利

基隆港位于台湾东北角,向西可至万里野柳、金山、石门洞、白沙湾、淡水等地区;向东可至水湳洞、金瓜石、九份、鼻头角、福隆海水浴场、三貂角等,并一路延伸至宜兰地区,风景区内可搭乘观光巴士往返各景点。而基隆是台湾中山高速公路(俗称1高)及福尔摩沙高速公路(俗称2高)北端起点,经由中山高速公路基隆交流道下,便能抵达基隆港,这里有多条客运路线从基隆出发,行经高速公路,可于半小时抵达台北市区;加上基隆也是台湾纵贯铁路与台铁西部干线的起点站,走出基隆港西岸旅客大楼——西2库,对面便是基隆火车站北站入口,便利的交通,能满足到港旅客前往台北中山纪念馆、台北火车站或再经由转乘前往台北101、西门町或台北故宫博物院等著名景点,也提供到港旅客更丰富的旅游选择。同时,基隆港为近洋航线主要靠泊港及远洋航线转运港,联外交通便利,直接连接中山高速公路、北部第二高速路、北基

公路及铁路通往台北，并有滨海公路通往东部兰阳平原到苏澳港。

福建自由贸易试验区位于中国大陆东南沿海，气候适宜，东临台湾，处于太平洋和台湾海峡主航道，是连结长三角珠三角、海峡两岸、东亚南亚等的战略节点，也是"一带一路"的重要枢纽节点。相对于台湾，福建拥有更加丰富的土地和劳动力资源，劳动密集型和部分科技密集型产业的转移会为台商带来更大的竞争力。

自2008年两岸实现"三通"后，闽台成为两岸交通交流的主要通道，福建已形成大型海港、高速公路、高速铁路、现代空港的立体综合交通体系，可无缝通达大陆各省市区和台湾地区，且福建自由贸易试验区与基隆自由经济示范区距离较近，隔海相望，处我国南北航线和环太平洋航运要塞，地理位置得天独厚，港口运输发达，开发空间广阔，发展潜力巨大。

2. 投资环境良好

福建省经济发展迅速，是中国最具成长性和竞争力的新兴经济体之一，据2017年福建统计年鉴显示，2016年福建地区经济生产总值达到28519.15亿元人民币，同比增长8.4%；固定资产投资总额23107.49亿元，同比增长8.5%，其中港澳台商投资企业投资865.77亿元人民币，占比3.75%；金融机构人民币各项存款余额39275.82亿元，同比增长10.4%，金融机构人民币各项贷款余额36356.06亿元，同比增长13.1%；社会消费品零售总额11674.54亿元，同比增长11.1%，居民消费水平较上年增长10.9%；进出口贸易总额1568.1939亿美元，较上年减少7.12%；实际利用外资81.9465亿美元。就福建省而言，从利用外资方面来看，表6-1显示了福建省近几年利用外资的数据，可以看出利用外资金额明显增多，截至2016年底，福建省共注册28351个外商投资企业，实际利用外商直接投资81.9465亿美元，同比增长6.65%，其中，福州市实际利用外商直接投资18.1372亿美元，厦门市实际利用外商直接投资22.2401亿美元。

从自由贸易试验区自身的发展状况来看，福建自由贸易试验区的发展前景广阔，自2015年4月21日挂牌起至2016年12月31日，福建自贸试验区共新增内、外资企业48550户，注册资本9447.72亿元人民币，分别同比增长

146.71%、158.01%。其中，新增内资企业 45998 户，注册资本 8067.27 亿元人民币，分别增长 147.85%、159.23%；新增外资企业 2552 户，注册资本 1380.45 亿元人民币，分别增长 127.86%、151.11%。分片区来看，福州片区新增企业 20583 户，注册资本 3100.01 亿元人民币，分别同比增长 182.04%、154.88%；厦门片区新增企业 22764 户，注册资本 4050.84 亿元人民币，分别同比增长 124.67%、169.93%；平潭片区新增企业 5203 户，注册资本 2296.88 亿元人民币，分别同比增长 131.35%、143.12%。

表 6-1 福建利用台湾外商直接投资

年度	合同数（个）	合同金额（万美元）	实际金额（万美元）
2012	358	136196	22635
2013	314	117022	42464
2014	447	110092	36820
2015	890	282112	55331
2016	1408	292840	78296

数据来源：福建统计年鉴 2017

2014 年基隆港自由贸易港区进驻厂商核准营运者约 12 家，该年进出口贸易值 153.93 亿元新台币，较上年增加 13.26 亿元新台币，同比增长 9.43%；进出口量达 6.46 万吨，较上年增加 0.1 万吨，同比增长 1.57%。基隆自由港区营运量值详见表 6-2：

表 6-2 "基隆自由贸易港区"事业营运量值统计

年份	进出口值（亿元新台币）	增长率	进出口量（万吨）	增长率
2008年	41.49	—	1.83	—
2009年	9.40	-76.38%	0.99	-45.6%
2010年	17.78	88%	1.01	2%
2011年	48.25	172.9%	2.99	196%
2012年	128.95	167.2%	4.89	63.5%
2013年	140.67	9.09%	6.36	30.06%
2014年	153.93	9.43%	6.46	1.57%

资料来源："基隆港自由贸易港区"网站

基隆港是台湾北部最重要的消费中心，临近台北县市、桃园、新竹等主要的进出口货源地，而邻近的台北市更是台湾的主要金融中心。港区的进出口货源充足，邻近拥有货柜集散站与三大工业区、北台科技园与集装箱集散站，可以为相关产业提供支持性服务。基隆港周边的六堵科技园区、大武仑工业区及瑞芳工业区等片区，具体以发展电器电子业、塑料制品业、运输货运业，机械设备制造业、金属制品制造业、饮料及食品制造业、化学材料制造业、橡胶制品制造业等产业为主。且基隆港港口的运输成本低，竞争力强，同时，基隆港定期航线密集，有利于转口业务发展。

3. 产业配套设施完善

福建自由贸易试验区南北分别连接珠江三角洲和长江三角洲两大经济发达区域，当前福建自由贸易试验区已经形成了石油化工、装备制造、电子信息三大主导产业，2016年福建的石油加工、炼焦和核燃料加工业的总资产贡献率为35.82%，设备制造业的总资产贡献率为27.38%，在生物医药、新能源、新材料、节能环保、文化创意等战略性新兴产业和轻工、纺织、林产等产业上具有优势。而基隆港区适合发展轻薄短小产业，发展零组件进储、加工、再出口、消费品加值配销、多国货柜物加值集并等业务，其在电器电子业、塑料制品业、运输货运业、机械设备制造业、金属制品制造业、饮料及食品制造业、化学材料制造业、橡胶制品制造业等产业上具有优势。

为使"基隆港自由贸易港区"能以计算机联机或电子数据传输方式处理相关业务，其配置了自动化门哨管制系统、自由港区CCTV监视系统，并进行信息平台建置等，完善相关软硬件设施。其中，基隆港自动化门哨管制系统促使港区货物控管计算机化，依各区域规划位置，在北堤、北突堤、十四路口、十路口、中突堤、南泊渠及西码头七处门哨设置自动化管制系统；该系统将登录货柜(物)进出港区门哨信息，并经自由港区管理机关信息平台与海关货柜(物)动态数据库及港区事业交换数据。

自由港区CCTV监视系统配合自动化门哨管制，设立实体围墙及CCTV监视器总距离约7340米，明显区隔自由港区管制区与非管制区，并符合国际船舶与港口设施保全章程(ISPS)规定。

信息平台建置设施通过自由港区管理机关整合港区相关单位对人、车、货柜进出管制的电子数据需求，在不同作业与申办流程中，规划可行的系统整合方案，以达成单一平台、单一窗口之目标，将港警局人车通行管理、自由港区事业、港区门哨、海关放行信息、关贸网络柜动库等信息进行数据交换与传递，并由平台控管所有信息的流通，经由此接口作为电子数据传输机制的桥梁，达成人车货控管要求。

（二）功能定位明晰

1. 福建自由贸易试验区功能定位

福建自由贸易试验区与上海自由贸易试验区等其他自由贸易试验区相比，突出对台投资贸易自由是福建自由贸易试验区最大的特色所在。

其战略定位是：围绕立足两岸、服务全国、面向世界的战略要求，充分发挥改革先行优势，营造国际化、市场化、法治化营商环境，把自贸试验区建设成为改革创新试验田；充分发挥对台优势，率先推进与台湾地区投资贸易自由化进程，把自贸试验区建设成为深化两岸经济合作的示范区；充分发挥对外开放前沿优势,建设21世纪海上丝绸之路核心区,打造面向21世纪海上丝绸之路沿线国家和地区开放合作新高地。

其功能定位是:按区域布局划分,平潭片区主要包括港口经贸区、高新技术产业区和旅游商旅区,以重点建设两岸共同家园和国际旅游岛为目标,在投资贸易和资金人员往来方面实施更加自由便利的措施,其主要围绕建设两岸共同家园和国际旅游岛定位,以体制机制创新为主线,以重点项目带动为抓手,以促进产业发展为目标,在政府管理模式创新与投资管理体制改革、培育新型商业形态、推进通关便利化、推进航运便利化、搭建两岸金融合作平台、扩大服务业开放、国际旅游岛建设等方面提出了42项试验项目和137条试验措施;厦门片区重点发展两岸新兴产业和现代服务业合作示范区、东南国际航运中心、两岸区域性金融服务中心和两岸贸易中心;福州片区重点建设先进制造业基地、21世纪海上丝绸之路沿线国家和地区交流合作的重要平台、两岸服务贸易与金融创新合作示范区。

2. 基隆自由经济示范区功能定位

基隆港的发展定位为公共仓储及以亚洲为腹地的配销中心,通过整并港区土地及栈埠设施供业者进驻及租用,寻求有意愿的产业与厂商进驻,除进行港区货栈、转口、转运、仓储等一般运输功能外,鼓励、辅导与协助进行国际贸易、物流、组装、重整、修配、展览、技术服务等业务,提升物流产值,并引介厂商给现有港区事业从事代为操作物流、组装、重整及储转业务。基隆自由经济示范区的合作重点领域为公共仓储及国际物流,同时,公共仓储、多国拆并柜、加工贸易为其重点产业。基隆自由经济示范区目前正在转型为仓储转运专区,即是第二代的加工出口区,结合制造、研发、设计、组合、发货等功能于一体。因此,随着加工出口区的转型,将有机会为港口带来更多的货源。

从各自由港区的发展绩效来看,桃园空港自由港区进驻家数最多,但在各自由港区进出口贸易值与增长变化上,桃园空港、台北港、基隆港三大自由港区的进出口贸易值最多,而前二者在2010年后有下滑趋势,仅基隆港贸易值呈现持续增长。

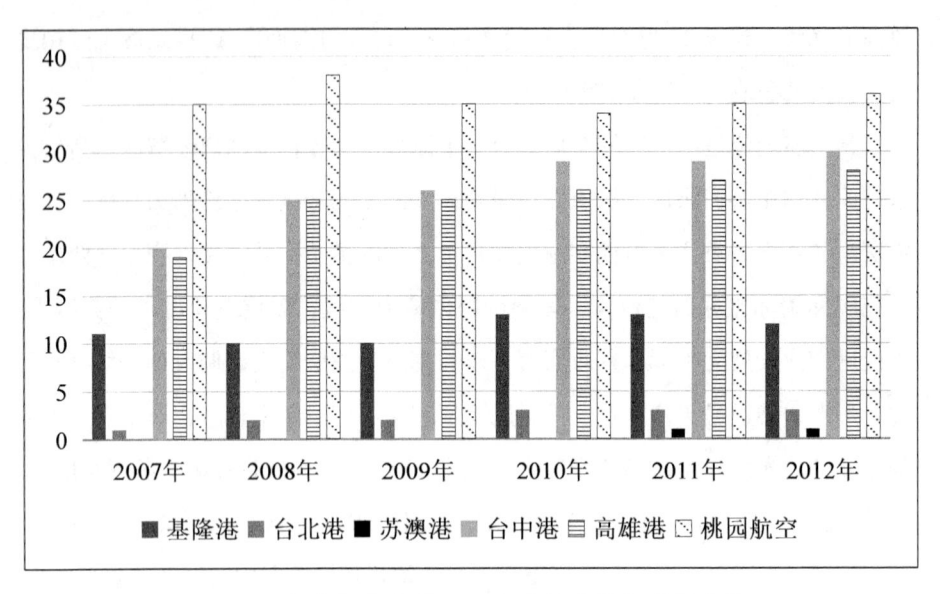

图 6-1 台湾各自由港区厂商进驻家数与增长变化

表 6-3 厦门自由贸易试验区与基隆自由经济示范区各片区的功能定位

	具体片区	功能定位
福建自由贸易试验区	平潭片区 — 港口经贸区	在港口开发和商务中心建设的基础上,发挥临近海上国际航线和对台航运主通道的优势,联动中央商务区、临港产业区和如意城社区,加快建设港口物流聚集区、商贸服务聚集区、电子产业聚集区等产业功能性平台,重点发展国际贸易、现代物流、商务服务和电子信息设备制造等,着力打造两岸自由经济示范区、区域性综合保税产业示范区和两岸电子产业融合发展聚集区,并逐步向国际自由港拓展。
	平潭片区 — 高新技术产业区	探索两岸合作建设高新技术产业基地,联动平潭高铁中心站、中心商务区和科技文教区,加快建设研发总部聚集区、海洋产业聚集区、高端轻型制造聚集区等产业功能性平台,发挥原产地政策优势,重点发展海洋生物、医疗器械、包装材料和轻型设备制造等高新产业,推进两岸高新技术产业深度融合发展,着力全球范围内配置资源与开拓市场,共享全球化利益。

续表

	具体片区	功能定位
	旅游商旅区	在澳前客滚码头、旅检大楼和台湾小额商品贸易市场建设的基础上，发挥对台"窗口"和优质沙滩、岬角及沙地等旅游资源优势，联动中心城区和平潭国际旅游开发，着力对接台湾旅游和旅游服务，加快建设滨海旅游聚集区、两岸旅游商贸聚集区、农渔产品加工聚集区等产业功能性平台，提升国际旅游服务水平，重点发展滨海度假、文体旅游、休闲养生、旅游购物等旅游产品，延伸拓展旅游高端业态，着力打造国际滨海风情度假岛、国际海洋文化体育基地、国际旅游休闲目的地，并逐步向国际旅游岛拓展。
厦门片区	东南国际航运中心海沧港区	实施范围：区域面积24.41平方千米。 功能定位：发展航运物流、口岸进出口、保税物流、加工增值、服务外包、大宗商品交易等现代临港产业，构建高效便捷、绿色低碳的物流网络和服务优质、功能完备的现代航运服务体系，成为立足海西、服务两岸、面向国际，具有全球航运资源配置能力的亚太地区重要的集装箱枢纽港。
	两岸贸易中心核心区	实施范围：区域面积19.37平方千米，四至范围：北侧、西侧、东侧紧邻大海，南侧以疏港路、成功大道、枋钟路为界。 功能定位：发展高新技术研发、信息消费、临空产业、国际贸易服务、金融服务、专业服务、邮轮经济等新兴产业和高端服务业，构建两岸经贸合作最紧密区域，成为立足大陆，面向亚太地区的区域性国际贸易中心。
福州片区		重点建设先进制造业基地、21世纪海上丝绸之路沿线国家和地区交流合作的重要平台、两岸服务贸易与金融创新合作示范区。
基隆自由经济示范区	东6-22码头区：14公顷	功能定位：公共仓储及以亚洲为腹地的配销中心。以整并港区土地及栈埠设施供业者进驻及租用，寻求有意愿之产业与厂商进驻，除进行港区货栈、转口、转运、仓储等一般运输功能外，鼓励、辅导与协助进行国际贸易、物流、组装、重整、修配、展览、技术服务等业务，提升物流产值，并引介厂商给现有港区事业从事代为操作物流、组装、重整及储转业务。 合作重点领域：公共仓储及国际物流。 合作重点产业：公共仓储、多国拆并柜、加工贸易等为其重点产业。
	西7-9码头区：4.1公顷	
	西11-33码头区：53公顷	

(三)经济现状与政策推动

1. 经济面临转型升级

当前闽台正处于转变经济增长方式、提升产业结构的阶段。闽台自由经贸区对接合作是由自身的经济结构以及所面临的经济状况所决定的(参见表6-4、表6-5)。一方面,大陆经济进入"新常态",经济压力增大,传统优势产业面临新的挑战,改革步入深水区,经济增长模式和经济发展空间面临较大的挑战。2016年福建省人均GDP增长率为7.5%,但近两年略有下降,福建省希望通过自由贸易区建设以进一步发展外向型经济,以此来推动新一轮的经济改革。

另一方面,随着全球经济一体化与自由化趋势的加深,台湾面临着经济被边缘化的危险。自进入21世纪以来,台湾经济疲软,出口低迷,投资不足,内需不振,民间消费下降,实际薪资水平停滞不前。作为一个外向型经济体,2016年台湾出口总额为2804亿美元,同比降低1.7%,进口总额2309.4亿美元,同比降低2.6%,"闷经济"一直困扰着台湾,青年人失业率居高不下,薪资停滞,岛内不满情绪增加。如表6-5所示,自1978年到2000年之间,台湾经济在波动中增长,其失业率较好地控制在2%的水平。进入21世纪以后,台湾经济增长率下降,甚至出现负增长,失业率高达4%,且男性失业率高于女性,造成结构性失业和人均收入分配不均。与此同时,台湾的传统产业外移,2000—2008年,台湾制造业加快向大陆转移,台湾外销订单在海外的生产比重自2003年的24%迅速上升至2008年的47%,其中IT产品海外生产比重由47%迅速上升至85.1%。在此背景下,台湾希望通过自由经济示范区建设实施更大幅度的开放政策,为经济注射新的活力,寻找新的经济增长点,防止台湾经济被边缘化,为实现区域经济整合创造更好的条件。

表 6-4 福建与台湾的 GDP 增速对比

年份	福建省		台湾	
	GDP（亿元）	增长速度	GDP（新台币）	增长速度
2012	19701.78	11.4%	14686917	2.62%
2013	21868.49	11.0%	15230739	3.7%
2014	24055.76	9.9%	16111867	5.79%
2015	25979.82	9.0%	16759016	4.02%
2016	28519.15	8.4%	17111263	2.1%

资料来源：福建省统计年鉴 2017；台湾"行政院主计处"，笔者自己整理计算得出。

表 6-5 台湾劳动力人口、劳动力参与率及失业率

单位：百万人；%

年度	劳动力人口			劳动力参与率			失业率		
	合计	男	女	合计	男	女	合计	男	女
1978	6.337	4.250	2.087	58.76	77.96	39.13	1.67	1.57	1.86
1979	6.515	4.356	2.159	58.73	77.95	39.23	1.27	1.15	1.53
1980	6.629	4.406	2.223	58.26	77.11	39.25	1.23	1.11	1.47
1981	6.764	4.503	2.261	57.82	76.78	38.76	1.36	1.21	1.65
1982	6.959	4.605	2.354	57.93	76.47	39.3	2.14	2.08	2.25
1983	7.266	4.687	2.580	59.26	76.36	42.12	2.71	2.68	2.76
1984	7.491	4.778	2.713	59.72	76.11	43.3	2.45	2.44	2.46
1985	7.651	4.860	2.790	59.49	75.47	43.46	2.91	2.9	2.92
1986	7.945	4.957	2.988	60.37	75.15	45.51	2.66	2.75	2.53
1987	8.183	5.065	3.118	60.93	75.24	46.54	1.97	1.96	1.97
1988	8.247	5.130	3.116	60.21	74.83	45.56	1.69	1.7	1.68
1989	8.390	5.231	3.159	60.12	74.84	45.35	1.57	1.57	1.56
1990	8.423	5.263	3.160	59.24	73.96	44.5	1.67	1.68	1.64
1991	8.569	5.355	3.214	59.11	73.8	44.39	1.51	1.5	1.53
1992	8.765	5.460	3.304	59.34	73.78	44.83	1.51	1.47	1.57
1993	8.874	5.497	3.377	58.82	72.67	44.89	1.45	1.36	1.59

续表

年度	劳动力人口			劳动力参与率			失业率		
	合计	男	女	合计	男	女	合计	男	女
1994	9.081	5.595	3.485	58.96	72.44	45.4	1.56	1.51	1.65
1995	9.210	5.659	3.551	58.71	72.03	45.34	1.79	1.79	1.8
1996	9.310	5.662	3.648	58.44	71.13	45.76	2.6	2.72	2.42
1997	9.432	5.731	3.701	58.33	71.09	45.64	2.72	2.94	2.37
1998	9.546	5.780	3.767	58.04	70.58	45.6	2.69	2.93	2.33
1999	9.668	5.812	3.856	57.93	69.93	46.03	2.92	3.23	2.46
2000	9.784	5.867	3.917	57.68	69.42	46.02	2.99	3.36	2.44
2001	9.832	5.855	3.977	57.23	68.47	46.1	4.57	5.16	3.71
2002	9.969	5.896	4.074	57.34	68.22	46.59	5.17	5.91	4.1
2003	10.076	5.904	4.172	57.34	67.69	47.14	4.99	5.51	4.25
2004	10.240	5.968	4.272	57.66	67.78	47.71	4.44	4.83	3.89
2005	10.371	6.012	4.359	57.78	67.62	48.12	4.13	4.31	3.88
2006	10.522	6.056	4.467	57.92	67.35	48.68	3.91	4.05	3.71
2007	10.713	6.116	4.597	58.25	67.24	49.44	3.91	4.05	3.72
2008	10.853	6.173	4.680	58.28	67.09	49.67	4.14	4.39	3.83
2009	10.917	6.180	4.737	57.9	66.4	49.62	5.85	6.53	4.96
2010	11.070	6.242	4.828	58.07	66.51	49.89	5.21	5.8	4.45
2011	11.200	6.304	4.896	58.17	66.67	49.97	4.39	4.71	3.96
2012	11.341	6.369	4.972	58.35	66.83	50.19	4.24	4.49	3.92
2013	11.445	6.402	5.043	58.43	66.74	50.46	4.18	4.47	3.8
2014	11.535	6.441	5.094	58.54	66.78	50.64	3.96	4.27	3.56
2015	11.638	6.497	5.141	58.65	66.91	50.74	3.78	4.05	3.44
2016	11.727	6.541	5.186	58.75	67.05	50.8	3.92	4.19	3.57

资料来源：台湾"劳动部"。

2. 经济具有互补性

闽台当前所面临的经济状况均不容乐观，但闽台经济具有互补性。

一方面,台湾是浅碟型的岛屿经济体,市场狭小,容易实现精细化操作,且台湾已经步入后工业化社会,以服务业为主导;而大陆则是市场广大,工业化加速时期基本结束,处于由工业化向服务业社会的转变时期,生产方式相对粗放。具体来说,基隆自由经济示范区定位于公共仓储及以亚洲为腹地的仓储中心等产业,福建自由贸易试验区以石油化工、装备制造和电子信息为主。

另一方面,闽台在分工、投资、贸易等方面存在着密切的联系,形成了一定的相互依存度,但当前经济交流与合作主要集中在制造业领域,台湾岛内收益面相对较小。2016年福建省第一产业的增加值率为59.1%,第二产业的增加值率为25%,第三产业的增加值率为53%,可以看出福建省的第一产业和第三产业所带来的附加值增长率更高,而第二产业增加值率相对较弱。因此,福建可以通过引入基隆的先进技术、人才等来实现其第二产业增加值率的提高,实现从第二产业向第三产业转变,基隆也可以借此实现其与大陆农业的对接、服务业的对接等,促进出口贸易的增长,通过产业的对接来实现两地三大产业的发展。

3. 政策优势明显

基隆自由经济示范区对港区内的企业提供较大的优惠政策,其港区内实施租金优惠、行政管理费优惠和行政措施简化。具体而言,第一,租金优惠。自由贸易港区招标案之竞标标的管理费,以较优惠的底价作价。第二,行政管理费优惠。自由贸易港区事业管理费:依合约约定可优惠免收。第三,行政措施简化。自由贸易港区事业进驻及营运所需办理事项,以单一服务窗口办理服务。

福建自由贸易试验区对片区内的企业也提供了较大的优惠政策,在放宽准入经营条件、鼓励自主创新、拓宽投资领域、实施税费优惠、支持企业融资和开拓市场、采用"负面清单"管理模式、加强企业和项目服务等方面给台商提供了众多保障政策。大陆坚持互利共赢,长期对台商采取"同等优先,适当放款"的优惠政策,实施对台采购等一系列惠台利民措施,照顾台湾的合理需求与关切。两区对接具有政策优势,自由贸易试验区合作有助于区域经济发展。当前国务院已经出台了促进外资增长的若干条措施,通过全面实施准入前国民待遇加负面清单管理制度和进一步扩大市场准入对外开放范围等进一步减少外资准入限制,并制定了鼓励境外投资者继续扩大在华投资、发挥外资对优化服务贸易结构的积极作用、促进利用外资与对外投资相结合、鼓励跨国公司在华投资设立地区总部、促进外资向西部地区和东北老工业基地专业和支持重点引资平台基础设施和重大项目建设等财税支持政策,并通过充分赋予国家级开发区投资管理权限、支持国家级开发区项目落地、支持国家级开发区拓展引资空间和支持国家级开发区提升产业配套服务能力等措施来完善国家级开发区综合投资环境,通过完善外国人才引进制度和积极引进国际高端人才等便利人才出入境,通过提升外商投资水平、保障境外投资者利润自由汇出、抓紧完善外资法律体系等优化营商环境。因此,中央通过对福建自由贸易试验区的优惠政策,有利于积极推进对台贸易便利化、深化对台交流合作,打造两岸关系和平发展的新载体、新平台。

四、福建自由贸易试验区与基隆自由经济示范区对接合作的内容与措施

福建自由贸易试验区和基隆自由经济示范区应立足于深化两岸经济合作,并结合两地的特色,推动两区之间投资贸易自由化和资金人员往来便利化进程,借助"一带一路"进一步优化对外开放格局。福建自由贸易试验区与基隆自由经济示范区宜在产业、基础设施、物流、信息、人才等多个层面进行对接合作,以形成竞合发展与协同发展态势。

(一)产业对接合作

第一,福建自由贸易试验区与基隆港区应加强经济互动,加强双方经济交流沟通。首先,应加强行业公会沟通,加强双方所在区域工业同业公会的对接,建立常态化的交流合作机制,商定对接合作规划,为进入双方市场搭建桥梁。其次,应当加强福建自由贸易试验区与基隆自由经济示范区的产业发展协调机

构合作，推进福建自由贸易试验区与基隆自由经济示范区的产业深度合作，福建自由贸易试验区应主动与基隆自由经济示港的产业界相关机构联络合作，借助其在基隆地区的影响力，建立福建自由贸易试验区与基隆自由经济示范区的整体产业合作关系，推进两个自由贸易试验区产业的深度交流合作。最后，应开展两区相关产品与行业的互联互通互补，建立合作厂区，促进相关协作。

第二，福建自由贸易试验区与基隆港区应尽快确定互补产业合作项目及产业对接合作规划，研拟制定两区对接合作具体政策，并据此拟定相应的合作战略重点与实施规划。通过平潭片区与基隆港区对接港口贸易、旅游业等，增加航商航线安排灵活度及货源集货能力，为两地经贸提供更多的合作机会和更广阔的发展空间；通过厦门片区与基隆港区对接现代物流航运业、服务业等，提高基隆港服务质量及竞争力；通过福州片区与基隆港区对接制造业、服务业等，降低两个自由贸易试验区的协调成本，促进协同发展。

应建立福建自由贸易试验区与基隆自由经济示范区的产业界交流合作工作机制，定期组织两区产业界的优秀人才和企业家进行双向交流，充分发挥福建自由贸易试验区与基隆自由经济示范区各自的品牌优势，加强两岸相关产业市场开发，提高两岸管理合作力度，共享两岸各自先进的管理经验及营销模式。应深入开展相关研究，跟踪深化对接合作机制与模式，以不断深化和完善与台湾示范区的合作机制与模式，为未来在福建自由贸易试验区与基隆港区之间建立跨境贸易示范区开展先行先试。

第三，应引进产业链关键企业，充分发挥双方在各自由贸易试验区的投资示范效应与优势，选择性地引进重点发展产业中产业链的关键企业，带动和培育产业发展，应当积极拓展福建自由贸易试验区与基隆自由经济示范区之间的产业价值链各环节合作，积极引进基隆自由经济示范区的资金、技术、人才等，将两区产业合作拓展到价值链的多个环节，提高产品附加值，实现产业升值。应鼓励福建自由贸易试验区的企业以参股、合作等方式赴基隆港区投资，与基隆港区的科技创新园区及其关键企业积极对接，提升合作密度与深度。同时借助福建自由贸易试验区的陆资入岛，为其引进台资项目和企业另辟蹊径。

自由经贸区以更加开放、自由、便利的特殊政策措施来刺激产业经济的发展，然而，若两岸同时以经贸活动自由化政策措施刺激产业发展，必然将会引起竞争。表6-6显示了闽台贸易状况，数据显示，闽台贸易总额自2014年来逐年下降，其中，福建从台湾进口贸易上升，但是向台湾出口贸易骤减。因此，两岸双方应该加强信息的对接合作，整合资源，实现资源的优势互补。为实现减小竞争、协同发展，两岸自由贸易试验区首先应该相互开放产业投资活动，以便市场机制发挥产业对接合作的作用，之后可以推动产业规划对接、产业政策协调等事项。也就是说，两岸自由经贸区行政当局应积极建立产业投资准入政策开放机制、产业政策协调机制、产业规划对接机制，充分发挥"看得见的手"的作用，以促进两岸自由贸易区的产业对接与整合发展（唐永红、王勇，2015；唐永红、赵胜男，2017）。

表6-6 闽台贸易额

单位：亿美元

年度	闽台进出口	福建向台湾出口	福建从台湾进口
2010	103.9	22.1	81.8
2011	116.1	30	86.1
2012	119.6	30.9	88.7
2013	128.5	32.2	96.3
2014	124.3	38.2	86.1
2015	111.6	37.3	74.3
2016	99.1	38.4	60.7

数据来源：福建统计年鉴2017

第四，应当促进金融服务创新对接，鼓励福建自由贸易试验区企业以参股、入股、合作等方式对基隆自由经济示范区进行投资，打造商贸服务集聚区，促进两个自由贸易试验区在证券、基金、银行、保险等金融服务领域的合作，通过与基隆自由经济示范区的关键企业和产业积极对接，提升福建自由贸易试验

分论五　福建自由贸易试验区与基隆自由经济示范区对接合作

区与基隆自由经济示范区的合作深度。

（二）基础设施对接合作

基隆自贸港区虽然区位条件良好，具有发展潜力，但港区基础设施建设上仍有待完善。第一，港区内用地不足，潮差小，大型货柜船进港受限，港区无法提供大航商承租，导致大航商转移航线；第二，设备老旧，缺乏现代化仓储设施，不如具有新仓储设备的台北港；第三，港区联外道路系统能量不足，对外交通具有瓶颈；第四，港区内机具的采购、保养、报退制度僵硬。因此两个自由贸易试验区应加强基础设施的归结合作。

基础设施对接合作主要包括两岸的物流通道、港口建设、通讯设施等的对接合作。福建自由贸易试验区产业环境配套设施完善，已形成石油化工、装备制造、电子信息三大主导产业，生物医药、新能源、新材料、节能环保、文化创意等战略性新兴产业和轻工、纺织、林产等优势产业；闽台产业对接是经贸交流的重要环节，可谓亮点纷呈。过去的5年，首个两岸LED产业联合研发中心落户福建，台湾光伏玻璃等重大台资项目在漳州建成投产，台湾银行福州分行、中国信托商业银行厦门分行等台资金融企业相继获批开业，联华电子、华佳彩等一批重大台资项目进展顺利。截至2017年7月底，福建累计批准台资项目17048个（含第三地）、合同台资419.15亿美元，累计批准赴台投资企业或分支机构83家，协议投资额3.83亿美元，居大陆首位，台湾也已成为福建的第二大外资来源地。闽台贸易额累计9427.4亿元。在产业合作中，闽台农业合作也是一大亮点，尤其在台湾农民创业园的示范带动下，闽台紧密型农业产业合作关系正在形成。2012年至2017年8月，福建批办台资农业项目277个，实际利用台资3.8亿美元，农业台资项目数和利用台资额持续居大陆首位。福建累计批办台资农业项目2614个，实际利用台资21.3亿美元。而基隆港以发展公共仓储，主推多国拆并柜业务为主，提供转运、配销、重整、多国拆并柜、简易加工、深层加工等生产与贸易服务，并辐射南港内湖软件园区。基隆港邻近彰滨工业区、关连工业区、潭子加工区、中港加工区、中部科学园区等，有利发展加工出口、仓储转运业务。

　　基础设施通道是福建自由贸易试验区和基隆自由经济示范区对接合作的基础硬件，包括港口设施、通讯设施、航线配置等等。首先，应加强和完善福建自由贸易试验区与基隆自由经济示范区的海、陆、空物流通道的无缝对接，可推动福建自由贸易试验区与基隆自由经济示范区建设点对点合作两岸物流快运渠道，提升加工出口和物流中转功能，促进两岸海运快递中心建设，促进福建自由贸易试验区和基隆自由经济示范区之间的跨海峡组合港建设，推动港口开发建设，共同开发福建、基隆自由贸易试验区的港口资源；其次，应进一步加强福建自由贸易试验区与基隆自由经济示范区在集装箱、散杂货、客运滚装等领域的港航业务合作，共同经营福建与基隆之间的航线，合作开辟经营集装箱班轮航线，实现两岸自由经贸区的船务公司舱位互换与共享；再次，应进一步完善空港港口等基础设施，形成完善的国际航线、国际分拨、国际物流和国际进出口贸易功能；最后，还应进一步完善福建自由贸易试验区与基隆自由经济示范区港口、航线的通讯设施，并实现两区对接联通。

（三）物流对接合作

　　基隆港的发展定位为公共仓储及以亚洲为腹地的配销中心，其合作重点领域为公共仓储及国际物流，同时，公共仓储、多国拆并柜、加工贸易为其重点产业。因此福建自由贸易试验区和基隆自由经济示范区应加强和完善物流通道无缝对接，实现两个自由经贸区在转运、仓储等一般运输功能的合作以及在国际贸易、物流、组装、重整、修配、展览、技术服务等业务方面的合作，提升物流产值。基隆自由经济示范区目前正在转型为仓储转运专区，即是第二代的加工出口区，结合制造、研发、设计、组合、发货等功能于一体。福建自由贸易试验区在进一步完善港口设施，以及与内陆铁路、公路及空港链接设施建设的同时，要加快建设两岸先行先试的国际一流保税物流园区，形成完善的国际航线、国际分拨、国际物流和国际进出口贸易功能。加快与基隆港区之间的海、陆、空通道的无缝对接，开展实质性的业务沟通，建立适合双方合作的海关监管、检验检疫、退税、跨境支付、物流等支撑系统等。

第一，应拓展流合作领域与业务，推进物流双向投资合作。在福建自由贸易试验区为台湾物流企业建置货柜停放区、物流专区，为大陆沿海省份提供物流服务，进而建立和固化长效合作机制。

第二，应尽快探索物流对接的管理模式。与基隆港区洽谈建立合作通关制度，探索通关合作模式，进一步健全商务、海关、检验检疫、税务、金融、港务等部门联系机制，探索"虚拟海关"与"实体海关"相结合的管理体制和模式，提高物流效率，降低物流成本，为双方经贸合作提供便捷服务。

（四）信息对接合作

信息对接通道建设旨在解决信息不对称，实现信息共享。这既是经贸活动顺畅开展的一个重要条件，也是共同市场的一个重要内容。信息方面的对接合作主要包括物流管理信息、客户管理信息、检测维修信息、医疗信息、检疫检验信息、关务行政信息等的对接合作（唐永红、王勇，2015；唐永红、赵胜男，2017）。

基隆港区作为仓储中心，应构建完善的海运信息系统。在现有仓储环境的基础上，完善信息技术的应用，加强信息网络的建设，使仓储增值业务水平进一步提高，从而有效地将各操作环节合理对接，把仓储业的功能向上下游延伸，以获得更多的增值收入。同时，仓储业的发展要进一步与国际接轨，应提高信息化水平，优化业务流程，提高仓储效率，扩大服务对象。

第一，应当允许基隆自由经济示范区有关产业合作组织在福建自由贸易试验区设立办事机构，专门用于协调两区的相关产品及贸易等事宜，完善产业合作交流机制，推动福建自由贸易试验区的产业部门与基隆自由经济示范区的产业界签署有关合作协议，推动两区的产业合作，开展实质性合作，共同设计研发，合作营销，建立共同市场。

第二，应该推动福建自由贸易试验区和基隆自由经济示范区在港口、物流、海关等方面开展云计算管理平台技术交流合作，促进两岸共同市场一体化信息平台的建设。

第三，应该推动福建自由贸易试验区和基隆自由经济示范区开展实质性的业务沟通，建立相应的物流管理、跨境支付、检验检疫等支撑体系。

第四，应该推动福建自由贸易试验区和基隆自由经济示范区建立商品标准检测机构建设，进行产品相互检测认证合作，建设对经福建、基隆自由贸易试验区输出的商品进行进口检验认证的集中协办平台。

第五，应该加强在福建自由贸易试验区和基隆自由经济示范区建设跨境电子商务产业园，以及搭建两岸信息互换监管互认执法互助的关港贸一体化信息对接平台，推动两岸共同市场一体化信息对接平台建设，实现跨境电子商务进出口业务和公共服务信息平台的对接合作。

结　语

当前，两岸经济均面临转型升级。大陆经济进入"新常态"，福建省希望通过自贸区建设推动新一轮的经济改革。台湾面临着经济被边缘化的危险。进一步推动经贸活动自由化，系两岸的必然选择。基隆自由经济示范区共71.1公顷，重点发展公共仓储，主推多国拆并柜业务，提供转运、配销、重整、多国拆并柜、简易加工、深层加工等生产与贸易服务。与大陆东南沿海各港距离最近，在两岸直航中具有最佳的优势。福建自由贸易试验区与基隆自由经济示范区对接合作，有助于两岸两区经济发展，也有着优越的区位条件、良好的经济互补性、明晰的功能定位和明显的政策优势：

一是区位条件优越。（1）地理位置优越，交通便利。福建自贸区与基隆自经区距离较近，隔海相望，处我国南北航线和环太平洋航运要塞，地理位置得天独厚，港口运输发达。（2）投资环境良好。基隆港位于北部最重要的消费中心，临近台北县市、桃园、新竹等主要的进出口货源地，而邻近的台北市更是台湾的主要金融中心。（3）产业配套设施完善。福建自贸区已经形成了石油化工、装备制造、电子信息三大主导产业；而基隆港区在电器电子业、塑料制品业、运输货运业，机械设备制造业、金属制品制造业、饮料及食品制造业、化学材料制造业、橡胶制品制造业等产业上具有优势。

二是经济互补性良好。闽台经济存在不对称性，具有互补性。台湾是浅碟型的岛屿经济体，市场狭小，容易实现精细化操作，且以服务业为主导。而大陆则是市场广大，处于由工业化向服务业社会的转变时期，生产方式相对粗放。

三是功能定位明晰。突出对台投资贸易自由是福建自由贸易试验区最大的特色所在。基隆港的发展定位为公共仓储及以亚洲为腹地的配销中心，通过整并港区土地及栈埠设施供业者进驻及租用，提升物流产值，并引介厂商给现有港区事业从事代为操作物流、组装、重整及储转业务。

四是政策优势明显。基隆自经区对港区内的企业实施租金优惠、行政管理费优惠和行政措施简化等优惠政策。福建自贸区也在放宽准入经营条件、鼓励自主创新、拓宽投资领域、实施税费优惠、支持企业融资和开拓市场、采用"负面清单"管理模式、加强企业和项目服务等方面给台商提供了众多保障政策。

福建自由贸易试验区与基隆自由经济示范区的对接合作，宜结合两地的特色，借助"一带一路"建设，在产业、基础设施、物流、信息等多个层面进行对接合作。

产业对接合作方面。（1）两区宜加强经济互动，加强双方经济交流沟通。（2）两区可确定互补产业合作项目及产业对接合作规划，研拟制定对接合作具体政策，并据此拟定相应的合作战略重点与实施规划。（3）可引进产业链关键企业，充分发挥双方在各自由贸易试验区的投资示范效应与优势，积极拓展两区之间的产业价值链各环节合作。（4）宜促进金融服务创新对接，打造商贸服务集聚区，促进两区在证券、基金、银行、保险等金融服务领域的合作。

基础设施对接合作方面。（1）宜加强和完善福建自由贸易试验区与基隆自由经济示范区的海、陆、空物流通道的无缝对接，可推动建设点对点合作两岸物流快运渠道促进两岸海运快递中心建设，促进跨海峡组合港建设，推动港口开发建设，共同开发福建、基隆自由贸易试验区的港口资源。（2）可进一步加强两区在集装箱、散杂货、客运滚装等领域的港航业务合作,共同经营福建与基隆之间的航线,合作开辟经营集装箱班轮航线,实现两岸自由经贸区的船务公司舱位互换与共享。(3)可进一步完善空港港口等基础设施,形成完善的国际航线、国际分拨、国际物流和国际进出口贸易功能。(4)可进一步完善两区港口、航线的通讯设施,并实现两区对接联通。

物流对接合作方面。(1)可拓展物流合作领域与业务,推进物流双向投资合作。(2)宜探索物流对接的管理模式,与基隆港区洽谈建立合作通关制度,为双方经贸合作提供便捷服务。

信息对接合作方面。(1)可推动两区的产业界签署有关合作协议,开展实质性合作,共同设计研发,合作营销,建立共同市场。(2)宜推动两区在港口、物流、海关等方面开展云计算管理平台技术交流合作,促进两岸共同市场一体化信息平台的建设。(3)可推动两区开展实质性的业务沟通,建立相应的物流管理、跨境支付、检验检疫等支撑体系。(4)宜推动两区建立商品标准检测机构建设,进行产品相互检测认证合作。(5)可加强在两区建设跨境电子商务产业园,以及搭建两岸信息互换、监管互认、执法互助的关港贸一体化信息对接平台,实现跨境电子商务进出口业务和公共服务信息平台的对接合作。

参考文献

[1] 福建社会科学院课题组:《深化福建自由贸易试验区与台湾自由经济示范区对接合作研究》,《亚太经济》,2016年第3期。

[2] 林晓伟、李非:《福建自由贸易试验区建设现状及战略思考》,《中国经贸》,2015年第1期。

[3] 唐永红:《厦门经济特区建设自由经贸区问题研究》,《台湾研究集刊》,2013年第1期。

[4] 唐永红,王勇:《海峡两岸自由经贸区对接合作研究》,《台湾研究》,2015年第3期。

[5] 唐永红、赵胜男:《福建自由贸易试验区与台湾自由经济示范区对接合作研究》,《大陆自由经贸区发展与两岸互动:机会与挑战》(陈德升主编),INK印刻文学生活杂

志出版有限公司,2017年6月出版。

[6] 吴文杰:《自由贸易港区成功关键因素分析——以中国台湾基隆港为例》,《研究与探讨》,2011年第4期。

[7] 王勇:《台湾"自由经济示范区"规划建设及对两岸区域经济合作的影响》,《台湾研究集刊》,2014年第6期。

[8] 王春雷:《福建自由贸易试验区与台湾自由经济示范区对接研究》,《经济论坛》,2018年第1期。

分论六　福建自由贸易试验区与屏东自由经济示范区对接合作

引　言

2013年8月台湾当局正式启动实施"自由经济示范区"建设；2015年4月"福建自由贸易试验区"正式挂牌成立。自此，两岸经济合作又添新平台，促进福建自由贸易试验区与台湾自由经济示范区的平台对接，借以深化两岸经济合作，成为两岸学界、业界持续关注、热议的话题。本部分聚焦福建自由贸易试验区与屏东自由经济示范区（即屏东农业生技园区）对接合作，结合两岸关系现实背景，深入探讨福建自由贸易试验区与屏东自由经济示范区（"两区"，下同）对接合作的必要性、可能性以及对接合作的内容及其实践路径。

一、屏东自由经济示范区发展沿革与发展主轴

（一）屏东自由经济示范区的发展沿革

台湾自由经济示范区规划包括"六海一空一技"，其中"一技"即指"屏东农业生技园区"建设。台湾当局早在2003年即开始规划建设农业生技园区。2003年2月出台的"农业生物技术园区规划构想"，提出在全岛建设5个农业生物技术园区，包括屏东的"屏东农业生物技术园区"、台南的"台湾兰花生物技术园区"、彰化的"台湾花卉园区"、嘉义的"香草药草生物科技园区"及宜

兰的"海洋生物科技园区"。此后又增加建设嘉义县"香菇专业生物科技园区"。

与其他五个规划园区不同，屏东农业生物科技园区依托在地著名科技大学（如屏东科技大学、大仁科技大学等）、农业研究机构（如台湾香蕉研究所、高雄区农业改良场）以及垦丁公园、北大武山、热带农业博览会等资源集聚平台，重点开发包括植物种苗及其产品、种畜禽及非特定病源动物及其产品、水产种苗及养殖产品、机能性食品及药妆品、生物性农药、生物性肥料、动物用疫苗、动植物病虫害检定试剂、动植物分子农场（农业生物技术增值服务业）等八项产业，以加速形成农业科技产业聚落，扩大高附加值产品外销，并辅导邻近农场成为卫星农场，着力打造园区成为全台"高科技农业产业中心"，提升、强化园区在农业生技产业领域的研发以及产销、加工及转运功能（谭军、张敏，2015）。屏东农业生技园区于2006年12月正式开园，其后交通、通讯、用电、员工宿舍及其他配套生活功能设施陆续完成建设，生计标准厂房、动物疫苗专用厂房陆续完工启用。为配合台湾当局推动观赏鱼及水产种苗政策规划设立的亚太水族营运中心厂房工程也于2013年10月竣工并持续推动后续相关硬软件配套，于2014年8月启用运营，一个集研发、检疫、进出口物流及营销一贯化的大型水族产销基地开始发挥园区产业龙头作用。截至2013年底止，屏东农业生技园区已有77家农业生技企业投资进驻，其中包括29家租地自建厂房，并有60家企业已实质进驻营运，总投资金额约新台币73亿元（新台币，下同），从业人数约800余人，年产值约新台币40亿元，2014年产值达42.5亿。至2015年，屏东农业生技园区一期计划的233公顷土地的利用率已达9成，吸引102家厂家入驻，投资总额达90.7亿元。预估2018年产值达到180亿元。屏东农业生技园区发展迅速，用地亟待扩充。台当局行政部门下属"农委会"开始推动第二阶段"屏东农业生技园区扩充计划"，预估投入资金35亿元，其中75%由台当局行政部门编列预算，其余25%（约8亿元）由园区自筹（台湾"中时电子报"，2015）。

（二）屏东自由经济示范区的发展主轴

台湾当局推动自由经济示范区建设，其主旨在于借以推进经济自由化、国际化与前瞻性，大幅度松绑物流、人流、金流、信息流及知识流的各项限制，打造便利的经商环境，落实市场开放，简化人为管制，让企业资源配置更有效率。其中屏东农业生技园区作为自由经济示范区，则主要是"落实农业加值政策，以产业价值链观念扩大加值空间"（林秀乔、史琼月，2013）。示范区内将运用境外充足、低价原料，结合契作本土生产的安全优质原料、关键产制技术与农业研发能量等优势利基，推动产业整合性加值发展。屏东农业生技园区软硬设施兼备，同时具有保税功能，可满足示范区运作的基本要求，计划配合农业加值，分阶段拓展，扩大进驻产业项目，并与高雄港海关业务系统接轨，以简化作业，加速农业加值政策的落实。推动重点产业包括：观赏鱼产业、农业生技（含动物疫苗）及农渔畜产加工业等。

营运模式来看，一是"区内加工"。"示范区"规划以"境内关外"（区内货品享免关税等优惠）为核心，区内业者可在区内建置厂房生产；二是"前店后厂"委外加工模式。业者可在园区内设立小型营运单位或仓储物流或进行简易加工（前店），配合区外合法加工厂（后厂）进行"委外加工"，相关产品经加工（加值）后，销售至全球市场。这种运作模式有利于业者降低营运成本，同时也有助于解决示范区土地有限问题。加工原料来源方面，示范区规划进驻业者所需加工原料可全球采购，其中也包括品质优良的本土产原料。台湾当局下属管理部门（"农委会"）计划辅导示范区内加工业者与农民进行契作或建立卫星农场，在保障区内加工业者原料供给的同时，也可增加岛内农产品销售，提高农民受益。实现农民、业者多赢。示范区农业加值产品主要销往国际市场，其中一个主要诉求是建立台湾农业自有品牌，因而除对品质把关、检验检疫及生态安全有严格要求外，还需要严格管控"原产地证明"。按照台当局有关部门的规定，区内产品出口申请核发台湾原产地证明，须符合"国贸局"的"原产地证明书及加工证明书管理办法"。

总之，台湾当局设立屏东农业生技园区为自由经济示范区，主要目的在于试行"农业加值",一是通过资金、技术引进,建立农业加工、加值产品的规模化生产,借以增加农业产值,为自由化趋势预为准备;二是辅导进驻业者与岛内农民建立契作,共享加值利益,提高农民收益;三是吸引"境内外"业者进驻发展,以创造台湾就业机会;四是透过区内试行自由化市场和法规调适,推进台湾农业尽早实现与国际接轨,进而将成功的经验逐步推展至全岛,带动台湾农业发展。

二、福建自由贸易试验区与屏东自由经济示范区对接合作的意义与必要性

贸易便利化、投资自由化、金融国际化是自贸区建设的核心目标。福建自由贸易试验区因台而设,推进两岸经贸合作机制、体制以及法制创新,深化闽台在先进制造业、现代农业以及金融、电子商务等领域的对接合作,进而将成熟经验推广至两岸全域合作,是福建自由贸易试验区创新发展的主要内容。推进福建自由贸易试验区与台湾自由经济示范区对接合作,则是落实福建自由贸易试验区创新发展的重要途径。而福建自由贸易试验区与屏东农业生技园区对接,显然是为闽台两地现代农业合作打造新平台,将极大促进闽台农产品贸易,深化两地农业产业投资合作,同时增进两地在农业生物技术研发及应用领域的合作,为闽台两地经济合作拓展新领域、激发新动能,在此进程中的机制、体制与模式创新的成功经验将为两岸更广阔地域农业产业合作提供有益借鉴和重要引领。

(一)为深化两岸(闽台)农业贸易、投资合作提供新平台

自20世纪90年代初起福建沿海地区率先引进中小台商进行试探性投资,到现阶段台商投资逐步向种植业、养殖业和农产品加工业全面发展,两岸农业产业合作已获得长足发展,取得可观效益。由于闽台地缘邻近,农业基础条件相似,福建成为大陆农业台资最为集中、两岸农产品贸易关系最为紧密的地区。

较之大陆其他地区对台农业合作，闽台农业合作样态更为丰富多彩。闽台农业合作发轫于1980年代台商登陆从事农业小规模生产，后拓展至资金、品种、技术、市场、经营管理等要素领域，两地农产合作也逐步从种养等第一产业，向农产品加工、运销，以及休闲农业等二、三产业发展，呈现合作领域不断扩展、规模不断扩大、层次不断提升的态势（苏美祥，2018）。2018年，闽台农产品贸易总额超过21.2亿美元，同比增长12.8%，呈现稳定增长态势；福建省新批台资农业项目45个，合同利用台资1.2亿美元。至2018年底，福建省累计批办台资农业项目2681个，合同利用台资39.5亿美元，农业利用台资数量和规模保持大陆第一（《福建日报》，2019）。

闽台农产品贸易及投资合作的稳步发展，得益于两岸要素及市场资源的优势互补，同时大陆对台农业合作领域的政策倾斜起到了至关重要的作用。包括台湾农业创业园、两岸农业合作试验区等两岸农产业合作载体平台，福州、厦门口岸"台湾水果绿色通道"等对台贸易集散平台以及海峡两岸（泉州）农产品采购订货会、厦门国际投资贸易洽谈会等展会平台乃至如厦门海关深化两岸"经认证的经营者"（AEO）互认试点等机制化合作，从优化、完善投资与贸易环境，促进通关便利化等角度促进两岸农产品贸易和投资合作。但应看到的是，经由三十多年的逐步发展，闽台农业合作领域与规模都有了长足进步，但受台湾当局限制性政策的制约，闽台农业合作的深化发展始终未获得突破性进展，相应的制度规范未得建立，其所衍生的生物安全管控方面的风险隐患凸显（吴庆春、艾正华，2012；苏美祥，2018）。

目前闽台农业合作面临的主要问题包括：其一，台资企业技术溢出有限。闽台两地农业合作主要以资金、良种引种和加工技术引进为主，技术推广和技术人员交流停留在互访阶段而未有实质性进展，关键生物技术的引进应用、研发合作以及共同开拓市场方面的合作薄弱。主要原因在于台湾当局"高新尖技术根留台湾、严禁溢出"措施的限制。也因为这一政策限制，目前台湾地区准许输入大陆的农产品仍然有800多项未开放，禁止从大陆进口的农产品多达七成（朱莉莉，2013）。在良种引进方面，福建过于依赖台湾方面的输入，而缺乏自主创新，造成引进多、"消化"慢、推广少，因缺乏在地改良优良品种在引种数年后慢慢退化的现象很普遍。另一个风险性问题是，由于台湾当局的严格"管控"，许多品种引进不能通过官方正规检疫渠道，而是由台商私自夹带等"地下"渠道引进且未经"隔离区"试种观察，引发病虫害传播等生物安全风险大增（黄跃东、邓启明，2009）。

其二，检验检疫标准不对接。动植物性农产品、水产品贸易及种苗引种等均涉及检验检疫流程。两岸检验检疫标准对接关乎粮食安全、食品安全、贸易成本和生物风险管控问题，关系到两岸农渔业者和消费者利益，因而是两岸农产品贸易和农产业投资合作深化发展的瓶颈问题之一。2008年马英九上台，两岸关系步入和平发展新阶段，两岸检疫检验合作也进入历史发展新时期。2008年11月海协会与台湾海基会达成了《海峡两岸食品安全协议》，2009年12月签署了《海峡两岸农产品检疫检验合作协议》，2008年10月大陆出入境检验检疫协会和台湾动植物防疫检疫发展协会在厦门共同举办首届"两岸农产品检验检疫研讨会"，自此该研讨会一年一度至2015年共举办8次。两岸农产品检验检疫研讨会作为两岸检疫检验领域的研讨、会商平台，其主旨在于配合《海峡两岸农产品检疫检验合作协议》的落实，着力推进解决重要农产品检疫准入、加强两岸农产品检验检疫信息交流、深化两岸农产品检验检疫技术合作、提升两岸农产品通关便利化水平、协调推进新型贸易业态下动植物检疫管理策略与制度建设等问题。总之，2008年以来，在两个协议的基础上，两岸农产品检验检疫研讨逐渐深入，两岸动植物检疫交流和农产品安全合作逐渐迈向了制度化、常态化的轨道。但应看到的是，《海峡两岸食品安全协议》和《海峡两岸农产品检疫检验合作协议》主要确定了一些宏观性的原则与规定，其具体细化和落实的关键在于两岸标准对接和检验检疫部门的资质互认。两岸检验检疫合作虽取得了一些进展，但始终受到两岸关系形势特别是台湾当局政治、政策导向的制约而难以满足两岸农产品贸易和投资合作的市场需求。

此外，大陆农产品入台政策障碍、两岸农产品由互补转为竞争性增强等诸多问题也对两岸农业深化合作提出挑战。而破解这些问题的关键在于两岸机制化合作。2008年两岸两会重续协商以后，特别是两岸ECFA协议签署后，两岸农产品贸易额经历了大规模成长，其中尤以台湾对大陆出口增长幅度最为可观。根据台湾"农委会"统计，2003年台湾对大陆农产品出口还不到2亿美元，到2009年已达3.66亿美元，此后一路爬升，2014年已经高达9.98亿美元，2015年更创下7年来高峰，达10.06亿美元，占台湾农产品出口总量的20.5%。台湾对大陆农产品贸易因此由逆差转为顺差，台湾农渔业者因此获利不少。而2016年"520"后两岸制度化协商"急冻"以来，两岸农产品贸易规模下降明显，台湾对大陆出口滑坡较大。事实表明，两岸农产品贸易以及两岸农产业投资合作深受两岸政策开放因素以及两岸关系因素的影响。在当前两岸协商"停摆"背景下，两岸农业贸易、投资的深化合作采取"区对区"合作模式更具现实性。换言之，依市场规律大力增进两岸农产业贸易和投资合作，降低双方特别是台湾方面的贸易、投资壁垒，发掘两岸农产业资源的优势互补，合两岸之力打造"加值农业"，为两岸农渔业者以及消费者谋福祉。

（二）为推进两岸农业生技领域合作增添新动力

从地缘位置来看，福建与台湾处于同一纬度区，同属亚热带，同具气候温和、物产丰富的特点，农作物类型、栽培技术、耕作制度基本相同。由此，闽台农业科研的对象十分相近，这一特征优势为闽台农业科技研发合作提供广阔应用市场空间。

在技术研发方面，大陆拥有一批农业生技的尖端人才和研发机构，在杂交水稻、动植物转基因育种、克隆牛、克隆羊、兽用疫苗、生物农药等技术领域取得了一批创新性成果，具明显优势。就福建省来看，其农业生技的研发的重点主要侧重在基础研究，体现出基础扎实，水平较高的特点，太空农业、生物农业方兴未艾，相关应用研究也取得较好进展。台湾农业生技的优势在于应用性科技发展迅速，应用范围较广且适用性好，在生物农业、精致农业方面取得显著成效。两岸研发实力相较，台湾在东方型精致农业与热带亚热带农业及其生物技术的研发与应用方面较大陆具有一定优势，但在生物科技基础研发方面

分论六　福建自由贸易试验区与屏东自由经济示范区对接合作

较弱，缺乏具有创新性、专利权和很大商业价值的技术。大陆基础研发成果的应用性转化（成果推广与商业化方面）较为薄弱，相当部分的研发成果仍停留在实验室阶段，其商业化机制不健全。人才方面，两岸虽然都缺乏产业经验人才，但较大陆而言，台湾方面熟谙市场营销规律，积累了较丰富的商业运作经验。产业发展空间方面，大陆的农业发展目前主要致力于安全食品、有机食品和特色食品开发，主要的投资产业是种子产业、生态工程产业和农业高科技产业，产业发展空间大，为台商提供了更多的投资机会。大陆人口众多，具有巨大的消费市场潜力。加强海峡两岸农业科技研发合作，福建可以从台湾引进农业实用技术，以及农业科技成果转化和高新技术产业化的经验，提高农业综合生产能力；台湾则可利用大陆品种资源丰富，要素成本较低，高新技术水平较高的优势，获取较为丰厚的科技应用研发回报。

生物农业是福建省"十三五"期间着力推动发展的农业战略新兴产业。"福建省'十三五'战略性新兴产业发展专项规划"（下称"规划"）提出生物农业发展愿景包括以高产、优质、安全、营养为目标，支持利用细胞工程、基因工程等生物育种技术开展动植物育种、保种，培育、选育和发展农作物、林木、畜禽、水产等动植物优良品种；开展优质种苗繁育关键技术研究，打造具有较强自主创新能力和核心竞争力的育、繁、推一体化现代生物种业企业，发展新型生物农药、有机复合肥、兽用疫苗、环保兽药、土壤改良剂等产品；支持杀虫、防病、促生的新型高效多功能生物药肥、农药、杀菌剂、防菌剂的研究开发及产业化，发展可替代抗生素的酶制剂、抗菌肽、氨基酸、免疫增强剂等新型绿色生物饲料产品；利用生物技术推进农林水产品精深加工项目产业化，支持利用森林植物花、果、叶提取香精、香料等物质，发展天然生化产业，建设各具特色的农林水副产品深加工基地等方面（福建省人民政府，2016）。"规划"体现以发展现代生物技术产业助推福建农业转型升级的先进理念。其中需要处理好的两个关键环节包括，一是生物技术与传统农业的结合，二是以生物安全为核心的相关法律法规及监管机制的建立。在这些方面，台湾具有先行优势，发展经验可兹借鉴。而屏东农业科技园区承担农业加值功能，重点开发包括植物种苗及其产品、种畜禽及非特定病源动物及其产品、水产种苗及养殖产品、机能性食品及药妆品、生物性农药、生物性肥料、动物用疫苗、动植物病虫害检定试剂、动植物分子农场（农业生物技术增值服务业）等八项产业，其核心正是生物技术与农产业的深度结合——透过生物技术在农产业领域的应用转化，推动农产品"科技加值"。显然，屏东农业科技园区的重点产业与福建省生物农业的规划发展领域存在高契合度，这为双边合作提供了重要的作为空间。而开展生技农业领域的合作，不止涉及产品贸易、产业投资方面，还包括科技研发、检验检疫标准对接以及生物安全风险管控等多领域合作，需要建立具有法律效力的合作机制。目前来看，这些方面的两岸合作还属于待开发待拓展的部分，需要创新性探索，而透过福建自由贸易试验区的先行实验，开展与屏东经济示范区的对接合作，是当前最具效能、效率且凸显必要性的可行路径。

（三）为两岸加值农业的"第三方市场合作"提供发展契机

有学者运用比较优势指数、出口相似度指数与产业内贸易指数分别从比较优势、结构竞争以及产业内贸易等多视角对两岸农产品贸易互补性进行比较研究，结果显示：相对世界平均水平两岸农产品均不具有比较优势，但大陆相对台湾地区具有比较优势，两岸均面临开放农产品市场与参与世界市场竞争的严峻考验；两岸农产品存在结构性贸易互补，但这种互补性正逐渐下降，两岸农产品出口结构竞争差异趋于缩小，在世界市场上的竞争激烈程度趋于上升；两岸农产品贸易呈现较高集中度，海峡两岸农产品贸易互补性较大的农产品，大陆对台湾地区均处于显著贸易优势地位（张传国、蔡晓艺，2008）。上述研究发现虽是基于1996—2006年两岸农产品进出口贸易及两岸双边贸易数据的分析所得，但研究中关于两岸农产品互补性减弱、竞争性增强的趋势判断符合市场规律，新近相关研究结论依旧支持这一判断（乔王慧子、叶思嘉、王巾菁，2014）。具体到闽台两地情况，可以说双方农产品贸易的互补性与竞争性演变态势存在产业结构性的差异。种植业方面来看，闽台两地农业自然禀赋资源的相似性以及近年来农业台资来闽投资的技术溢出效应等因素综合影响，闽台两地

分论六　福建自由贸易试验区与屏东自由经济示范区对接合作

的农产品比较优势差异在日益缩小，同质竞争日趋加剧；水产品方面闽台产品差异化较为明显，市场竞争性较弱。由于台湾对农业及农产品实施保护政策，农产品价格方面竞争力偏低，但在品质保障、品牌培育方面竞争实力强。另外，台湾作为特殊关税区，在加入区域一体化组织方面存在障碍，导致其面对"10+1""10+3"等区域一体化发展现实时，农产品进出口贸易常常遭受到"贸易转移"效应的冲击。台湾农产品出口主要依赖于亚洲与欧美市场，市场集中度较高，易受区域经济波动的影响；台湾农产品出口贸易同时也受到来自日本、美国等贸易伙伴"贸易保护主义"的压制。凡此种种，都对台湾的农产品贸易形成制约。事实上，闽台农产品出口市场有较高的相似性，主要市场都集中在日本、美国、欧盟等发达国家和东南亚新兴工业化国家，主要出口产品和出口市场竞争激烈（何均琳、曹伟，2006）。福建农产品出口也面临着出口市场集中度高、关税积分关税壁垒高等问题。值此形势下，拓展贸易市场、寻求建立新的贸易伙伴关系，显然是规避两岸（闽台两地）农产品出口竞争、促进两岸（闽台两地）农产品出口的重要途径，而借重"一带一路"贸易互通，发挥两岸农产品比较优势，合力打造两岸品牌，联袂拓展第三方市场，则不失为优选策略。在当前两岸协商"停摆"局面下，依托两岸自贸区合作——福建自由贸易试验区与屏东生技农业示范区对接平台，推进两岸商协会、企业建立第三方市场合作开发机制，无疑是值得尝试的路径。

农产品贸易合作在两岸经贸往来中所占比重不大，但却属敏感领域，涉及粮食安全、食品安全与农民利益等问题，在台湾更是一个十分敏感的政治议题。因而是深化两岸（闽台）农业合作、促进两岸融合发展的重要课题。透过福建自贸试验区与屏东农业生技园区的对接合作，促进两岸农产品双边贸易以及共建两岸加值农业品牌、携手开拓第三方市场具有重大意义。

三、福建自由贸易试验区与屏东自由经济示范区对接合作的条件与可能性

闽台"五缘优势"、福建自贸试验区与台湾自由经济示范区发展诉求方面的一致性以及闽台交流合作的既有发展基础，为双方的对接合作提供了坚实基础，决定了双方对接合作的可能性。

（一）基础条件优势

屏东农业生技园区位于台湾南部，与高雄相邻，西临台湾海峡，与大陆隔海相望。屏东农业生物科技园区周边有多所著名科技大学、农业研究机构、丰富的观光资源以及特殊的人文景观。如大仁科技大学、屏东科技大学、台湾香蕉研究所、高雄区农业改良场、垦丁公园、北大武山、热带农业博览会、茂林风景区等，各项资源十分丰富。园区主要包括增值农业、节能环保农业和农业生物科技产业，属于台湾自由经济示范区的"六海一空两区"的重要组成部分之一，号称全球唯一的专业农业科技园区。福建自由贸易试验区包括福州、平潭和厦门三个片区，总占地面积为118.04平方千米，其中厦门片区面积最大，平潭自贸区是福建自由贸易试验区的核心，福州是自贸区和国家级新区双覆盖的城市。

由于闽台隔海相望，福建自由贸易试验区成为与台湾地理位置最近的自由贸易园区，并且是对台"三通"的重要枢纽，开通多条对台客运航线，其中包括对高雄辐射屏东农业生技园区的直航航线。除了区位上的优势，福建省作为21世纪海上丝绸之路的核心区、海外侨胞特别是台湾同胞的祖籍地，闽台社会文化联结紧密，是两岸情感联系的重要桥梁。福建自由贸易区"因台而设"，率先推进闽台经济社会诸领域交流合作、融合发展，是其对台"先行先试"的应有之义。另外，闽台在农业自然条件方面具有相似性，为双方农产业合作提供了自然资源条件。因此不论是地缘、文缘、亲缘等禀赋资源条件，还是农业自然资源条件，福建自由贸易试验区都具有与台湾自由经济示范区中屏东生技园

区对接的基础性优势。

(二)政策及平台优势

近年来大陆出台的有关两岸农业合作方面的优惠政策不断实现新突破。自改革开放以来,福建充分利用政策、地理等优势,在吸收和利用台湾农业投资方面一直走在全国前列,成为台商投资最为密集的重要战略区域。闽台农业合作已成为福建吸引台资的一大特色,合作项目从引进农作物良种开始,逐步向引进农业高新技术发展和整体配套发展,促进加快了福建农业产业化进程。福建也成为大陆对台农业合作政策倾斜的重心地区。截止到2014年,福建省已经建立完成6个国家级台湾农民创业园,总规划面积266万亩、核心区建设面积105万亩,到目前为止,已累计吸引500多家台资农业企业入驻,为福建引进台资共计约57亿元人民币,涉及水稻、蔬菜、茶叶、水果、花卉、苗木、渔业各个方面,十分广泛。福建省农业厅于2011年提出扩大闽台双方农业交流、生产、合作的领域和层次,与此同时,在对台农民创业园的建设方面提供支持,给予更多政策优惠,积极鼓励、引导更多的台湾同胞来福建进行创业发展。为了扩大闽台在农业方面的合作交流,开放发展,在农业合作发展投资上,逐步增设福州福清、泉州惠安以及三明永安三个国家级台湾农民创业园,以实现双方农业合作交流。福建拥有厦门对台农产品零关税进口绿色通道,以及大嶝、泉州、东山等小额贸易口岸,在冷链物流运输及通关方面具有创新发展优势。两岸签署的ECFA奠定了两岸经济合作的基础,扩大了大陆对台湾农产品零关税进口范围,同时为两岸农业深化合作奠定了协商途径。2018年2月国台办发布惠台31条政策,促进了台资企业与大陆企业同等待遇,其中包括台资农业企业与大陆农业企业享有同等农业支持政策和优惠措施。随后,福建省出台68条惠台细化举措,涉及闽台农业合作的条款包括:对在闽从事农业生产的台资企业同等享受农机购置补贴、进一步推动闽台农业合作示范县建设、在福建省自贸区新设立的台资企业可按大陆企业申请注册自由选择币种和经营范围等。这些措施为促进闽台农业合作、为福建省自贸区与屏东农业生物科技园区的对接奠定了坚实的政策基础、提供了多元化的平台支持。

就台湾方面来看，2008年马英九执政时期，两岸经贸合作步入大交流、大发展阶段。为应对全面"三通"、陆资入岛与两岸经济合作发展的新形势，时任台湾"经济部长"尹启铭于2008年率先提出设立"经贸特区"与两岸"特区对特区"的构想。台湾知名经济学者刘忆如出任台湾"经建会"主委后也主张将"自由贸易港区"全部升级为"经贸营运特区"。然而，这一政策目标与设想，因为台湾行政与财经主管部门人事频繁调整而未能实现。后来，台湾财经部门放弃建立"经贸特区构想"，开始推动建立"自由经济示范区"。2013年两岸服务贸易的签署导致岛内政治动荡，两岸经济特（园）区的合作发展停滞，直至2014年1月底，出任台湾"国发会主委"的管中闵又进一步表示"台湾工业区及科学园区的丰富建设经验，相当适合对外整套输出，也很适合与大陆合作"（陈险峰、王建民，2014）。在生物技术方面，台湾于1982年发布"科学技术发展方案"，其中生物技术被列为未来八大重点科技之一。此后台湾当局陆续推行相关生物技术政策，如2009年推出了"生技起飞行动方案"、2010年发布了"辅导农业生物技术研发成果产业化办法"等，其主旨即在于促进岛内农业生物技术研发能力的提高。

虽然台湾对于两岸经济特（园）区的政策主张发展历程曲折并缓慢，但可以看出这些政策主张源于对台湾经济现实发展困境及其破解路径的体认，虽然由于政治因素干扰，但经济发展诉求和民众利益始终是当政者不得不予考虑的问题。马英九执政时期提出并着力实施的自由经济示范区建设奠定了"六海一空一技"施行经济自由化的体制与机制发端，虽然蔡英文当局"改弦更张"，不再提"自由经济示范区"议题，但两岸经济特（园）区合作仍然享有相当的自由度——依托自由经济示范区平台的商协会、企业层级的对外（包括两岸）经济运作的自由度，这为屏东生技园区与福州自由贸易区的对接提供了极大的可能性。

除了闽台两地相关政策支持及特（园）区平台为两区（福建自由贸易试验区与屏东农业生技园区）对接提供可能性之外，两岸研究界生物技术交流的长足发展也为两区对接提供了良好的铺垫。其中"海峡两岸暨香港地区植物分子生物学与生物技术学术研讨会"是由两岸学界于1998年发起的,已分别在台湾和大陆两地共举办了13届。"研讨会"作为两岸植物生技、农业技术及科学研究经验的交流与分享平台,为两岸农业生技合作创造机会,为两岸在植物生计、农业技术研发创新方面的交流,为"两区"对接、深化两岸(闽台)农业合作提供了宝贵经验,并将透过产学研合作在"两区"对接中继续发挥重要作用。

(三)区位与交通运输条件

屏东农业生技园区位于台湾的南部,与高雄港毗邻,可依托高雄港与福建自贸试验区实现便捷的交通联系。福建自由贸易试验区分为三个片区,三个片区均已开通与台湾主要海(空)港物流运输通道,为"两区"对接提供了港航物流条件。福州片区来看,福州港地处福建省海岸线的中点,是主要外贸口岸和闽台贸易重要港口。福州港拥有综合运输体系的重要枢纽,拥有直飞航线,也是福建省对台"三通"的重要口岸。福州马尾港共有两条直航台湾航线,分布于马尾港两个港区,目的地分别是台北和高雄。其中屏东可借助与高雄相邻的地理优势与福州港进行交通联系。自贸试验区福州片区则可依托马尾—台湾海运航线开通对台直邮服务,有效增强运力,满足跨境电商产业发展的需求。平潭片区来看,平潭是大陆与台湾距离最近的地区、台湾海峡和闽江口的"海上走廊"、太平洋西南航线的必经之地。平潭到台湾的通航时间短,目前"海峡号"和"丽娜轮"两艘高速客滚分别开通了平潭至台中、平潭至台北两条航线,以三个小时的航程为两岸提供了方便快捷的海上客运输方式。其中直航客滚轮"海峡号"已开通对台货运业务。2017年平潭开通对台万吨级快货运输滚装船,以满足快速增长的平潭对台货运需求。截至2017年8月中旬,平潭跨境电商和快件贸易总额达1.5亿元,平潭已成为两岸海上货运的重要集散地。厦门片区来看,厦门自古就是中国东南沿海对外贸易的重要口岸。厦门港经由青屿水道与台湾海峡相连,拥有海陆空立体交通体系,不仅是对台通航的重要口岸还是国际国内航线的枢纽。1997年厦门开通直航高雄,开启了两岸"试点直航"。

2001年厦金航线开启两岸海空联运，厦门成为两岸运输交通的枢纽，2005年"胡连会"促成大陆开放台湾部分蔬菜水果及水产品零关税进口，拥有对台通航便利的厦门成为大陆进口台湾水果的最主要的口岸。

（四）通关便利条件

对于农产品贸易而言，保鲜、保质是关键，两岸的农产品交流合作中不仅要考虑冷链物流等交通因素，通关时间也至关重要。福建省检验检疫部门推出的一系列举措为福建省自贸区与屏东生技园的对接进一步提供了政策支持。首先为提高两岸农产品通关效率，福建自由贸易试验区对台湾输大陆食品农产品试行"源头管理、口岸验放"；为实现台湾水果"朝发夕至"，福建检验检疫部门对台湾水果实施"一门式查验＋一站式放行"，现场检验检疫合格并抽样后即可放行；并且简化台湾水产品输大陆手续，打造台湾水产品中转存储中心，吸引台商将厦门作为远洋自捕鱼存储、中转中心。检验检疫部门还推动在平潭建设全国唯一集动植物一条龙隔离检验中心和两岸检验检疫数据交换中心，这对于福建自由贸易试验区厦门和平潭两个片区分别对接屏东生技园区的水产品和植物类产品提供了极大的便利性。

四、福建自由贸易试验区与屏东自由经济示范区对接合作的内容与措施

为减少同质竞争，推动福建自由贸易试验区与屏东自由经济示范区的合作发展、协同发展，"两区"应着力在法律法规、基础设施、信息、监管、产业等多个层面进行对接合作（唐永红、王勇，2015；唐永红、赵胜男，2017）。

（一）法律法规对接合作

台湾方面应加快落实两岸自由经济示范区合作的相关政策法规，对屏东生技园区建立起相应的法律法规。首先，在自由贸易化方面两岸开放政策相差较

分论六　福建自由贸易试验区与屏东自由经济示范区对接合作

大,台湾应着力借由自由经济示范区平台试点逐步开放对大陆经贸政策。目前,两岸农产业合作方面,主要以大陆对台单方面开放为主。福建作为两岸农产业合作密度最大、农业台资最为集聚的地区,一直以来致力于对台农业合作的政策及模式创新。福建自由贸易试验区更是在闽台农业合作与台资企业进入自贸区出台了支持政策与优惠措施。2018年6月商务部和福建省政府研究制定了《进一步深化中国(福建)自由贸易试验区改革开放方案》(搜狐网,2018)。根据该方案,福建自由贸易试验区将从多个方面推进两岸融合发展:在创新闽台产业合作机制方面,自贸区将促进双方在集成电路、精密机械等先进制造业以及冷链物流、健康养老等现代服务业上的优势互补、深度融合;在创新通关合作模式方面,将通过口岸降本增效、扩大台湾商品"源头管理、快速验放"种类等措施,打造便捷的对台商品进出口通道。同时,福建自由贸易试验区还将加强闽台金融合作,提升金融服务两岸经贸往来便利程度。自贸区还将继续落实台企台胞同等待遇,包括解决卡式台胞证购买火车票不能刷卡进站、台胞台企征信两岸不能互认等问题,打造创新创业新平台,拓展交流交往新渠道。此外,自贸区还将探索实施"一区两标",研究两岸在规划和工程建设方面的差异和等效标准,借鉴台湾地区的规划及工程管理体制,为两岸融合发展探索经验。上述方案内容多方面涉及两岸农产业与农产品贸易合作。但台湾方面有关两岸自由经济示范区合作的相关政策依然受到政治的影响不但未有新突破却更形限缩,如台湾当局出台了"大陆地区从事农业投资或技术合作之审查原则"和"大陆地区专业人士来台从事专业活动许可办法"等规定,限制大陆农产品贸易和两岸高端人才往来。

鉴于两岸关系现状,"两区"对接需要更多借重非官方渠道。但无论是何种路径推进"两区"对接,其中至为关键的、首要的是法律法规对接合作,包括"同等待遇"。目前大陆对农业台企已实施与大陆农企同等待遇,台湾方面可凭借自由经济示范区的自由经济属性和规范,逐步对大陆农产品和生物技术产品进口,实施负面清单模式,逐步放开两岸贸易和人才往来的政策限制,开放陆企投资与大陆农产品在自由经济示范区范围内享有与海外其他经济体资本及货品的同等投资与贸易政策。闽台农业升级合作涉及知识产权保护政策、社会保障政策、竞争政策、检验检疫政策、海关监管政策和金融监管政策等方面标准对接和政策协同。为推进两岸自由经济区法律法规对接以便为两岸的自贸园区全方位合作提供服务，考虑到区域与产业的特殊性，双方应采取更加开放的准入制度，提高法规松绑力度。更加开放的准入原则在合作初期会吸引台资企业进入自贸区进行贸易和投资；自由经济示范区与现行法规相冲突时，适度的给予自贸区的行政命令松绑，可进一步激发市场活力。法规透明度是跨国（地区）投资通行的基本原则之一，两岸由于政治形势的原因，对法律法规的解读各有不同，着力增强立法的透明度对增进两岸民众的信任意义重大。为保障法律法规落到实处，还需建立相应的管理机构和仲裁机构。建立共同的两岸行政管理机构，首先要遵循管理体制的最小变动原则。无论是福建自由贸易试验区还是屏东生技园区，都已构建自己的行政管理体系，特别是福建自由贸易试验区中每一个片区都有相应的管理机构，"两区"法律法规的对接需要以双方管理体系的协调、对接为前提。仲裁机构方面，目前福建自由贸易试验区只有平潭有两岸仲裁所，可在另外两个片区也设立相应机构，以便解决两岸纠纷。

（二）基础设施对接合作

为使得福建自由贸易试验区与屏东生技园区之间的交通运输更加便利，首先应增加"两区"之间的海运航线。屏东没有优良港口，但与高雄港距离较近。高雄港与厦门港、福州港早在20世纪末就作为两岸"试点直航"口岸开启航运联系。因而，屏东自由经济示范区可借重高雄港与厦门、福州自贸片区深化航港物流联结。目前福州和厦门分别拥有对高雄港的物流运输航线，而平潭只有到台北和台中的航线，因此，再根据物流运输需求考虑增设福建自由贸易试验区厦门、福州片区对高雄港的航线数量基础上，开辟平潭自贸片区对高雄港航线。平潭正在建设的大陆唯一集动植物一条龙隔离检验和两岸检验检疫为一体的数据交换中心，对于两岸农产品贸易发展意义重大，因而应特别增设平潭到高雄的航线。其次，加快建立福建自由贸易试验区—高雄—屏东一条龙交通运输线路。其中，建设高雄到屏东的运输专线是打造两岸一条龙运输线路的关键。对于岛内的运输虽然距离较近，但没有专门线路，缺乏统一管理。若开设高雄与屏东之间的农贸货物运输专列，进而对接福建自由贸易试验区—高雄之间海上运输专线，形成福建自由贸易试验区—高雄—屏东一条龙交通运输专线，则可节约"两区"农产品物流运输的时间成本，提高物流运输效率。

（三）信息对接合作

由于地理因素、政治因素以及经济运行机制、体制差异因素的影响，两岸商贸信息传递存在一定的障碍，因而，建立沟通两岸的信息交流平台对两岸园区的对接合作至关重要。福建自贸试验区与屏东生技园区的对接合作主要是增值农业和生物技术产业的合作，双方信息交流体系的对接主要涵括检验检疫信息、产业发展状况信息、监管信息、产品信息、人才信息等方面。

1. 检验检疫信息对接合作

福建、厦门检验检疫局在两岸检验检疫合作中一直秉承先行先试理念，率先建立了两岸检验检疫信息互联互通平台。首先是通过地方电子口岸平台与台湾关贸网建立传输通道实现了两岸直航船舶旅客名单、舱单、通关物流、电子原产地证等信息互换；其次是在平潭建设大陆唯一的两岸检验检疫数据交换中心，推进两岸开展检验检疫电子证书数据交换核查、标准、检验检测结果和认证结果互认；同时也借助两岸港口信息互联平台加强了两岸疫情疫病信息互通，实现两岸卫生标准共享和疫情信息实时电子交流。目前自贸区的三个片区已经分别与台湾建立了检验检疫信息互通，为福建自由贸易试验区三个片区与屏东农业生技园区的农产品贸易互通互惠提供了检验检疫信息互通平台。进一步的工作是深化双边信息沟通合作，建立互信互动机制，增进和保障两区相关信息的实质互通和共享。

2. 产业发展信息对接合作

农业生物技术发展迅速、产业更新换代较快，为促进福建自由贸易试验区与屏东农业生技园区的产业合作对接，两区产业发展状况的互联互通至关重要。

就专业性较强的高新技术产业而言，产业发展状况信息交流的主要依托行业协会。行业协会交流有利于双边技术研发和产业发展经验分享，有利于促进两岸业界就各自产业发展问题和双边合作瓶颈问题进行信息沟通，从而共同寻求解决问题的途径，达成合作意向和共识。目前两岸在农业生物技术领域的协会交流平台较少。因此，培育和推进两岸农业生物技术领域协会的交流应作为促进两区产业发展信息交流的突破口。

3. 监管信息对接合作

建立健全监督管理体制，首先要求信息披露公开、透明，在此基础上才可能实现有效监管。特别是对于地理位置分立的组织体系而言，保障信息对称性尤其重要。福建自贸试验区与屏东农业生技园区的对接合作，实质上是打造一体化的自由经贸系统，监管信息对接合作是其基础性工程。促进双边信息披露公开、保障信息对称性是促进"两区"全方位对接合作的必由之路。具体举措应包括创建两区监督工作网站，促进企业活动信息、政策信息公开；并且着力开通社会力量参与监督的多元渠道，建立健全多方位监管体系。

4. 产品信息对接合作

建立完善农产品生产履历，不仅可以明确农产品产销过程中所有参与者的责任，有利于增进农产品品质保障，也是对标国际市场对于农产品履历的严格管理制度，促进农产品出口国际市场的需要。台湾农产品生产履历跟踪系统建立较早，目前发展较为成熟，而大陆方面处于起步阶段。福建自由贸易试验区与屏东生技园区的农产业合作与农产品贸易合作必然涉及产品原产地及其品质认证问题，需要双方积极推动建设产品信息互通、共享为核心的产品生产履历系统。其具体路径，一是以自贸区为平台促进福建农产品生产履历系统构建；二是加强两岸园区产品信息互通，推进双边生产履历系统的对接，建立信息共享的闽台农产品生产履历查询、追踪系统。

5. 人才信息对接合作

随着惠台 31 条政策出台，福建省随后出台了相关细化措施。惠台 31 条政策中，有五成是关于逐步为台胞在大陆学习、创业、就业、生活提供与大陆同胞同等待遇的政策。其中涉及向台湾居民开放的国家职业资格考试目录中，包含多项生物技术和农业的技能职业人员资格考试项目，如农药生产人员、药物制剂人员、化学肥料生产人员、动植物疫病防治人员、农业生产服务人员等。福建省出台的惠台68条政策中也有接近三分之一的政策支持与鼓励台胞在闽实习就业创业，为台湾同胞来闽投资执业提供了政策基础。两岸自贸园区的对接合作必然离不开人才交流与合作。具体就闽台两地的加值农业合作而言，人才流动是关键环节。因而，促进"两区"人才信息的对接合作，着力构建两岸人才信息交流平台，提高两岸人才的流动性，有助于两岸自贸区对接合作及其持续发展。

（四）监管对接合作

福建自由贸易区与屏东农业生技园区的对接，涉及两岸贸易、投资和高新技术产业的合作。因"两区"施行自由经济规范，那么科学监管成为优化投资贸易环境、保障产业健康快速发展的关键环节。尤其是"两区"合作涉及两岸经贸与社会联结，有效监管、防范风险至为重要。

其一，转变政府职能，完善监管的法律法规。政府是监管框架的建造者，在构建监管体系的过程中应设定好监管主体（参与者）的权力分配、制定合理的奖惩机制、规划和发布监管规则并推进其落到实处，是政府职能转变的方向。在"两区"监管对接合作中，两岸应共同成立一个监管部门，负责监管规则的制定与修订、规则的运行监管、协调自贸区合作对接的各种事项。在监管对象方面，政府应着重金融监管与知识产权监管。两自贸区的对接合作，必然涉及两岸贸易和投资，金融的业务往来规模将会大幅扩张。农业生物技术产业属于高新技术产业，所需要的资金规模大，投入周期长，在专利申请和知识产权保护方面的需求高。另外，"两区"对接合作的重要内容包括合作研发、共创品牌，这也势必衍生知识产权认证需求。因此金融和知识产权监管凸显重要性。由于这两方面监管专业性较强，缺乏相关知识的社会公众难以参与到监管中——监管作为"两区"管理部门的责任，需要两岸双边协商，共同制定监管框架、监管机制与监管细则,并共同实施对"两区"合作事务的监管。

金融监管合作方面,可依托厦门"两岸金融中心",推进建立两岸金融信息交流共享平台,建立健全两岸金融信息交流机制,实现金融监管信息数据的共享,规范两岸园区合作的金融秩序。"两区"合作中所涉知识产权保护内容丰富,包括农业生物技术研发、动植物品种选育改良、农产品加工工艺、品牌商标冠注等。"两区"合作中知识产权监管对接方面,有两方面重点:一是对另一方生物技术研发、动植物品种选育、农产品品牌等成果认定与保护,二是明晰两岸合作的技术研发、品种、品牌等成果的权益归属及其权益保护。两岸比较来看,台湾对知识产权的保护非常重视,一方面促进了其科研成果的高转化率,另一方面也对技术研发形成激励,台湾农业方面的专利数量排在世界前列,重视知识产权保护可谓功不可没。大陆近年来力推法治中国、信用经济建设,知识产权保护方面进步快速,但相较台湾方面知识产权法律法规建设有待完善,实施监管力度有待增加。因此,"两区"对接中,福建自由贸易试验区首先应向台湾方面学习,着力提升自身金融及知识产权监管水平,建立健全监管机制,在此基础上积极寻求与屏东自由经济示范区的对接合作,谋求建立监管机制的共建,监管信息的共享。

除上述两个重点领域的监管合作外,"两区"的监管对接还应将民生安全的检验检疫、海关事务等纳入监管合作领域。

其二,调动社会力量,明确社会力量参与监管的机制。政府的监管力量是有限的,社会力量的参与(主要包括社会公众与行业协会)将会使两岸园区合作的监管体制更加完善,也会促进两岸民间的交流沟通,有利于两岸园区的企业合作。换言之,监管主体除双边政府管理部门的合作外,还应向社会力量开放监管渠道,施行"源头监管"。如动植物农产品检验检疫方面,监管的根本依据在于共同标准的建立,可以在政府部门引导下,充分依靠两岸商协会、企业对接合作,倡导企业主动积极参与"制标"活动。另外,"两区"管理部门应协商探索建立公正权威的农产消费品安全公共实验室,为农产消费品安全管理提供有力的技术支撑,更要高度重视质量人才的培养。

分论六　福建自由贸易试验区与屏东自由经济示范区对接合作

在"两区"监管对接合作中开放社会力量的参与，需要明确社会力量参与的路径、形式和机制。(1)就"两区"合作事务的社会公众监管而言，台湾地区社会发展水平较高，民众的消费安全权益和知识产权等保护意识较强；福建省自贸区所在福州和厦门市都是沿海开放城市，社会公众的群体素质与台湾地区比较接近，但由于地理距离因素及两岸出入境管理因素影响，两岸民众无法实时进行实地考察。因此，建立两岸社会公众监督网络平台，是促进两岸民众有效参与监管的可行路径。(2)"两区"监管合作的行业协会参与，如借重两岸农业生物技术协会等平台成立监管部门，发挥其引导社会力量表达诉求、协调组织之间的监督、探索评估指标体系的作用。政府应给予行业协会一定的自助裁决权和规则制定权。行业协会更具专业性，可以更精准地进行市场监管和企业监管，同时有利于推进企业自主参与相应标准的制定，鼓励企业自我规范，自我监督。

（五）产业对接合作

两岸农业技术合作始于20世纪90年代初，最初的合作就在福建省沿海地区，从引进中小台商进行试探性投资，到现阶段台商投资逐步向种植业、养殖业和农产品加工业全面发展。两岸通过农业产业合作，大陆从台湾引进了畜禽、水产、园艺等大量的优良品种、先进技术和资金、管理经验，带动了相关产业的发展，推动了农业产业结构的调整，促进了传统农业向现代农业的发展，提高了农业的综合社会经济效益，如永春芦柑、漳州香蕉生产栽培技术。就台湾而言，充分利用了大陆资源和要素成本低廉、市场广阔的优势，并以农业投资和农产品贸易带动岛内种苗、食品加工等产业的发展；台湾通过产业外移提供的调整空间，也直接推动了农业由生产性产业转向休闲、生态农业发展，实现农业的转型升级。本研究探讨的依托"两区"对接平台推进农产业合作，正是以上述闽台农业合作长足发展为基础的深化合作。鉴于当前两岸关系现状，两岸农产业合作还是以福建为主场，但与既往不同的是，依托"两区"对接平台的闽台农产业合作除了农业台商直接投资以外，合作领域将延伸至合作研发、品牌共建及市场营销等环节,呈现全产业链合作的新模式,并将以"前店后厂"形式从"两区"("前店")辐射至闽台全域(后厂)。合作的纵深也将从产业链深度对接拓展至一二三次产业融合的"六次产业"发展格局。

产业链深度对接,两岸应实行水平分工与垂直分工相结合的分工模式。其一,在农业技术研发阶段,两岸应以水平分工模式为主。一方面,台湾的农业生物技术的研发应用性强。1980年代中期以后,台湾即开始重视生物科技产业发展并给予积极推动和扶持。30多年来,台湾当局不断推出生物技术方面的政策措施,农业生物技术也一直被列为重点发展产业,其中1995年通过的"加强生物技术产业推动方案",对台湾的农业生物技术产业发展产生巨大影响。为促进研发成果应用性转化,台湾当局还着力建设信息平台并进行研发成果产业化辅导,从而推动台湾农业生物技术迅速发展,相关学术成果丰硕,科研实力达到世界平均水平。台湾地区农业相关专利数排名世界第10位,而且台湾在东方型精致农业与热带、亚热带农业及其生物技术的研发与应用方面较大陆具有优势。另一方面,大陆有一批农业生物技术居世界领先水平但应用性不强。随着世界生物技术的发展,大陆推出的火炬计划、863计划、973计划中都对生物技术的发展起了较大推动作用,大陆农业生物技术研究与产业化取得了长足进步,特别是在杂交水稻、克隆、转基因作物方面成果众多并得到了转化和应用。但整体而言与发达国家相比仍有相当大的差距,主要表现在自主创新能力弱、研发投入经费不足、产业转化率不高等方面。因此两岸在研发合作方面可依据研发资源优势,促成互补性合作,以提高合作研发的成果产出率。

其二,在生产与销售环节,两岸可以垂直分工模式为主。首先,台湾的产品生产技术和生产设备更加具有优势,但是无法提供稳定且大量的农产品原材料、产量不足以销往世界市场。而大陆方面种植面积大、农产品货源充足。因而,可以借重"两区"对接通道,从大陆进口农产品原物料,在屏东自由经济示范区进行加工生产,再销往世界市场。其次,由于大陆在成果推广与商业化方面能力较弱,缺乏营销经验丰富的专业人才,较大陆而言,台湾方面有更多产销人才,更具市场开发经验。因此两岸可以利用"两区"对接构建的人才合作机制，促进两岸在营销环节的合作，以深化闽台农产业的产业链合作，共同打造农产品品牌，拓展内需市场以及国际市场。

结　语

本部分结合两岸关系现实背景，深入探讨福建自由贸易试验区与屏东自由经济示范区对接合作的意义与必要性、条件与可能性以及对接合作的内容及措施。

推进福建自由贸易试验区与台湾自由经济示范区对接合作，是落实福建自由贸易试验区创新发展的重要途径。其中，福建自由贸易试验区与屏东自由经济示范区（屏东农业生技园区）对接合作，可以为深化两岸（闽台）现代农业贸易与投资合作打造新平台，为推进两岸农业生技领域合作增添新动力，为两岸加值农业的"第三方市场合作"提供发展契机。同时，福建自由贸易试验区与屏东自由经济示范区对接合作中的体制、机制与模式创新，将为两岸更广阔地域的农业产业合作提供有益借鉴和重要引领。

资源禀赋优势以及闽台交流合作的历史发展基础，加之福建自由贸易试验区与台湾自由经济示范区发展诉求方面的一致性，奠定了双方对接合作的基础条件及可能性。一是两区地缘、文缘、亲缘关系以及农业自然资源禀赋等基础条件优势；二是闽台两地相关政策支持及特（园）区平台优势，以及两岸研究界生物技术交流的长足发展；三是"两区"各自的区位及两岸"三通"的港行物流条件优势；四是福建省检验检疫部门推出的一系列举措为两区对接进一步提供了通关便利等政策支持。

实践中，福建自由贸易试验区与屏东自由经济示范区对接合作，可以从法律法规、基础设施、信息、监管、产业等多个层面加以推进。

法律法规对接合作方面。两区对接合作涉及知识产权保护政策、社会保障政策、竞争政策、检验检疫政策、海关监管政策和金融监管政等方面标准对接及政策协同。措施方面，一是可以加快推进福建自贸区相关政策法规建设，增强相关立法透明度。二是可以用依托双方产业协会、高校农业生技学术团体等社会渠道，以双方管理体系的协调、对接为目标诉求，探索推进建立相应的管理机构和仲裁机构。

基础设施对接合作方面。一要促进两区之间交通运输便利化，增加两区之间的海运航线。在根据物流运输需求考虑增设福建自由贸易试验区厦门、福州片区对高雄港的航线数量基础上，开辟平潭自贸片区对高雄港航线。二要加快建立福建自由贸易试验区—高雄—屏东一条龙交通运输线路。建议台湾方面考虑开设高雄与屏东之间的农贸货物运输专列，进而对接福建自由贸易试验区—高雄之间海上运输专线，形成福建自由贸易试验区—高雄—屏东一条龙交通运输专线。

信息对接合作方面。一是检验检疫信息对接合作。在目前福建自贸区三个片区已经分别与台湾建立的检验检疫信息互通平台的基础上，可进一步深化双边信息沟通合作，建立互信互动机制，增进和保障两区相关信息的实质互通和共享，实现信息实时电子交流。二是产业信息对接合作。要促进两岸农业生技产业信息互联互通，这主要需依托行业协会平台。鉴于目前两岸在农业生物技术领域的协会交流平台较少，建议以培育和推进两岸农业生物技术领域的协会交流作为突破口。三是监管信息对接合作。宜促进双边信息披露公开、保障信息对称性。具体举措可包括创建两区监督工作网站，促进企业活动信息、政策信息公开；可着力开通社会力量参与监督的多元渠道，建立健全多方位监管体系。四是产品信息对接合作。宜推动建设以产品信息互通、共享为核心的产品生产履历系统，以解决产品原产地及其品质认证问题。一是可以自由贸易试验区为平台促进福建农产品生产履历系统构建；二是看加强两岸园区产品信息互通，推进双边生产履历系统的对接，建立信息共享的闽台农产品生产履历查询、追踪系统。五是人才信息对接合作。促进两区人才信息的对接合作，着力构建两岸人才信息交流平台，提高两岸人才的流动性，有助于两区对接合作及其持续发展。

监管对接合作方面。两区宜在金融监管、知识产权监管以及涉及民生安全的检验检疫、海关事务等领域进行对接合作。一要转变政府职能，完善监管的法律法规。二要调动社会力量，明确社会力量参与监管的机制。三要依托厦门"两岸金融服务中心"平台推进两岸金融信息交流与监管机制。四要适时推进两区管理部门协商，共同制定监管框架、监管机制与监管细则，并共同实施对两区合作事务的监管。

产业对接合作方面。其一，在农业技术研发阶段，两岸宜以水平分工为主，借以整合两岸在基础研究与应用性转化方面的互补优势。其二，在生产与销售环节，两岸可以垂直分工模式为主。借重两区对接合作通道，从大陆进口农产品原物料，在屏东自由经济示范区进行加工生产，再销往世界市场。其三，可构建两岸人才合作机制，促进两岸在营销环节的合作，以深化闽台农产业的产业链合作，共同打造农产品品牌，拓展内需市场以及国际市场。

参考文献

[1] 陈险峰、王建民："海峡两岸经济特（园）区合作：障碍和路径研究"，《国际经济合作》2014年第3期，第40—45页。

[2]《闽台农业合作去年取得新成效 农业利用台资成绩保持大陆第一》，《福建日报》2019年2月22日第5版。

[3]《福建省人民政府办公厅关于印发福建省"十三五"战略性新兴产业发展专项规划的通知》，福建省人民政府官网http://www.fujian.gov.cn/zc/zxwj/szfbgtwj/201605/t20160510_1180593.htm,2016年5月9日。

[4] 黄跃东、邓启明："闽台农业合作的现状、趋势与推进策略探讨"，《福建农林大学学报（哲学社会科学版）》2009年第1期，第4—9页。

[5] 何均琳、曹伟：《闽台农产品出口市场结构比较研究》，《台湾农业探索》2006年第1期，第14—17页。

[6] 乔王慧子、叶思嘉、王巾菁：《海峡两岸农产品贸易竞争与互补关系分析》，《对外贸易》2014年第8期，第33—36页。

[7] 搜狐网："福建自贸区出台多项举措"，http://www.sohu.com/a/235431028_157267，2018年6月13日。

[8] 苏美祥:"新形势下扩大闽台农产品贸易往来的对策思考",《台湾农业探索》2018年第3期,第5—9页。

[9] 林秀乔、史琼月:"自由经济示范区农业加值——跨域整合接轨国际的新模式",https://www.agribiz.tw/industry1_storypage.php?industry_id=50,2013年5月。

[10] 台湾"中时电子报":"屏东生技园区 产值2年内冲180亿",https://www.chinatimes.com/newspapers/20151020000051-260202?chdtv=,2015年10月20日。

[11] 谭军、张敏:"台湾农业生物产业发展概况",《海峡科技与产业》2015年第4期,第34—38页。

[12] 唐永红、王勇:《海峡两岸自由经贸区对接合作研究》,《台湾研究》2015年第3期。

[13] 唐永红、赵胜男:《福建自由贸易试验区与台湾自由经济示范区对接合作研究》,《大陆自由经贸区发展与两岸互动:机会与挑战》(陈德升主编),INK印刻文学生活杂志出版有限公司2017年版。

[14] 吴庆春、艾正华:"闽台农产品贸易问题研究",《泉州师范学院学报》2012年第6期,第77—82页。

[15] 张传国、蔡晓艺:"多视角下海峡两岸农产品的贸易互补性研究",《国际贸易问题》2008年第1期,第109—114页。

[16] 朱莉莉:"闽台农业合作问题及对策研究",《对外经贸》2013年第3期,第72—73,112页。

附录　中国（福建）自由贸易试验区总体方案

建立中国（福建）自由贸易试验区（以下简称自贸试验区）是党中央、国务院作出的重大决策，是新形势下全面深化改革、扩大开放和深化两岸经济合作采取的重大举措。为全面有效推进自贸试验区建设，制定本方案。

一、总体要求

（一）指导思想

全面贯彻落实党的十八大和十八届二中、三中、四中全会精神，按照党中央、国务院决策部署，紧紧围绕国家战略，立足于深化两岸经济合作，立足于体制机制创新，进一步解放思想，先行先试，为深化两岸经济合作探索新模式，为加强与21世纪海上丝绸之路沿线国家和地区的交流合作拓展新途径，为我国全面深化改革和扩大开放积累新经验，发挥示范带动、服务全国的积极作用。

（二）战略定位

围绕立足两岸、服务全国、面向世界的战略要求，充分发挥改革先行优势，营造国际化、市场化、法治化营商环境，把自贸试验区建设成为改革创新试验田；充分发挥对台优势，率先推进与台湾地区投资贸易自由化进程，把自贸试验区建设成为深化两岸经济合作的示范区；充分发挥对外开放前沿优势，建设21世纪海上丝绸之路核心区，打造面向21世纪海上丝绸之路沿线国家和地区开放合作新高地。

（三）发展目标

坚持扩大开放与深化改革相结合、功能培育与制度创新相结合，加快政府职能转变，建立与国际投资贸易规则相适应的新体制。创新两岸合作机制，推动货物、服务、资金、人员等各类要素自由流动，增强闽台经济关联度。加快形成更高水平的对外开放新格局，拓展与21世纪海上丝绸之路沿线国家和地区交流合作的深度和广度。经过三至五年改革探索，力争建成投资贸易便利、金融创新功能突出、服务体系健全、监管高效便捷、法制环境规范的自由贸易园区。

二、区位布局

（一）实施范围

自贸试验区的实施范围118.04平方千米，涵盖三个片区：平潭片区43平方千米，厦门片区43.78平方千米（含象屿保税区0.6平方千米、象屿保税物流园区0.7平方千米、厦门海沧保税港区9.51平方千米），福州片区31.26平方千米（含福州保税区0.6平方千米、福州出口加工区1.14平方千米、福州保税港区9.26平方千米）。

自贸试验区土地开发利用须遵守土地利用法律法规。

（二）功能划分

按区域布局划分，平潭片区重点建设两岸共同家园和国际旅游岛，在投资贸易和资金人员往来方面实施更加自由便利的措施；厦门片区重点建设两岸新兴产业和现代服务业合作示范区、东南国际航运中心、两岸区域性金融服务中心和两岸贸易中心；福州片区重点建设先进制造业基地、21世纪海上丝绸之路沿线国家和地区交流合作的重要平台、两岸服务贸易与金融创新合作示范区。

按海关监管方式划分，自贸试验区内的海关特殊监管区域重点探索以贸易便利化为主要内容的制度创新，开展国际贸易、保税加工和保税物流等业务；非海关特殊监管区域重点探索投资体制改革，推动金融制度创新，积极发展现代服务业和高端制造业。

三、主要任务和措施

（一）切实转变政府职能

1. 深化行政管理体制改革。按照国际化、市场化、法治化要求，加快推进政府管理模式创新，福建省能够下放的经济社会管理权限，全部下放给自贸试验区。依法公开管理权限和流程。加快行政审批制度改革，促进审批标准化、规范化。建立健全行政审批目录制度，实行"一口受理"服务模式。完善知识产权管理和执法体制以及纠纷调解、援助、仲裁等服务机制。健全社会服务体系，将原由政府部门承担的资产评估、鉴定、咨询、认证、检验检测等职能逐步交由法律、会计、信用、检验检测认证等专业服务机构承担。

（二）推进投资管理体制改革

2. 改革外商投资管理模式。探索对外商投资实行准入前国民待遇加负面清单管理模式。对外商投资准入特别管理措施（负面清单）之外领域，按照内外资一致原则，外商投资项目实行备案制（国务院规定对国内投资项目保留核准的除外），由福建省办理；根据全国人民代表大会常务委员会授权，将外商投资企业设立、变更及合同章程审批改为备案管理，备案由福建省负责办理，备案后按国家有关规定办理相关手续。配合国家有关部门实施外商投资国家安全审查和经营者集中反垄断审查。强化外商投资实际控制人管理，完善市场主体信用信息公示系统，实施外商投资全周期监管，建立健全境外追偿保障机制。减少项目前置审批，推进网上并联审批。

放宽外资准入。实施自贸试验区外商投资负面清单制度，减少和取消对外商投资准入限制，提高开放度和透明度。先行选择航运服务、商贸服务、专业服务、文化服务、社会服务及先进制造业等领域扩大对外开放，积极有效吸引外资。降低外商投资性公司准入条件。稳步推进外商投资商业保理、典当行试点。完善投资者权益保障机制，允许符合条件的境外投资者自由转移其合法投资收益。

3. 构建对外投资促进体系。改革境外投资管理方式，将自贸试验区建设成为企业"走出去"的窗口和综合服务平台。对一般境外投资项目和设立企业实行备案制，属省级管理权限的，由自贸试验区负责备案管理。确立企业及个人对外投资主体地位，支持企业在境外设立股权投资企业和专业从事境外股权投资的项目公司，支持设立从事境外投资的股权投资母基金。支持自贸试验区内企业和个人使用自有金融资产进行对外直接投资、自由承揽项目。建立对外投资合作"一站式"服务平台。加强境外投资事后管理和服务，完善境外资产和人员安全风险预警和应急保障体系。

（三）推进贸易发展方式转变

4.拓展新型贸易方式。积极培育贸易新型业态和功能，形成以技术、品牌、质量、服务为核心的外贸竞争新优势。按照国家规定建设服务实体经济的国际国内大宗商品交易和资源配置平台，开展大宗商品国际贸易。按照公平竞争原则，发展跨境电子商务，完善与之相适应的海关监管、检验检疫、退税、跨境支付、物流等支撑系统。在严格执行货物进出口税收政策前提下，允许在海关特殊监管区内设立保税展示交易平台。符合条件的地区可按政策规定申请实施境外旅客购物离境退税政策。允许境内期货交易所开展期货保税交割试点。推进动漫创意、信息管理、数据处理、供应链管理、飞机及零部件维修等服务外包业务发展。开展飞机等高技术含量、高附加值产品境内外维修业务试点，建立整合物流、贸易、结算等功能的营运中心。扩大对外文化贸易和版权贸易。支持开展汽车平行进口试点，平行进口汽车应符合国家质量安全标准，进口商应承担售后服务、召回、"三包"等责任，并向消费者警示消费风险。

5.提升航运服务功能。探索具有国际竞争力的航运发展制度和运作模式。允许设立外商独资国际船舶管理企业。放宽在自贸试验区设立的中外合资、中外合作国际船舶企业的外资股比限制。允许外商以合资、合作形式从事公共国际船舶代理业务，外方持股比例放宽至51%，将外资经营国际船舶管理业务的许可权限下放给福建省，简化国际船舶运输经营许可流程。加快国际船舶登记制度创新，充分利用现有中资"方便旗"船税收优惠政策，促进符合条件的船舶在自贸试验区落户登记。允许自贸试验区试点海运快件国际和台港澳中转集拼业务。允许在自贸试验区内注册的大陆资本邮轮企业所属的"方便旗"邮轮，经批准从事两岸四地邮轮运输。允许中资公司拥有或控股拥有的非五星旗船，试点开展外贸集装箱在国内沿海港口和自贸试验区内港口之间的沿海捎带业务。支持推动自贸试验区内符合条件的对外开放口岸对部分国家人员实施72小时过境免签证政策。结合上海试点实施情况，在统筹评估政策成效基础上，研究实施启运港退税试点政策。

6. 推进通关机制创新。建设国际贸易"单一窗口"，全程实施无纸化通关。推进自贸试验区内各区域之间通关一体化。简化《内地与香港关于建立更紧密经贸关系的安排》、《内地与澳门关于建立更紧密经贸关系的安排》以及《海峡两岸经济合作框架协议》（以下简称框架协议）下货物进口原产地证书提交需求。在确保有效监管前提下，简化自贸试验区内的海关特殊监管区域产品内销手续，促进内销便利化。大力发展转口贸易，放宽海运货物直接运输判定标准。试行企业自主报税、自助通关、自助审放、重点稽核的通关征管作业。在确保有效监管前提下，在海关特殊监管区域探索建立货物实施状态分类监管模式。允许海关特殊监管区域内企业生产、加工并内销的货物试行选择性征收关税政策。试行动植物及其产品检疫审批负面清单制度。支持自贸试验区与21世纪海上丝绸之路沿线国家和地区开展海关、检验检疫、认证认可、标准计量等方面的合作与交流，探索实施与21世纪海上丝绸之路沿线国家和地区开展贸易供应链安全与便利合作。

（四）率先推进与台湾地区投资贸易自由

7. 探索闽台产业合作新模式。在产业扶持、科研活动、品牌建设、市场开拓等方面，支持台资企业加快发展。推动台湾先进制造业、战略性新兴产业、现代服务业等产业在自贸试验区内集聚发展，重点承接台湾地区产业转移。取消在自贸试验区内从事农作物（粮棉油作物除外）新品种选育（转基因除外）和种子生产（转基因除外）的两岸合资企业由大陆方面控股要求，但台商不能独资。支持自贸试验区内品牌企业赴台湾投资，促进闽台产业链深度融合。探索闽台合作研发创新，合作打造品牌，合作参与制定标准，拓展产业价值链多环节合作，对接台湾自由经济示范区，构建双向投资促进合作新机制。

8.扩大对台服务贸易开放。推进服务贸易对台更深度开放，促进闽台服务要素自由流动。进一步扩大通信、运输、旅游、医疗等行业对台开放。支持自贸试验区在框架协议下，先行试点，加快实施。对符合条件的台商，投资自贸试验区内服务行业的资质、门槛要求比照大陆企业。允许持台湾地区身份证明文件的自然人到自贸试验区注册个体工商户，无需经过外资备案（不包括特许经营，具体营业范围由工商总局会同福建省发布）。探索在自贸试验区内推动两岸社会保险等方面对接，将台胞证号管理纳入公民统一社会信用代码管理范畴，方便台胞办理社会保险、理财业务等。探索台湾专业人才在自贸试验区内行政企事业单位、科研院所等机构任职。深入落实《海峡两岸共同打击犯罪及司法互助协议》，创新合作形式，加强两岸司法合作。发展知识产权服务业，扩大对台知识产权服务，开展两岸知识产权经济发展试点。

电信和运输服务领域开放。允许台湾服务提供者在自贸试验区内试点设立合资或独资企业，提供离岸呼叫中心业务及大陆境内多方通信业务、存储转发类业务、呼叫中心业务、国际互联网接入服务业务（为上网用户提供国际互联网接入服务）和信息服务业务（仅限应用商店）。允许台湾服务提供者在自贸试验区内直接申请设立独资海员外派机构并仅向台湾船东所属的商船提供船员派遣服务，无须事先成立船舶管理公司。对台湾投资者在自贸试验区内设立道路客货运站（场）项目和变更的申请，以及在自贸试验区内投资的生产型企业从事货运方面的道路运输业务立项和变更的申请，委托福建省审核或审批。

商贸服务领域开放。在自贸试验区内，允许申请成为赴台游组团社的3家台资合资旅行社试点经营福建居民赴台湾地区团队旅游业务。允许台湾导游、领队经自贸试验区旅游主管部门培训认证后换发证件，在福州市、厦门市和平潭综合实验区执业。允许在自贸试验区内居住一年以上的持台湾方面身份证明文件的自然人报考导游资格证，并按规定申领导游证后在大陆执业。允许台湾服务提供者以跨境交付方式在自贸试验区内试点举办展览，委托福建省按规定审批在自贸试验区内举办的涉台经济技术展览会。

建筑业服务领域开放。在自贸试验区内，允许符合条件的台资独资建筑业企业承接福建省内建筑工程项目，不受项目双方投资比例限制。允许取得大陆一级注册建筑师或一级注册结构工程师资格的台湾专业人士作为合伙人，按相应资质标准要求在自贸试验区内设立建筑工程设计事务所并提供相应服务。台湾服务提供者在自贸试验区内设立建设工程设计企业，其在台湾和大陆的业绩可共同作为个人业绩评定依据，但在台湾完成的业绩规模标准应符合大陆建设项目规模划分标准。台湾服务提供者在自贸试验区内投资设立的独资建筑业企业承揽合营建设项目时，不受建设项目的合营方投资比例限制。台湾服务提供者在自贸试验区内设立的独资物业服务企业，在申请大陆企业资质时，可将在台湾和大陆承接的物业建筑面积共同作为评定依据。

产品认证服务领域开放。在强制性产品认证领域，允许经台湾主管机关确认并经台湾认可机构认可的、具备大陆强制性产品认证制度相关产品检测能力的台湾检测机构，在自贸试验区内与大陆指定机构开展合作承担强制性产品认证检测任务，检测范围限于两岸主管机关达成一致的产品，产品范围涉及制造商为台湾当地合法注册企业且产品在台湾设计定型、在自贸试验区内加工或生产的产品。允许经台湾认可机构认可的具备相关产品检测能力的台湾检测机构在自贸试验区设立分支机构，并依法取得资质认定，承担认证服务的范围包括食品类别和其他自愿性产品认证领域。在自愿性产品认证领域，允许经台湾认可机构认可的具备相关产品检测能力的台湾检测机构与大陆认证机构在自贸试验区内开展合作，对台湾本地或在自贸试验区内生产或加工的产品进行检测。台湾服务提供者在台湾和大陆从事环境污染治理设施运营的实践时间，可共同作为其在自贸试验区内申请企业环境污染治理设施运营资质的评定依据。

工程技术服务领域开放。允许台湾服务提供者在自贸试验区内设立的建设工程设计企业聘用台湾注册建筑师、注册工程师，并将其作为本企业申请建设工程设计资质的主要专业技术人员，在资质审查时不考核其专业技术职称条件，只考核其学历、从事工程设计实践年限、在台湾的注册资格、工程设计业绩及信誉。台湾服务提供者在自贸试验区内设立的建设工程设计企业中，出任主要技术人员且持有台湾方面身份证明文件的自然人，不受每人每年在大陆累计居住时间应当不少于6个月的限制。台湾服务提供者在自贸试验区内设立的建筑业企业可以聘用台湾专业技术人员作为企业经理，但须具有相应的从事工程管理工作经历；可以聘用台湾建筑业专业人员作为工程技术和经济管理人员，但须满足相应的技术职称要求。台湾服务提供者在自贸试验区内投资设立的建筑业企业申报资质应按大陆有关规定办理，取得建筑业企业资质后，可依规定在大陆参加工程投标。台湾服务提供者在自贸试验区内设立的建筑业企业中，出任工程技术人员和经济管理人员且持有台湾方面身份证明文件的自然人，不受每人每年在大陆累计居住时间应当不少于3个月的限制。允许台湾建筑、规划等服务机构执业人员，持台湾相关机构颁发的证书，经批准在自贸试验区内开展业务。允许通过考试取得大陆注册结构工程师、注册土木工程师（港口与航道）、注册公用设备工程师、注册电气工程师资格的台湾专业人士在自贸试验区内执业，不受在台湾注册执业与否的限制，按照大陆有关规定作为福建省内工程设计企业申报企业资质时所要求的注册执业人员予以认定。

专业技术服务领域开放。允许台湾会计师在自贸试验区内设立的符合《代理记账管理办法》规定的中介机构从事代理记账业务。从事代理记账业务的台湾会计师应取得大陆会计从业资格，主管代理记账业务的负责人应当具有大陆会计师以上（含会计师）专业技术资格。允许取得大陆注册会计师资格的台湾专业人士担任自贸试验区内合伙制会计师事务所合伙人，具体办法由福建省制定，报财政部批准后实施。允许符合规定的持台湾方面身份证明文件的自然人参加护士执业资格考试，考试成绩合格者发给相应的资格证书，在证书许可范围内开展业务。允许台湾地区其他医疗专业技术人员比照港澳相关医疗专业人员按照大陆执业管理规定在自贸试验区内从事医疗相关活动。允许取得台湾药剂师执照的持台湾方面身份证明文件的自然人在取得大陆《执业药师资格证书》后，按照大陆《执业药师注册管理暂行办法》等相关文件规定办理注册并执业。

上述各领域开放措施在框架协议下实施，并且只适用于注册在自贸试验区内的企业。

9. 推动对台货物贸易自由。积极创新监管模式，提高贸易便利化水平。建立闽台通关合作机制，开展货物通关、贸易统计、原产地证书核查、"经认证的经营者"互认、检验检测认证等方面合作，逐步实现信息互换、监管互认、执法互助。完善自贸试验区对台小额贸易管理方式。支持自贸试验区发展两岸电子商务，允许符合条件的台商在自贸试验区内试点设立合资或独资企业，提供在线数据处理与交易处理业务（仅限于经营类电子商务），申请可参照大陆企业同等条件。检验检疫部门对符合条件的跨境电商入境快件采取便利措施。除国家禁止、限制进口的商品，废物原料、危险化学品及其包装、大宗散装商品外，简化自贸试验区内进口原产于台湾商品有关手续。对台湾地区输往自贸试验区的农产品、水产品、食品和花卉苗木等产品试行快速检验检疫模式。进一步优化从台湾进口部分保健食品、化妆品、医疗器械、中药材的审评审批程序。改革和加强原产地证签证管理，便利证书申领，强化事中事后监管。

10. 促进两岸往来更加便利。推动人员往来便利化，在自贸试验区实施更加便利的台湾居民入出境政策。对在自贸试验区内投资、就业的台湾企业高级管理人员、专家和技术人员，在项目申报、入出境等方面给予便利。为自贸试验区内台资企业外籍员工办理就业许可手续提供便利，放宽签证、居留许可有效期限。对自贸试验区内符合条件的外籍员工，提供入境、过境、停居留便利。自贸试验区内一般性赴台文化团组审批权下放给福建省。加快落实台湾车辆在自贸试验区与台湾之间便利进出境政策，推动实施两岸机动车辆互通和驾驶证互认，简化临时入境车辆牌照手续。推动厦门—金门和马尾—马祖游艇、帆船出入境简化手续。

（五）推进金融领域开放创新

11. 扩大金融对外开放。建立与自贸试验区相适应的账户管理体系。完善人民币涉外账户管理模式，简化人民币涉外账户分类，促进跨境贸易、投融资结算便利化。自贸试验区内试行资本项目限额内可兑换，符合条件的自贸试验区内机构在限额内自主开展直接投资、并购、债务工具、金融类投资等交易。深化外汇管理改革，将直接投资外汇登记下放银行办理，外商直接投资项下外汇资本金可意愿结汇，进一步提高对外放款比例。提高投融资便利化水平，统一内外资企业外债政策，建立健全外债宏观审慎管理制度。允许自贸试验区内企业、银行从境外借入本外币资金，企业借入的外币资金可结汇使用。探索建立境外融资与跨境资金流动宏观审慎管理政策框架，支持企业开展国际商业贷款等各类境外融资活动。放宽自贸试验区内法人金融机构和企业在境外发行人民币和外币债券的审批和规模限制，所筹资金可根据需要调回自贸试验区内使用。支持跨国公司本外币资金集中运营管理。探索在自贸试验区内设立单独领取牌照的专业金融托管服务机构，允许自贸试验区内银行和支付机构、托管机构与境外银行和支付机构开展跨境支付合作。构建跨境个人投资者保护制度，严格投资者适当性管理。强化风险防控，实施主体监管，建立合规评价体系，以大数据为依托开展事中事后管理。

12. 拓展金融服务功能。推进利率市场化，允许符合条件的金融机构试点发行企业和个人大额可转让存单。研究探索自贸试验区内金融机构（含准金融机构）向境外转让人民币资产、销售人民币理财产品，多渠道探索跨境资金流动。推动开展跨境人民币业务创新，推进自贸试验区内企业和个人跨境贸易与投资人民币结算业务。在完善相关管理办法、加强有效监管前提下，允许自贸试验区内符合条件的中资银行试点开办外币离岸业务。支持自贸试验区内法人银行按有关规定开展资产证券化业务。创新知识产权投融资及保险、风险投资、信托等金融服务，推动建立知识产权质物处置机制。经相关部门许可，拓展自贸试验区内融资租赁业务经营范围、融资渠道，简化涉外业务办理流程。统一内外资融资租赁企业准入标准、设立审批和事中事后监管，允许注册在自贸试验区内由福建省有关主管部门准入的内资融资租赁企业享受与现行内资试点企业同等待遇。支持自贸试验区内设立多币种的产业投资基金，研究设立多币种的土地信托基金等。支持符合条件的自贸试验区内机构按照规定双向投资于境内外证券期货市场。在合法合规、风险可控前提下，逐步开展商品场外衍生品交易。支持厦门两岸区域性金融服务中心建设。支持境内期货交易所根据需要在平潭设立期货交割仓库。

13. 推动两岸金融合作先行先试。在对台小额贸易市场设立外币兑换机构。

允许自贸试验区银行业金融机构与台湾同业开展跨境人民币借款等业务。支持台湾地区的银行向自贸试验区内企业或项目发放跨境人民币贷款。对自贸试验区内的台湾金融机构向母行（公司）借用中长期外债实行外债指标单列，并按余额进行管理。在框架协议下，研究探索自贸试验区金融服务业对台资进一步开放，降低台资金融机构准入和业务门槛，适度提高参股大陆金融机构持股比例，并参照大陆金融机构监管。按照国家区域发展规划，为自贸试验区内台资法人金融机构在大陆设立分支机构开设绿色通道。支持在自贸试验区设立两岸合资银行等金融机构。探索允许台湾地区的银行及其在大陆设立的法人银行在福建省设立的分行参照大陆关于申请设立支行的规定，申请在自贸试验区内设立异地（不同于分行所在城市）支行。台湾地区的银行在大陆的营业性机构经营台资企业人民币业务时，服务对象可包括被认定为视同台湾投资者的第三地投资者在自贸试验区设立的企业。在符合相关规定前提下，支持两岸银行业在自贸试验区内进行相关股权投资合作。研究探索台湾地区的银行在自贸试验区内设立的营业性机构一经开业即可经营人民币业务。在框架协议下，允许自贸试验区内大陆的商业银行从事代客境外理财业务时，可以投资符合条件的台湾金融产品；允许台资金融机构以人民币合格境外机构投资者方式投资自贸试验区内资本市场。研究探索放宽符合条件的台资金融机构参股自贸试验区证券基金机构股权比例限制。研究探索允许符合条件的台资金融机构按照大陆有关规定在自贸试验区内设立合资基金管理公司，台资持股比例可达 50% 以上。研究探索允许符合设立外资参股证券公司条件的台资金融机构按照大陆有关规定在自贸试验区内新设立 2 家两岸合资的全牌照证券公司，大陆股东不限于证券公司，其中一家台资合并持股比例最高可达 51%，另一家台资合并持股比例不超过 49%、且取消大陆单一股东须持股 49% 的限制。支持符合条件的台资保险公司到自贸试验区设立经营机构。支持福建省股权交易场所拓展业务范围，为台资企业提供综合金融服务。加强两岸在金融纠纷调解、仲裁、诉讼及金融消费者维权支持方面的合作，健全多元化纠纷解决渠道。

（六）培育平潭开放开发新优势

14. 推进服务贸易自由化。赋予平潭制定相应从业规范和标准的权限,在框架协议下,允许台湾建筑、规划、医疗、旅游等服务机构执业人员,持台湾有关机构颁发的证书,按规定范围在自贸试验区内开展业务。探索在自贸试验区内行政企事业单位等机构任职的台湾同胞试行两岸同等学历、任职资历对接互认,研究探索技能等级对接互认。对台商独资或控股开发的建设项目,借鉴台湾的规划及工程管理体制。

15. 推动航运自由化。简化船舶进出港口手续,对国内航行船舶进出港海事实行报告制度。支持简化入区申报手续,探索试行相关电子数据自动填报。探索在自贸试验区内对台试行监管互认。对平潭片区与台湾之间进出口商品原则上不实施检验(废物原料、危险化学品及其包装、大宗散装货物以及国家另有特别规定的除外),检验检疫部门加强事后监管。

16. 建设国际旅游岛。加快旅游产业转型升级,推行国际通行的旅游服务标准,开发特色旅游产品,拓展文化体育竞技功能,建设休闲度假旅游目的地。研究推动平潭实施部分国家旅游团入境免签政策,对台湾居民实施更加便利的入出境制度。平潭国际旅游岛建设方案另行报批。

四、保障机制

(一)实行有效监管

1. 围网区域监管。对自贸试验区内的海关特殊监管区域,比照中国(上海)自由贸易试验区内的海关特殊监管区域有关监管模式,实行"一线放开"、"二线安全高效管住"的通关监管服务模式,推动海关特殊监管区域整合优化。对平潭片区按照"一线放宽、二线管住、人货分离、分类管理"原则实施分线管理。除废物原料、危险化学品及其包装、散装货物外,检验检疫在一线实施"进境检疫,适当放宽进出口检验"模式,在二线推行"方便进出,严密防范质量安全风险"的检验检疫监管模式。

2. 全区域监管。建立自贸试验区内企业信用信息采集共享和失信联动惩戒机制,开展使用第三方信用服务机构的信用评级报告试点。完善企业信用信息公示系统,实施企业年度报告公示、经营异常名录和严重违法企业名单制度,建立相应的激励、警示、惩戒制度。建立常态化监测预警、总结评估机制，落实企业社会责任，对自贸试验区内各项业务实施有效监控。加强监管信息共享和综合执法。构筑以商务诚信为核心，覆盖源头溯源、检验检疫、监管、执法、处罚、先行赔付等方面的全流程市场监管体系。建立各部门监管数据和信息归集、交换、共享机制，切实加强事中事后动态监管。整合执法主体，形成权责统一、权威高效的综合执法体制。提高知识产权行政执法与海关保护的协调性与便捷性，建立知识产权执法协作调度中心和专利导航产业发展工作机制。完善金融监管措施，逐步建立跨境资金流动风险监管机制，完善风险监控指标，对企业跨境收支进行全面监测评价，实行分类管理。做好反洗钱、反恐怖融资工作，防范非法资金跨境、跨区流动。探索在自贸试验区内建立有别于区外的金融监管协调机制，形成符合自贸试验区内金融业发展特点的监管体制。健全符合自贸试验区内金融业发展实际的监控指标，实现对自贸试验区内金融机构风险可控。

（二）健全法制保障

全国人民代表大会常务委员会已经授权国务院，暂时调整《中华人民共和国外资企业法》、《中华人民共和国中外合资经营企业法》、《中华人民共和国中外合作经营企业法》和《中华人民共和国台湾同胞投资保护法》规定的有关行政审批，自 2015 年 3 月 1 日至 2018 年 2 月 28 日试行。自贸试验区需要暂时调整实施有关行政法规、国务院文件和经国务院批准的部门规章的部分规定的，按规定程序办理。各有关部门要支持自贸试验区在对台先行先试、拓展与 21 世纪海上丝绸之路沿线国家和地区交流合作等方面深化改革试点，及时解决试点过程中的制度保障问题。福建省要通过地方立法，建立与试点要求相适应的自贸试验区管理制度。

（三）完善税收环境

自贸试验区抓紧落实好现有相关税收政策，充分发挥现有政策的支持促进作用。中国（上海）自由贸易试验区已经试点的税收政策原则上可在自贸试验区进行试点，其中促进贸易的选择性征收关税、其他相关进出口税收等政策在自贸试验区内的海关特殊监管区域进行试点。自贸试验区内的海关特殊监管区域实施范围和税收政策适用范围维持不变。平潭综合实验区税收优惠政策不适用于自贸试验区内其他区域。此外，在符合税制改革方向和国际惯例，以及不导致利润转移和税基侵蚀前提下，积极研究完善适应境外股权投资和离岸业务发展的税收政策。

（四）组织实施

在国务院的领导和统筹协调下，由福建省根据试点内容，按照总体筹划、分步实施、率先突破、逐步完善的原则组织实施。各有关部门要大力支持，加强指导和服务，共同推进相关体制机制创新，在实施过程中要注意研究新情况，解决新问题，总结新经验，重大事项要及时报告国务院，努力推进自贸试验区更好更快发展。

（五）评估推广机制

自贸试验区要及时总结改革创新经验和成果。商务部、福建省人民政府要会同相关部门，对自贸试验区试点政策执行情况进行综合和专项评估，必要时委托第三方机构进行独立评估，并将评估结果报告国务院。对试点效果好且可复制可推广的成果，经国务院同意后推广到全国其他地区。